Conserver cette page - rp.

1.
F.

à la fin : cartons pour une nouvelle édition 1850.

Ⓒ

5922

LES

ÉLÉMENS PRIMITIFS

DES LANGUES.

LES
ÉLÉMENS PRIMITIFS
DES LANGUES,

DÉCOUVERTS PAR LA COMPARAISON DES RACINES DE L'HÉBREU
AVEC CELLES DU GREC, DU LATIN ET DU FRANÇOIS;

OUVRAGE

DANS LEQUEL ON EXAMINE LA MANIÈRE DONT LES LANGUES ONT PU SE FORMER,
ET CE QU'ELLES PEUVENT AVOIR DE COMMUN :

Par BERGIER,

AUTEUR DU TRAITÉ DE LA VRAIE RELIGION, ETC.

NOUVELLE ÉDITION,

AUGMENTÉE

D'UN ESSAI DE GRAMMAIRE GÉNÉRALE,

PAR L'IMPRIMEUR-ÉDITEUR.

BESANÇON,
LAMBERT ET Ce, IMPRIMEURS.
1837.

AVERTISSEMENT

DES ÉDITEURS.

Malgré toute la curiosité et l'intérêt qui depuis plusieurs années se rattachent à l'étude des langues, la Linguistique, immobile au point où l'avoient portée les savans du dernier siècle, ne paroît pas avoir fait le moindre progrès parmi nous. Parcourez les publications les plus récentes : les auteurs en sont encore à rêver sur ces deux vérités déjà vieilles et devenues banales, que toutes les langues se ramènent à une seule, et que leurs racines, ou vocables primitifs, ont été dans l'origine des onomatopées, des peintures par analogie et par métaphore.

Il y a tantôt un siècle que la démonstration en est faite. Mais, si toutes les langues ont au fond les mêmes racines, si toutes sont construites sur un fonds commun de monosyllabes dont le sens et la forme ont peu varié (principe dont les philologues conviennent généralement aujourd'hui, et qui peut acquérir toute l'évidence d'un fait matériel); si le même génie d'imitation a présidé à l'imposition de tous les noms, qu'est-ce donc qui fait que les langues ne se ressemblent pas? Comment, sorties de la même source, ont-elles suivi des routes si opposées dans leurs développemens? Quel est le principe générateur de leur différence, et jusqu'où peut-elle aller ?

La réponse à toutes ces questions constitue l'ensemble de la grammaire générale.

Le vrai système des langues n'a jamais été donné. L'unique but de Bergier ayant été de dissiper les ténèbres répandues sur l'histoire des anciens peuples et sur l'origine de la mythologie, le plan d'une grammaire universelle n'entroit pas dans ses vues; et si quelquefois il soulève les plus hautes questions de grammaire, il le fait toujours incidemment, afin de répandre plus de jour sur l'objet qu'il se propose d'éclaircir.

Nous avons essayé de coordonner les principes épars dans les Élémens primitifs, et les confirmant ou les éclairant de nos propres recherches, nous en avons formé une théorie du langage que nous publions à la suite de Bergier, sous le titre d'Essai de Grammaire générale.

Quels fruits pouvons-nous recueillir de l'étude et de la comparaison des langues pour l'histoire, la littérature, la métaphysique et la morale, en un mot pour tout ce qui regarde la science de Dieu et de l'Homme?

Nous avons encore essayé de présenter nos idées à cet égard; et si nos premiers aperçus sont trouvés intéressans et fondés, nous poursuivrons avec ardeur nos investigations sur une matière qu'on est loin d'avoir épuisée, et nous ferons tous nos efforts pour mériter de plus en plus, par nos études autant que par les soins que nous apporterons à notre exécution typographique, la bienveillance dont le public nous honorera.

PRÉFACE.

Il y a peut-être de l'imprudence à proposer de nouvelles idées sur les principes et la formation des langues, après que tant de savans se sont exercés sur cette matière. Oseroit-on se flatter de découvrir ce qu'ils n'ont pas aperçu, et de trouver un système plus satisfaisant et plus complet que ceux qu'ils ont suivis ? Sans être aussi habile qu'eux, on peut être plus heureux. Dans toutes les sciences, on ne parvient ordinairement à la vérité qu'après des tentatives réitérées ; les travaux de ceux qui nous ont précédés sont autant de pas qui nous en approchent : plus nos maîtres ont fait de chemin, moins il nous en reste à faire ; et si nous trouvons enfin le vrai, c'est qu'ils ne nous ont laissé qu'un court intervalle à franchir. Déjà plusieurs grands génies ont soupçonné que les racines des langues anciennes pourroient bien être les mêmes que celles des langues modernes ; mais personne n'avoit encore entrepris de le vérifier par un parallèle exact et suivi : il étoit temps d'oser le tenter. Les dissertations que l'on donne au Public ne sont que les préliminaires d'un ouvrage plus considérable dont elles développent les fondemens et la méthode. Si elles sont accueillies favorablement, ce sera le plus puissant attrait pour encourager l'auteur à surmonter les dégoûts d'un travail ingrat et pénible ; si elles sont rebutées, il doit abandonner entièrement son dessein. L'on auroit pu grossir aisément cet ouvrage par une apparence d'érudition capable d'en imposer au commun des lecteurs ; mais on cherche à mériter des suffrages et non pas à les surprendre : dans un essai que l'on propose avec timidité, il convenoit de se borner au pur nécessaire. L'Auteur pourra donner de plus amples éclaircissemens à la tête du Dictionnaire des Racines, et il recevra avec reconnoissance et docilité toutes les observations que l'on voudra bien lui adresser par la voie des Libraires.

LES ÉLÉMENS PRIMITIFS DES LANGUES.

PREMIÈRE DISSERTATION.

SUR LES ÉLÉMENS OU RACINES DES LANGUES EN GÉNÉRAL.

§. I.

Raisons qui engagent à rechercher les racines ou les termes primitifs des langues.

Tous ceux qui ont étudié les langues anciennes, ou qui ont voulu faciliter cette étude aux autres, ont senti la nécessité d'en rechercher les racines, c'est-à-dire les mots primitifs, dont tous les autres sont dérivés. Ils ont cru avec raison abréger le travail par cette méthode. En fixant dans sa mémoire le petit nombre de ces termes originaux, on y imprime par-là même toute la langue dont ils sont les élémens. Posséder une langue, surtout une langue morte, ce n'est autre chose que savoir la signification de tous les mots qu'elle renferme : la syntaxe ou l'arrangement s'apprend aisément par l'usage.

Les savans qui nous ont donné des dictionnaires des langues orientales et du grec, ont eu soin de distinguer les termes qui leur ont paru en être les racines, et d'y rapporter les autres comme à la source; ont-ils réussi dans le choix qu'ils en ont fait? Ce sont les verbes qu'ils prennent ordinairement pour racines des autres mots; n'auroient-ils pas dû s'attacher plutôt aux noms? Ceux-ci expriment les objets en eux-mêmes, les verbes signifient les relations qu'ils ont entr'eux : les hommes sans doute ont nommé les objets avant que d'en désigner les relations; les noms sont donc plutôt des termes primitifs que les verbes. Ces derniers ont formé tout au plus les noms verbaux, qui signifient l'action même du verbe dont ils sont dérivés; les autres n'ont souvent rapport à aucun verbe et ne peuvent en tirer leur origine.

§. II.

Les vraies racines sont monosyllabes.

La plupart des verbes, dans toutes les langues, sont composés de deux ou de plusieurs syllabes, tandis qu'il y a une infinité de particules et de noms qui n'en ont qu'une; est-il naturel que le mot composé soit la racine du mot simple, plutôt que le simple du composé?

Cette observation, déjà si claire, devient une espèce de démonstration, si l'on peut faire voir que chacune des syllabes, dans les mots composés, a par elle-même un sens particulier. Ces syllabes ou particules significatives étant, pour ainsi dire, les matériaux dont le mot est construit, ce sont elles que l'on doit considérer comme les véritables racines.

Dans les dictionnaires hébraïques où l'on s'est le plus attaché à les distinguer, il est encore un grand nombre de termes composés, dont les grammairiens n'ont pas pu découvrir la racine : si on peut la trouver aisément par une autre méthode, c'est une nouvelle preuve que la leur est fautive. Il y a de même une multitude de noms qui ont une signification fort différente des verbes dont on prétend qu'ils sont dérivés : cette dérivation n'est donc pas juste, et il faut leur chercher une autre origine. D'autres, en conservant le sens analogue au verbe dont on prétend qu'ils descendent, y ajoutent des significations qui lui sont absolument étrangères : il faut qu'ils les aient tirées d'ailleurs, et que ces noms soient formés de différentes racines.

Enfin, les grammairiens, pour ne point se départir de leurs principes, ont été souvent obligés de forger des verbes qui ne sont point en usage, pour servir de racines aux mots composés. Ne seroit-il pas mieux de renoncer à cette invention arbitraire, de ne mettre dans les dictionnaires que les termes usités, et d'en rechercher la racine dans les monosyllabes qui les composent?

Plusieurs savans en ont senti la nécessité; mais, ou la difficulté de cette recherche les a rebutés, ou ils en ont été distraits par d'autres études. J'entre aujourd'hui dans la carrière qu'ils n'ont fait qu'envisager de loin, et qu'ils auroient beaucoup mieux fournie que je ne puis faire.

La question n'est pas de savoir où l'on doit puiser les premiers élémens des langues. Tous conviennent que l'hébreu étant la plus ancienne et celle qui porte le plus de caractères de langue primitive, c'est à elle qu'il faut s'attacher. Mais l'hébreu fournit à peine trois cents monosyllabes; ce petit nombre suffira-t-il pour en composer près de deux mille mots principaux, indiqués ordinairement par les grammairiens, et les autres dictions dont ils n'ont pas encore montré la source? S'il ne suffit pas, où chercherons-nous les autres racines que les écrivains hébreux ne nous ont pas conservées dans leurs ouvrages? Comment les démêlerons-nous dans les termes composés, où elles sont souvent altérées et méconnoissables?

Loin d'être effrayé de cette difficulté, je vais la grossir encore pour un moment. D'environ trois cents monosyllabes hébreux, il faut retrancher au moins un tiers qui ne sont différens entre eux que par la prononciation plus ou moins forte des lettres de même organe, prononciation qui met rarement de la diversité dans la signification des mots. Que restera-t-il après cette réforme? Soutiendra-t-on que la langue hébraïque n'est autre chose qu'une combinaison variée de deux cents monosyllabes?

J'ose le soutenir, et je crois être en état de le prouver. Cette pauvreté, excessive, si l'on veut, est une marque évidente de l'antiquité de cette langue; et si ce fonds modique étoit exactement comparé avec celui des langues les plus riches, peut-être la disproportion ne seroit-elle pas si grande qu'on le croit d'abord.

Il n'est pas impossible non plus de retrouver les

mots simples et monosyllabes, qui sont les vrais élémens de la langue hébraïque. Quand il seroit vrai qu'ils ne sont pas tous dans les écrits des Hébreux, il y a d'autres sources où l'on pourroit les puiser. D'où les grammairiens ont-ils tiré leurs prétendues racines, lorsqu'ils ne les apercevoient point dans l'hébreu? Ils les ont empruntées du chaldéen, du syriaque, de l'arabe, qui ont avec l'hébreu une conformité frappante, et qui sont évidemment différens dialectes d'une même langue. N'y auroient-ils pas également trouvé les particules monosyllabes, s'ils les eussent regardées comme les véritables racines? Or, si elles y sont, il est aisé de les y prendre.

§. III.

Les vraies racines sont ordinairement des images.

Les dictions radicales, ou sons primitifs, doivent porter un caractère propre à les faire reconnoître; ce sont ordinairement des images. Les premiers hommes, pour se faire entendre, se sont appliqués à peindre les objets, lorsque ces objets pouvoient être représentés. Ils ont employé pour cela le son de leur voix, le jeu de leurs organes, le geste de tous leurs membres; et cet artifice, inspiré d'abord par la nécessité, est devenu dans la suite le germe de la danse et de la musique, et fait encore aujourd'hui la perfection de l'art oratoire. Le peuple, qui se livre volontiers à l'instinct de la nature; les enfans, qui n'ont point encore acquis la facilité de s'énoncer, nous retracent tous les jours cette éloquence des premiers temps. Ils varient le ton de leur voix; ils chantent en parlant; au défaut des termes, ils emploient les sons inarticulés; ils y ajoutent souvent le mouvement de leurs mains et de leurs pieds; l'on a de la peine à les corriger de cette habitude par l'éducation, et les hommes d'un caractère vif la gardent ordinairement jusqu'au tombeau.

Le premier jargon de l'enfance est un recueil de peintures. La langue se dénoue par les efforts que fait d'abord un enfant pour rendre les sons dont ses oreilles ont été frappées; l'imitation fidèle des objets sonores fait briller en lui les premières lueurs de l'esprit, et cette industrie naissante fait à chaque instant le plaisir innocent des parens et des nourrices. Les bergers dans les campagnes, pour appeler les animaux, imitent leurs différens cris. Qu'on me pardonne ces observations triviales; tel est le dictionnaire de la nature, et les premiers artisans du langage n'ont pas eu un autre maître[1].

Pour représenter les objets insensibles, les fonctions, les affections de l'âme, ils ont saisi les divers symptômes du corps qui les caractérisent : aimer, c'est serrer entre ses bras; haïr, c'est détourner le visage; craindre, c'est trembler ou demeurer immobile; admirer, c'est fixer ou élever les yeux. Ils ont peint la douleur par les soupirs et les cris; l'horreur, par les cheveux dressés; la surprise, par

---

[1] Je ne prétends pas insinuer par-là que l'usage de la parole ne soit un don que Dieu ait fait à nos premiers parens. Mais qu'il le leur ait communiqué d'abord dans sa perfection, ou qu'il leur ait seulement donné la faculté de l'acquérir, la faveur est égale; c'est le talent qui nous distingue éminemment des animaux.

le mouvement brusque du corps en arrière, etc. L'âme, l'esprit, la vie, c'est le souffle; la mort, c'est le repos ou le silence ¹, etc.

Le même génie, qui a présidé à la naissance des langues, n'a point cessé de les diriger dans leurs progrès. Toutes fournissent un grand nombre de termes imitatifs : les cris des animaux, les différentes espèces de bruit sont ordinairement exprimées par des mots qui les peignent : nous en trouverions encore davantage, si le changement de prononciation n'avoit pas souvent altéré les images primitives ², et si les lettres pouvoient rendre parfaitement tous les sons qui ont été d'abord en usage. Un des principaux talens de la poésie consiste à rassembler à propos des expressions sonores, dont la cadence peigne les objets dont elle veut frapper l'imagination. Un combat, une tempête, la marche d'une armée, le cours d'un fleuve, le tapage d'une forge, ont exercé tour à tour le pinceau des plus grands poètes. Je pourrois rassembler ici quelques morceaux fameux

¹ Certains philosophes en ont très-mal conclu que les anciens n'avoient aucune idée de l'esprit, puisqu'ils le représentoient par une image sensible. On concluroit de même qu'ils n'avoient aucune idée de Dieu, de la pensée, des passions, etc. Tous les noms qui les désignent sont tirés d'objets très matériels, comme je le ferai voir. Je voudrois que ceux qui ont fait sérieusement cette objection, eussent daigné nous dire comment il faudroit s'y prendre pour donner un nom caractéristique à un objet spirituel.

² Voici un exemple de ces changemens : *ap* ou *jap* est la voix du chien, parfaitement rendue par le verbe *japper*. *Abboi, abboyer*, qui est plus doux et plus françois, ne peint pas si bien : נבח (nabboah) dont se servoient les Hébreux, a défiguré de nouveau l'image en y ajoutant un *n* paragogique. Le βαΰζω des Grecs peint le même objet d'une autre manière. Pour le latin *latrare*, il en est totalement différent.

en ce genre; mais il me reste une longue route à faire, je n'ai pas le temps de m'écarter pour cueillir des fleurs.

§. IV.

Les racines des langues sont en petit nombre.

Après la première dépense faite de termes simples et pittoresques, les hommes sont devenus très avares de leurs peines pour créer des mots nouveaux; ils se sont servis, tant qu'ils ont pu, de ceux qui leur étoient déjà familiers, pour exprimer leurs nouvelles idées. Les allusions, les oppositions, les métaphores leur ont fourni des couleurs pour peindre leurs pensées; ils ont fait ce que nous faisons encore tous les jours : lorsque nous ne trouvons pas un terme propre pour exprimer un sentiment ou un objet, nous nous servons de celui qui nous paroît y avoir le plus de rapport.

Un exemple rendra ce procédé sensible. יד (*jad*) en hébreu signifie la main, et par analogie le bras, le poignet d'un homme, la patte, la griffe d'un animal. Il exprime ce qu'on fait avec la main, l'ouvrage, le travail; *la main d'Absalom*, c'est l'ouvrage d'Absalom. Il désigne ce qu'on tient à la main, un manche, une anse; ce qu'on prend, ce qu'on porte dans sa main, une part, une portion; ce qui tient lieu de main, un gond, un soutien, une charnière faite comme la main, un assemblage. Il signifie encore ce dont on se sert comme de main, l'instrument, le secours, le ministère, le conseil de quelqu'un; la force, parce qu'elle réside principalement dans la main, la puissance. Ainsi, *la main de Dieu*, c'est la puissance, l'ouvrage de Dieu, son secours, son esprit, son inspiration. Il exprime ce qui est sous la main de quelqu'un, ce dont il peut disposer, les hommes qui lui sont soumis, le terrain qui lui appartient, l'étendue de son domaine. La main, c'est le côté, comme nous disons *à main droite, à main gauche;* enfin *jad* signifie l'étendue, l'espace que nous mesurons en étendant les deux mains. Voilà plus de vingt idées attachées à un seul monosyllabe; et si on veut consulter un dictionnaire françois, on verra que *main* dans notre langue n'a pas une signification moins étendue ni moins variée, que *jad* en hébreu[1].

Une nouvelle raison du petit nombre des racines primitives, c'est que les premiers hommes parloient peu : uniquement affectés par les besoins indispensables de la nature, ils pensoient peu et n'avoient rien à dire. Aussi les voyageurs ont-ils remarqué que les peuples sauvages sont extrêmement taciturnes; ils demeurent assis ensemble des jours entiers sans parler. C'est la société qui développe les idées, qui multiplie les besoins réels ou imaginaires, qui apprend à faire de la conversation un amusement. Plus les peuples se sont polis, plus ils sont devenus grands parleurs; l'art oratoire, art de luxe s'il en fût jamais, ne marche qu'à la suite des autres. On a reproché aux Grecs la démangeaison de

[1] Ces deux termes étant monosyllabes, ce sont deux racines. Leur sens primitif est l'idée de lien, parce que la main nous sert de lien pour tenir et pour serrer. Cette idée est l'une des plus fécondes en analogies, comme on le verra dans le dictionnaire des racines.

parler; et l'abondance excessive de leur langue est une forte preuve de ce défaut : or, parmi eux, les Spartiates, dont les mœurs étoient les plus dures et qui parloient le plus mal, étoient aussi ceux qui parloient le moins, et dont la brièveté est passée en proverbe.

Nous ne devons donc pas être surpris si la plupart des langues orientales sont pauvres, puisqu'elles sont les plus anciennes. C'est sans doute une des raisons du grand usage que font les Orientaux du style figuré et métaphorique, c'est qu'il leur est nécessaire. Moins les langues sont riches et abondantes, plus elles doivent conserver ce caractère, et plus elles approchent par-là même du langage des premiers hommes.

La langue en général est l'image des objets et de nos pensées; il n'y a donc, à la rigueur, de termes propres que ceux qui peignent, ou qui par une convention primitive ont été affectés à tel objet, lorsque cet objet ne peut fournir une image; voilà les seuls qui doivent passer pour racines des langues. Tous les autres mots qui ne sont, pour ainsi dire, que de seconde convention, sont des métaphores; ce n'est que par le long usage et l'habitude, qu'ils acquièrent enfin le droit de *naturalité*. *Peser mûrement une affaire* n'est plus une phrase métaphorique, elle a passé dans toutes les langues; elle renferme cependant deux métaphores, *peser* pour *examiner*; *mûrement* pour *attentivement*.

Cette manière de former les langues a dû nécessairement y mettre de l'obscurité; mais il faut se souvenir que cette invention précieuse n'a point été l'ouvrage d'une assemblée de philosophes, ni de gens accoutumés à de profondes réflexions. C'est le peuple, ce sont des hommes simples et grossiers qui ont été les artisans de leur langage; et s'il est permis de le dire, peut-être des philosophes auroient-ils plus mal réussi. Ce n'est point sur des analogies étudiées, sur des rapports imperceptibles, qu'ils se sont déterminés à donner le même nom à différens objets; ils n'en ont considéré que les qualités sensibles. Toutes les étymologies fondées sur des réflexions subtiles sortent du naturel, et n'atteignent point au vrai génie des langues.

Il faut donc se mettre à la place des premiers hommes, pour deviner la raison du nom qu'ils ont donné à un objet, et le rapport qui a dû les frapper davantage. Il faut étudier leurs mœurs, parce que les mœurs et le langage sont nécessairement analogues; et pour retrouver les mœurs du genre humain dans son enfance, il ne faut point le chercher ailleurs que chez les Sauvages de l'Amérique. Cette méthode, que l'on a suivie avec succès pour découvrir les premières traces des arts et des sciences, n'est pas moins nécessaire pour apercevoir les premiers essais du langage. Les choses de premier besoin, la nourriture, le vêtement, l'agriculture, les troupeaux, les phénomènes sensibles et ordinaires de la nature; voilà les principaux objets qui ont frappé les hommes, et auxquels ils ont d'abord donné des noms. C'est de ces objets simples qu'ils ont tiré toutes leurs allusions; c'est dans ces noms primitifs qu'il faut chercher les racines de l'hébreu et de toutes les autres langues.

§. V.

Les dictions radicales sont les mêmes dans toutes les langues.

Lorsque j'ai dit qu'on peut étudier les élémens primitifs dans les différens dialectes des langues d'Orient, je n'ai pas prétendu qu'il fût absolument nécessaire de les déterrer si loin. Les premiers hommes ont porté vraisemblablement partout le premier jargon qu'ils avoient formé pour leur usage, et qu'ils ont appris à leurs enfans. Ce langage aussi ancien que le monde, ces termes originaux doivent donc se retrouver chez tous les peuples, et les racines de la langue hébraïque doivent être aussi les racines de toutes les langues de l'univers.

Un homme ne se détermine pas aisément à parler une langue étrangère dans un âge avancé : transplanté hors de sa patrie, il conserve jusqu'à la mort sa langue maternelle; il en fait usage, dès qu'il le peut; il ne sauroit oublier les sons auxquels ses organes se sont pliés dès l'enfance; ils lui reviennent sans réflexion, il les mêle involontairement dans le nouveau langage dont il est obligé de se servir avec les étrangers. Pourquoi ne dirions-nous pas des peuples entiers ce qui est si vrai à l'égard de chaque particulier? Ils ont porté avec eux dans leurs migrations leur premier langage, ces termes courts, simples, qui peignent les sentimens et les objets, que la nature encore brute suggéroit aux premiers hommes, et qu'ils ont transmis d'abord à leurs enfans. Ceux-ci les ont différemment combinés pour exprimer leurs nouvelles connoissances, les nouveaux objets dont ils étoient frappés. C'est ce qui fait encore aujourd'hui le fond de toutes les langues. Le genre humain, divisé en tant de familles nombreuses, n'a point encore oublié l'ancien jargon de la maison paternelle, il prononce toujours dans sa vieillesse les mêmes sons qu'il a bégayés dans son enfance.

Mais enfin ceci est une question de fait. Trouve-t-on dans les diverses langues, dans le grec, par exemple, dans le latin, dans le françois, ces mots primitifs et monosyllabes, que je prétends être les vrais élémens de la langue hébraïque ? Y conservent-ils le même sens, ou du moins un sens analogue ? Si on peut le faire voir, la question est décidée ; ces mots sont les restes précieux de la première langue, par conséquent la clef de toutes les langues du monde. Ils n'appartiennent pas plus à celle des Hébreux qu'à toute autre ; mais ils y sont plus reconnoissables, parce que l'hébreu étant une des plus anciennes langues, elle approche plus qu'une autre de la langue primitive. C'est de celle-ci que les mots simples ont été empruntés, et qu'ils ont passé chez tous les peuples par l'organe des premières colonies qui sont parties de l'Orient, pour peupler tous les coins de l'univers.

Que l'on ne soit donc pas surpris, si je prétends retrouver les racines hébraïques, non-seulement dans les autres langues orientales, mais dans le grec, dans le latin, dans le françois, et même dans les divers jargons ou patois des provinces. Ces langues, ces jargons ne sont point sortis tout à coup du sein de la terre : les matériaux en ont été apportés d'ailleurs. La nouvelle forme que ces matériaux ont prise, ne peut les dérober entièrement à des yeux attentifs. Il seroit presque aussi surprenant de ne pas les retrouver chez nous, que de ne pas avoir une bouche et une langue pour les prononcer.

Ce n'est pas par hasard sans doute qu'une diction monosyllabe conserve la même signification chez des peuples si éloignés et qui n'ont eu ensemble aucun commerce, surtout si l'on peut citer un grand nombre de ces termes. Or je crois déjà être en état de montrer au moins les deux tiers des racines monosyllabes subsistantes dans le françois, avec le même sens que dans l'hébreu, et j'espère, avec une étude plus longue et plus réfléchie, de les retrouver toutes sans exception. Il n'est pas nécessaire, pour expliquer ce phénomène, d'avoir recours aux navigations des Phéniciens, ni à de nouvelles peuplades arrivées de l'Orient. C'est de l'Orient que nous sommes tous partis, et il n'a pas été besoin que de nouvelles colonies vinssent rapprendre à nos pères ces termes primitifs et simples qu'ils n'avoient point oubliés. Ils les ont transmis fidèlement à leurs descendans, comme ils les avoient reçus de leurs ancêtres. Le mélange des peuples, le changement des climats, ne pouvoit manquer de produire de la diversité dans les langues, comme il a répandu de la variété sur les visages; mais le fonds est inaltérable, et je soutiens qu'il y a moins de différence entre l'hébreu et le françois, qu'il ne s'en trouve entre la physionomie d'un Lapon et une face Africaine.

On m'objectera peut-être que les Phéniciens, qui ont peuplé et policé la Grèce, y ont apporté leur langage avec eux, que les Grecs ayant passé de même en grand nombre dans l'Italie, les langues grecque et latine doivent être ressemblantes pour le fond, et que le françois n'est qu'un latin corrompu. Sans adopter cette généalogie qui sera examinée dans la suite, j'en tire le principe même de mon système, que la langue primitive est inaltérable. Partie des plaines de Sennaar, elle a séjourné et s'est embellie dans la Grèce; transplantée en Italie, elle a repris une nouvelle forme, pour venir enfin s'habiller à la françoise; la course est longue et la métamorphose singulière. Mais dès qu'on m'accorde qu'après quatre mille ans de voyages, elle reparoît parmi nous, peu m'importe quelle route elle ait suivie pour y arriver. Je n'en suis pas moins empressé de la connoître.

Ces termes simples, rencontrés si loin de leur première patrie, acquièrent une espèce de vénération par leur antiquité. On aime à les dépouiller des parures étrangères qu'ils ont reçues dans leurs divers séjours, pour les rendre à leur simplicité primitive. Nous retrouvons en eux des titres de notre commune origine, de nouveaux signes de fraternité entre tous les peuples et leurs diverses langues; nous remontons par eux jusqu'au berceau du genre humain.

Sans parler ici des motifs de religion, l'hébreu est donc la plus respectable des langues, et la Bible est le morceau de littérature le plus précieux de l'univers. C'est un monument unique des mœurs et des connoissances des premiers hommes. Nous y retrouvons leur langage, avant les altérations qu'il a souffertes en passant par d'autres climats, et presque sans autre changement que celui qu'il reçut à Babel. C'est là, par conséquent, que nous devons chercher les termes primitifs qui ont servi de canevas pour toutes les langues du monde.

§. VI.

On peut encore reconnoître les racines hébraïques dans les autres langues.

Pour trouver sûrement les premiers élémens du langage, il faut absolument confronter les langues entre elles, et c'est faute d'avoir suivi cette méthode, que les étymologistes ont ordinairement si mal réussi à les décomposer. On ne peut plus douter que l'on n'ait rencontré la vraie racine de l'hébreu, lorsqu'on aperçoit le même monosyllabe en grec, en latin, en françois, avec le même sens, parce que cette ressemblance ne sauroit être un effet du hasard; et l'on doit se défier au contraire de toute racine qui ne subsisteroit plus que dans une seule langue, à moins qu'elle ne désignât un objet propre à la nation qui s'en est servie.

On comprend assez que les termes primitifs de l'hébreu n'ont pas passé dans les autres langues, sans recevoir des changemens par la prononciation; j'espère de montrer que dans l'hébreu même ils n'ont point été prononcés d'une manière uniforme. Cette variété étoit inévitable, par la façon dont les langues se sont formées. Un père bègue, ou qui prononçoit durement, donnoit la même habitude à ses enfans; cette famille devenoit un peuple entier. Après quelques années, cette peuplade devoit trouver entre son langage et celui de ses voisins la même différence que nous remarquons quelquefois entre deux villages situés à un quart d'heure de distance; ils parlent le même patois, mais avec des diversités frappantes. Si le commerce et les besoins mutuels n'avoient sans cesse rapproché les familles qui habitoient le même continent, bientôt la variété augmentée par degrés les auroit mises dans le cas de ne plus s'entendre. C'est ce qui ne manquoit pas d'arriver à celles qui passoient les mers, pour aller peupler de nouvelles contrées : après quelques générations, leur langage n'étoit presque plus entendu dans le pays d'où elles étoient parties. Quoique le fonds en fût toujours le même, la prononciation altérée le rendoit méconnoissable. La confusion des langues devoit donc nécessairement arriver parmi les hommes déjà multipliés et obligés de se séparer; mais Dieu fit par miracle, dans un même moment et au même lieu, ce qui ne seroit arrivé que par la succession des temps et la distance des climats.

Mais quelque altération que les termes primitifs aient soufferte, il est possible de montrer qu'ils sont toujours reconnoissables; que les changemens qui y ont été faits ne sont point l'ouvrage du hasard ou du caprice; que dans leur bizarrerie apparente, il règne une certaine régularité; que la mécanique du langage a été aussi uniforme chez tous les peuples, que la marche de l'esprit humain dans l'usage qu'il en a fait. On le verra dans la dissertation suivante.

§. VII.

Projet d'un nouvel ouvrage sur les langues; son utilité.

Sur ces réflexions, il m'a paru que la vraie méthode d'étudier les langues étoit de les comparer dans leurs racines; que l'hébreu, le grec, le latin, le françois étant les quatre principales et celles qui nous intéressent davantage, un Recueil ou Dictionnaire des mots primitifs, avec leurs principaux dérivés dans ces quatre langues, pourroit être utile. C'est ce qui m'a engagé à l'entreprendre, et il seroit à souhaiter que cet ouvrage fût exécuté par une main plus habile.

1° En comparant les racines des langues anciennes avec des termes qui nous sont familiers, on les grave plus aisément dans la mémoire, et l'on ne sauroit trop s'attacher à soulager cette faculté dans l'étude des langues, qui en dépend principalement. La plupart de ceux qui ont fait des Dictionnaires ont déjà tenté cette comparaison; mais faute de recourir aux racines primitives et de suivre les analogies, ils n'ont fait qu'ébaucher l'ouvrage. 2° L'on pourroit découvrir par ce moyen l'origine de plusieurs termes dont le sens n'est pas encore assez connu, et de quelques façons de parler qui paroissent bizarres. 3° Ce Recueil pourroit servir d'introduction et de clef à l'étude de toutes les langues, surtout de celles de l'Orient, et du grec, qui en est certainement dérivé. Il nous fourniroit une méthode pour trouver les vraies étymologies des noms, et nous ne serions plus réduits à de pures conjectures sur un article qui a toujours piqué la curiosité des savans. 4° Par cette opération, les vraies racines grecques sortiroient enfin du chaos; on verroit combien se sont abusés ceux qui nous les ont données par milliers. On admireroit comment un seul terme monosyllabe a pu produire dans toutes les langues une si nombreuse postérité, et toutes ces familles de noms hébreux, grecs, latins, françois, rangés selon l'ordre de leur généalogie, formeroient un spectacle également curieux et singulier. 5° Enfin l'on se plaît à voir l'origine des sciences et des arts, leurs commencemens, leurs progrès; seroit-on moins satisfait de contempler dans son berceau l'art de parler, le plus nécessaire, le plus cultivé, le plus précieux de tous les arts?

J'avoue que, si ce système est vrai, et peut être mis en pratique, les travaux de tant de savans sur les langues sont encore bien imparfaits, et tous les dictionnaires bien fautifs. Mais je ne vois d'autre conclusion à tirer de là, sinon qu'il reste encore bien du chemin à faire dans la carrière des sciences, et que nous ne devons jamais désespérer d'aller plus loin que nos maîtres, si nous savons également mettre à profit leurs lumières et leurs erreurs. Qu'on ne dise point qu'il y a de l'imprudence à entreprendre ce travail, et à vouloir commencer l'étude des langues par où les plus habiles n'ont encore pu la finir. Cette réflexion n'est propre qu'à décourager et à retarder le progrès des connoissances humaines; nous devons un grand nombre de découvertes utiles à une heureuse témérité.

§. VIII.

Difficultés de cet ouvrage.

En me livrant à ce genre d'étude, je n'en ignore ni les désagrémens, ni les difficultés. Grâces au bon sens supérieur qui règne sur le théâtre françois, toute observation grammaticale est devenue souverainement ridicule; un homme qui raisonne sur la prononciation des lettres, est l'original du Bourgeois-gentilhomme. Quintilien, ce maître si sensé, qui vouloit que l'on instruisît les enfans sur ce point, ne seroit parmi nous qu'un radoteur; un étymologiste est désormais un personnage gothique; qu'il ait tort ou raison, *alfana vient d'equus*, et tout est dit. Mais où en sommes-nous, si dans les sciences mêmes il faut consulter l'avis du parterre, et si la raison doit reculer à l'aspect d'un bon mot? Il est des difficultés plus sérieuses, et je ne dois point les passer sous silence.

La décomposition des mots n'est point une science susceptible d'évidence; un même terme peut souvent se rapporter avec une égale probabilité à trois ou quatre racines différentes qui sont toutes analogues à sa signification. Un objet a nécessairement plusieurs rapports, et il n'est pas toujours certain que l'on saisira celui qui a fait le plus d'impression sur ceux qui ont nommé cet objet les premiers. En conjecturant sur le changement des lettres, il est impossible de ne pas se tromper quelquefois. Il y a plusieurs consonnes que nous ne prononçons pas comme les Grecs et les Latins; plusieurs lettres de l'hébreu sont encore plus incertaines. Le nombre des caractères ne pouvant jamais égaler la multitude des mouvemens de la langue, ni les rendre bien parfaitement, il paroît certain qu'il y a des lettres qui ont été prononcées de plus d'une manière : on en fait l'expérience, quand on veut écrire les patois. On ne peut donc sentir certainement quelles sont les consonnes analogues, ni par quelles gradations insensibles l'on a passé de l'une à l'autre. Ce n'est même qu'en comparant ensemble ces divers changemens que nous pouvons soupçonner comment on les prononçoit, et c'est une méthode dont l'on a fait peu d'usage jusqu'ici.

En vain j'essaierois de faire goûter mes observations aux savans entêtés de rabbinisme, qui sont persuadés qu'en hébreu tout est sacré ou mystérieux, qui voudroient diviniser jusqu'aux accens et aux virgules, établir sur des règles de prononciation les fondemens de notre foi. Il s'en faut beaucoup que j'en aie la même idée. L'orthographe, chez les Hébreux, étoit sans doute inconstante et bizarre, comme elle l'a été partout, et leurs écrivains n'ont pas été tous également lettrés. Lorsque Dieu jugeoit à propos de choisir des hommes occupés à la garde des troupeaux, pour en faire des rois et des prophètes, il n'y a pas d'apparence qu'il commençât par en faire des grammairiens habiles. Que peut-on penser des prétendues règles d'écriture hébraïque, lorsqu'on voit le monosyllabe *lo*, négation, écrit de cinq manières différentes : ל, לֹ, לֹן, לה, לוֹא? Il en est de même de l'adverbe *phò, pò, ibi* : פֹ, אפ, פוא, פוה. N'est-ce que dans ceux-là que les écrivains ont varié ?

Notre orthographe françoise est d'une bizarrerie étonnante, et suffit pour déconcerter un étymologiste ; nos grammairiens l'ont remarqué : mais je ne sais s'ils en ont aperçu un autre défaut. Comme nos premiers écrivains avoient tiré toute leur érudition de la langue latine, ils se sont attachés autant qu'ils ont pu à rendre nos mots semblables aux mots latins, lors même qu'ils se prononçoient différemment, et les Latins étoient tombés dans la même servitude à l'égard du grec (1). Voilà sans doute une des principales sources de l'opinion adoptée trop légérement par de savans hommes, que notre langue est tirée du latin, opinion qui sera discutée dans la suite. Vraisemblablement les Grecs et les Latins n'étoient pas plus fidèles que nous à écrire exactement comme ils prononçoient. Quoi qu'il en soit, pour trouver la racine des mots, il m'a paru que dans les anciennes langues, il falloit faire plus d'at-

---

[1] Quelle nécessité, par exemple, de mettre un *x* au mot paix, parce qu'il y en a un en latin ? La manière dont nous le prononçons, la simplicité originale des patois où l'on dit *pà*, le grec πκύω qui leur est semblable, font bien sentir que la terminaison latine est une addition arbitraire. Il en est de même de *croix*, que les patois prononcent *croi*, *cra*, *creuy*, etc.

tention à l'écriture qu'à la prononciation, parce que celle-ci est incertaine et ne subsiste plus; qu'en françois au contraire, il falloit s'attacher à la prononciation plutôt qu'à l'orthographe.

Malgré ces obstacles et plusieurs autres que je n'ai déjà que trop bien éprouvés, je me flatte de donner un si grand nombre d'étymologies palpables, qu'elles feront passer aisément sur celles qui paroîtront moins heureuses, surtout si l'on veut les comparer avec celles que l'on trouve dans les Dictionnaires communs, et qui souvent n'ont pas la moindre lueur de vraisemblance. En tout cas, je pourrai fournir à d'autres le moyen de mieux faire.

§. IX.

Objections et réponses.

Il me reste à prévenir deux difficultés capables d'arrêter d'abord. On sera surpris sans doute qu'une même racine ait vingt ou trente significations différentes; l'on aura peine à comprendre qu'un même monosyllabe ait été employé pour désigner des objets, non-seulement disparates, mais tout-à-fait opposés; que l'on ait appelé du même nom le haut et le bas, la grandeur et la petitesse, l'eau et le feu.

Cette bizarrerie seroit sans doute incroyable, s'il n'y en avoit pas des exemples dans toutes les langues; mais il n'en est aucune où les monosyllabes, et même un grand nombre de termes composés, n'aient les deux sens contraires. Personne n'ignore que קדש (kadasch) en hébreu, ἅγιος en grec, *sacer* en latin, *sacré* en françois, signifient tout à la fois *saint* et *exécrable*. Le monosyllabe אף (ep, up), d'où sont formés ἐπὶ, ὑπὲρ, ὑπό des Grecs, *super*, *sub*, et *subter* des Latins, exprime en composition le dessous et le dessus, devant et après : ὕπατος, l'un de ses dérivés, désigne le plus haut et le plus bas, *imus* et *summus*. *Sub* chez les Latins prend le même sens, surtout en composition ; *sublatus*, élevé en haut, *sublimis*, le même ; *subjicio* est employé par les meilleurs auteurs pour dire *jeter dessous* et *jeter dessus* : *Corpora subjiciunt in equos*, dans Virgile. Aussi les interprètes latins de l'Écriture l'ont pris quelquefois au même sens que *in* et *super*; Is. 25, 11 : *Extendet manus suas sub eo*, il étendra ses mains sur lui ; Math. 8, 9 : *Homo sum sub potestate constitutus*, je suis un homme établi en autorité. En françois *sur* et *sous* se confondent souvent : nous disons, *Défendre sur peine* et *sous peine de la vie*, *Supporter, Soutenir, Supérieur, Souverain*, etc. Il en est de même de la préposition grecque ἐπὶ. Je trouverois de pareils exemples dans toutes les langues du monde, surtout parmi le peuple, qui n'y regarde pas de si près.

On en sera moins étonné, si l'on fait attention : 1º à ce que j'ai remarqué sur la pauvreté des langues dans leur origine, et sur l'habitude qu'ont eue les hommes de donner le même nom à divers objets, à cause du rapport qu'ils y ont aperçu. Or, entre les choses les plus opposées, il y a toujours un point de réunion qui suffit pour fonder une analogie. כף (caph, cap) qui veut dire *courbe*, a été employé pour signifier creux et bossu, concave et convexe, parce que toute ligne courbe est nécessairement concave d'un côté, et convexe de l'autre. אל (al) *altus*, exprime haut et profond, parce que la hauteur et la profondeur sont également la distance des deux extrémités considérées en ligne perpendiculaire. En un mot, les contraires forment des idées inséparables et qui se rappellent naturellement; voilà pourquoi ces idées se sont confondues dans le langage.

Grand et *petit* sont des idées de comparaison. Tout ce qui est petit a nécessairement quelque grandeur, et tout ce qui est grand se trouve petit, quand on le compare avec quelque chose de plus grand. Un enfant, par exemple, est petit à l'égard d'un homme fait; mais il croît sans cesse, et l'enfance est, par son idée même, l'âge où l'on grandit. Cet âge a donc pu être également caractérisé par la petitesse et par la grandeur, ou la crescence, et c'est ce qui est arrivé. Toutes les racines, qui signifient petitesse ou enfance, signifient encore adolescence et grandeur, parce que ces idées sont inséparables. L'uniformité constante de cette double allusion est donc fondée sur la nature des choses et sur la plus exacte métaphysique.

2° La même racine est souvent parvenue à exprimer deux opposés, par la voie d'une ou de plusieurs idées intermédiaires qui ont fondé l'analogie. Par exemple, בט (bot) signifie élévation, bosse, boule, rondeur; et rondeur est analogue à circuit et circonférence; celle-ci renferme la capacité intérieure; et cette capacité n'est autre que le dedans ou la profondeur.

Élévation se prend encore pour la hauteur, la pointe, le bout le plus élevé, et le bout désigne souvent la fin ou l'extrémité. Élévation est la même chose que le sommet, le dessus, la tête; et la tête exprime aussi le commencement. Voilà donc les idées contraires de commencement et de fin, de pointe et de rondeur, de hauteur et de profondeur qui peuvent se trouver liées au même terme; mais c'est l'idée générique d'élévation qui sert à les rapprocher.

3° Le même terme a pu signifier les contraires par une analogie de représentation. אף (aph, ef) signifie l'air, l'eau et le feu; c'est que l'on a peint ces trois élémens par le souffle, ou par le bruit que fait l'air agité. De loin, on a peine à distinguer le bruit d'un fleuve rapide ou d'une cascade d'avec un vent violent : celui de la flamme fait encore le même effet à nos oreilles. Quand les habitans des îles Mariannes virent du feu pour la première fois, ils crurent que c'étoit un animal, et que le bruit de la flamme étoit son souffle ou sa respiration.

4° Le même monosyllabe a pu exprimer les idées contraires par le changement de prononciation. Supposons que dès l'origine du langage, *cap* ait signifié tête ou rondeur, et *cab* creux ou cavité; le *p* et le *b* étant lettres de même organe, se sont aisément confondus, et bientôt l'on a prononcé indifféremment *cab* et *cap* pour désigner la cavité, *cap* et *cab* pour exprimer la rondeur.

Dès qu'on fera bien attention à ces quatre sources de confusion, l'on ne sera plus surpris de trouver presque toutes les racines équivoques et employées pour exprimer les deux contraires; on sentira même qu'il étoit impossible que cela n'arrivât pas. Le seul moyen de prévenir cet inconvénient, eût été de forger autant de mots qu'il y a d'objets ou d'idées, ce qui n'est pas possible. Les Chinois ont inventé autant de caractères différens ou de lettres qu'ils connoissent d'objets; aussi n'ont-ils pas fait de grands progrès dans les sciences, et encore ont-ils besoin des analogies pour diriger leur méthode.

Mais s'il est vrai que la première langue ait été si pauvre, comment peut-elle avoir une multitude de synonymes, douze ou quinze monosyllabes pour signifier le feu, autant pour désigner l'eau, un pareil nombre pour exprimer la hauteur, etc.? N'étoit-il pas plus naturel d'employer tous ces synonymes à signifier des objets différens, que de confondre ainsi les idées par un même nom? N'en est-il pas de ces prétendus synonymes comme des nôtres, qui ne le sont qu'en apparence, qui expriment à la vérité des idées analogues, mais non point identiques?

Je ne me suis point chargé d'enseigner aux hommes ce qu'ils auroient dû faire, mais de raconter ce qu'ils ont fait; or, qu'ils se soient donné le superflu, tandis qu'ils manquoient du nécessaire, qu'ils aient attaché le même nom à différens objets, et au contraire le même objet à différens noms, c'est ce que j'espère de démontrer dans les quatre langues dont j'ai ébauché le parallèle.

Si on veut y réfléchir, les mêmes raisons qui ont nécessairement produit des équivoques, ont dû aussi multiplier les synonymes. 1° La prononciation, en faisant passer successivement la même syllabe par les lettres de même organe, sans en changer la signification, a donné plusieurs noms à un même objet; ainsi *cap*, *caph*, *cab*, *cav*, *gab*, *gav*, *gaph*, etc., ont tous désigné la cavité; 2° la peinture d'un objet a pu être variée; le vent, par exemple, a été représenté par le sifflement des lèvres, par celui des dents, et par celui du palais; de là autant de syllabes et de mots différens; 3° les analogies ont produit le même effet; lorsque plusieurs objets se sont trouvés semblables, on a confondu leurs noms, et par-là un seul a réuni les noms de plusieurs. Il n'étoit donc pas plus possible de retrancher les synonymes dans le langage, que d'éviter les équivoques.

L'on a découvert, à la vérité, entre les synonymes françois différentes nuances de signification; mais cette entreprise ne pouvoit être exécutée qu'à l'égard d'une langue vivante, dont l'usage ordinaire fait sentir les propriétés et les finesses. Ammonius fit autrefois pour le grec, et Cornélius Fronto pour le latin, ce que M. l'abbé Girard a fait de nos jours pour le françois; tous ont travaillé sur une langue qui leur étoit familière. Pour ce qui est des langues mortes, dont l'abondance même fait l'embarras, je ne crois pas que personne s'avise de le tenter. A supposer que le succès fût possible, l'on n'en pourroit rien conclure pour le langage primitif, qui n'exprimoit que des idées simples et décharnées. C'est par la culture que les langues s'enrichissent et s'épurent; c'est l'usage des personnes polies qui consacre les termes propres, et qui apprend à distinguer les gradations presque imperceptibles de leurs significations. Mais cette précision ne se trouve point dans le langage du peuple, et c'est à celui-là seul que l'on doit comparer la manière de parler des premiers hommes.

SECONDE DISSERTATION.

SUR LES DIFFÉRENTES MANIÈRES DONT LES TERMES PRIMITIFS ONT ÉTÉ PRONONCÉS, OU SUR LE CHANGEMENT DES LETTRES DANS LA PRONONCIATION.

Il est naturel à tous ceux qui parlent de chercher la facilité en prononçant, et de préférer, même sans attention, les inflexions de voix qui ont le plus de rapport à la disposition de leurs organes. Celle-ci étant toujours relative au climat, les nations qui habitent différens pays ne peuvent conserver long-temps le même langage, sans qu'il s'y glisse des variétés. Il a donc été physiquement impossible que les sons primitifs usités d'abord parmi les hommes, se conservassent tous sans altération, malgré la dispersion des peuples. Ils ont changé, mais en suivant toujours une mécanique constante et une espèce d'uniformité. On a mis une lettre pour une autre, mais en substituant celles qui sont de même organe. On peut le remarquer dans le même pays et parmi le même peuple, dans les langues vivantes, comme dans celles que l'on ne parle plus; dans les jargons grossiers, comme dans les langues polies; et les grammairiens ont eu grand soin d'en avertir, par rapport aux langues orientales.

§. I.

Des voyelles, et des points qui les marquent en hébreu.

Quand je dis que les lettres se changent, on comprend aisément que je ne parle pas seulement des voyelles, mais des consonnes. Pour commencer par les premières, je ne dois prendre aucune part aux disputes qu'elles ont excitées parmi les savans : soit que l'on dise, comme quelques-uns, que les voyelles n'ont jamais existé dans l'alphabet des Hébreux ni des autres peuples de l'Orient, soit que l'on prétende avec d'autres que les voyelles étoient marquées par les lettres א, ה, י, ע, ו, (a, e, i, o, u,) mon système se soutient également ; il me suffit de supposer ce qui est certain, que dans toutes les langues les voyelles se changent, sans que la signification des mots en soit altérée. La méthode de rechercher les racines hébraïques monosyllabes, est donc entièrement indépendante de la ponctuation des Massorètes, et peut-être que l'oubli de cette ponctuation ne seroit pas le moindre avantage que l'on en pourroit tirer. En laissant l'hébreu dans son état naturel, c'est-à-dire sans points, on se rend maître d'en rechercher le sens sans préjugé ; et la comparaison que l'on en peut faire avec ses divers dialectes, et même avec les autres langues, est d'un tout autre poids que l'autorité de la Massore.

Elle a fixé, dit-on, par les points-voyelles la prononciation des mots hébreux ; ces points, cette prononciation servent à en déterminer le sens. Mais si l'on peut montrer que dans aucune langue de l'univers le sens des mots n'a jamais dépendu de la prononciation scrupuleuse des voyelles, à quoi peuvent-elles servir en hébreu ? D'abord, si les Massorètes eussent vécu sans interruption depuis Moyse jusqu'à Esdras, s'ils eussent été encore les premiers génies de l'univers, ou des hommes inspirés, je me rangerois volontiers à leur avis. Mais c'étoient des rabbins, et c'est tout dire. Quand même les savans seroient aussi d'accord sur la ponctuation qu'ils sont divisés, les Massorètes n'ont pu nous apprendre que la prononciation qui étoit en usage de leur temps, c'est-à-dire au sixième ou au neuvième siècle depuis J.-C. Supposer que cette prononciation n'avoit point changé pendant plus de deux mille ans que l'hébreu avoit été une langue vivante ; que le peuple avoit toujours scrupuleusement conservé les mêmes voyelles, qu'il avoit toujours prononcé *ab* pour signifier père, *eb* pour dire une plante, sans varier jamais, ce seroit une imagination digne d'un cerveau rabbin. Les Septante n'ont pas prononcé les noms propres comme S. Jérôme ni comme Origène ; preuve certaine que la prononciation hébraïque n'a point été fixée, et que c'est en vain que l'on a entrepris de le faire. Il est encore, malgré la Massore, un grand nombre de mots qui se ponctuent différemment sans avoir différentes significations, d'autres qui sont ponctués de même et qui expriment diverses choses ; comment donc le sens des mots peut-il dépendre des points ? De l'aveu des grammairiens, la ponctuation n'est ni plus constante, ni plus régulière dans le

chaldéen et dans le syriaque. Indépendamment de
la fantaisie ou de l'ignorance des ponctuateurs, il y
en a une raison claire : le langage varioit chez ces
peuples, comme il varie encore parmi nous; la prononciation
change selon les temps et selon les provinces,
souvent d'un village à un autre. Il sera démontré
que chez les Orientaux comme chez nous,
le peuple changeoit souvent les consonnes qui sont
les lettres radicales, sans cesser pour cela d'attacher
la même idée au mot qu'il défiguroit; comment auroit-il
conservé les mêmes voyelles, dont le changement
est plus aisé ? Comment la signification des
termes peut-elle être attachée aux voyelles, puisque
souvent le changement, l'addition, ou le retranchement
d'une consonne, n'en altère pas le
sens? Les points-voyelles peuvent donc nous apprendre
comment les Massorètes ont lu, et à peu
près comment ils ont entendu l'hébreu; mais qu'ils
puissent nous apprendre comment on doit l'entendre,
c'est ce que je ne concevrai jamais.

Je dis plus. Quand ces points seroient aussi essentiels
ou aussi commodes que leurs partisans le supposent,
ils seroient encore inutiles par rapport à moi.
J'examine l'hébreu, non dans ses mots composés,
mais dans ses racines, en tant qu'elles lui sont communes
avec ses divers dialectes, et avec les autres
langues. La prononciation hébraïque n'est donc pas
plus sacrée pour moi que la prononciation chaldéenne
ou syriaque. Je cherche ce en quoi ces langues
conviennent, pour voir par-là même en quoi
elles sont différentes; j'ai droit de choisir, non-seu-

lement la prononciation que les Massorètes ont suivie, mais celle qui est la plus commode pour le parallèle que j'entreprends.

La seule remarque qui me reste à faire sur les voyelles, et qui convienne à ce sujet, c'est que des trois langues de l'Ecriture sainte, l'hébreu termine ordinairement les substantifs en *e*, le chaldéen en *a*, le syriaque en *o*. De même chez les Grecs, le dialecte dorien affectoit surtout les α, l'ionien les ε ou η, l'attique les ο, ω, et changeoit indifféremment toutes les voyelles. Ainsi encore les noms terminés en françois par un *e* muet, se terminent dans les divers langages des provinces méridionales de France en *a*, en *o*, en *ou*, brefs. Dans une des provinces de France où le patois est assez grossier, les habitans d'un certain canton terminent presque tous les substantifs en *at*, ceux d'un autre en *et*, ceux d'un troisième en *ot*. Cette variété peut se remarquer partout. Si nous connoissions de même la prononciation des divers peuples qui parloient latin, et les différences du grec, tel qu'il étoit en usage dans les provinces de l'Europe et de l'Asie-Mineure, la ressemblance seroit plus sensible, et rien ne manqueroit au parallèle.

Toujours est-il certain que les différens jargons ou patois des provinces de France ont précisément entre eux les mêmes variétés que l'on remarque entre les divers dialectes des langues les plus anciennes; l'étude de ces jargons ne seroit donc pas inutile; j'en dirai encore quelques raisons ailleurs.

§. II.

Des aspirations.

Le langage des Orientaux est tout hérissé d'aspirations. Il y en a quatre en hébreu, א, ה, ח, ע; nous en ignorons la différence précise, et la prononciation de la dernière nous est impossible. Point de voyelle chez eux qui ne soit aspirée plus ou moins; plusieurs consonnes sont encore, ou aspirées, ou sifflantes, de sorte que dans leur bouche tout est aspiration ou sifflement. Et il en devoit être ainsi du langage des premiers hommes : dans la nécessité de peindre l'agitation des élémens, le mouvement des êtres animés, le bruit des corps sonores, plus les inflexions de voix étoient dures et marquées, plus elles étoient propres à faire des peintures. C'étoit comme les efforts d'un enfant ou d'un bègue, à qui la détresse de ne pouvoir s'énoncer fait faire du bruit et des grimaces.

Ce langage rude et difficile, porté dans la Grèce, s'y adoucit peu à peu, à mesure que les habitans devinrent moins barbares. Les aspirations furent supprimées de leur alphabet, les voyelles en prirent la place, ou plutôt les aspirations furent prononcées en voyelles. On conserva seulement deux accens pour y suppléer, l'esprit doux et l'esprit rude, et chaque jour le premier gagna du terrain sur le second. Les Grecs remplacèrent les aspirations dans les mots par les consonnes aspirées et les lettres sifflantes, Χ, Φ, Ψ, Ζ, Σ. Pour éviter le choc de deux voyelles dans un même mot, ils plaçoient un accent à la seconde, et le prononçoient comme notre V : ὤον, *ovon* ou *ofon*; οἴς, *ovis*; βοὺς, *bovos*. C'est ce qui fit naître chez eux dans la suite le *digamma œolicum*, l'F, qui n'y étoit pas d'abord, et qui se prononçoit aussi comme notre V. Elle suppléoit aux aspirations, et adoucissoit la prononciation du Φ. On l'appela ἐπίσημον βαῦ, le signe *Vau*, parce qu'il tenoit la place du *vau* des Orientaux, et qu'on le mettoit au lieu de l'esprit placé sur la voyelle. Telle est la force du mot ἐπίσημον. On lit sur d'anciennes médailles FHPAKΛEΩN, pour HPAKΛEΩN, et plusieurs ont écrit Fενετοί pour ἐνετοί.

Chez les Latins, la réforme augmenta encore. Cicéron, Quintilien, Priscien nous apprennent que les anciens Romains ne connoissoient point de consonnes aspirées; l'Orateur lui-même, dans sa jeunesse, prononçoit *pulcros* pour *pulchros*, *triumpus* pour *triumphus*, *Cartago* pour *Carthago*, etc. Le commerce qu'ils eurent avec les Grecs leur fit adopter quelques-unes des lettres aspirées, et ils conservèrent les aspirations dans les termes grecs dont ils enrichirent chaque jour leur langue. Quintilien ajoute même que l'usage en fut excessif pendant un certain temps. L'H, seule aspiration dont ils se servissent, ne se trouve cependant que dans fort peu de mots; l'S, l'F, le V prirent ailleurs sa place, et ces deux dernières furent souvent confondues dans la prononciation. Sous le règne de Claude, qui affectoit de paroître grammairien et homme capable, on mit dans les inscriptions *ædi-*

ficafit, *reparafit*, *dedicafit*, etc. ; mais l'usage, seul souverain des langues, n'adopta point cette manière d'écrire.

Ce que je dis ici, sur la manière de suppléer aux aspirations par les lettres sifflantes, n'est point de mon invention; c'est une remarque faite il y a long-temps par les grammairiens latins. Térentianus Maurus ou Scaurus, qui vivoit sous Trajan, observe que du mot grec ἑστία, les Latins ont fait *vesta*; de ἐσθής, *vestis*; de ἱς, *vis*; de ἔαρ, ἦρ, *ver*, etc. Nous mettons souvent, dit Priscien, une S au lieu d'aspiration, dans les mots que nous avons empruntés des Grecs : au lieu de ἑ, ἕξ, ἑπτὰ, ἥμισυ, ὑπερ, nous disons, *se*, *sex*, *septem*, *semis*, *super*. Ces deux auteurs, après Quintilien, nous enseignent que les anciens Romains disoient *fordeum* et *fœdus* pour *hordeum* et *hœdus*, *fircus* pour *hircus*, et au contraire *haba* pour *faba*.

Mais ce qui paroîtra fort singulier, c'est que ces grammairiens ont fait, sans le savoir, l'histoire des langues orientales. Je vais montrer que dans celles-ci l'on a suivi la même route qu'en grec et en latin, et que ces deux langues si polies n'ont fait que copier fidèlement les premières.

1° Pour éviter le bâillement ou le choc des voyelles aspirées, les Orientaux ont substitué un sifflement à l'aspiration. דאה (daah), en hébreu *milan*, *vautour*, se trouve souvent écrit דיה (dajah); אאר (oar) *l'air*, en syriaque, se prononce *ojar*, et les rabbins qui l'ont emprunté de cette langue écrivent אויר (ojar); טוב (toub) en hébreu, טאב (teeb) en chaldéen, *être bon*, forme en arabe *tajeb* ou *tajebon*, adjectif. On lit en chaldéen כיף pour כאף (cajeph pour caëph), et כיץ pour כאץ (cajets pour caëts) : c'est ainsi que l'aspiration s'est changée en *j*, qui est un sifflement.

On lit en hébreu תאה et תוה (thaah et thavah) *limiter*; גאה et גוה (ghéah et ghévah) *orgueil*. ראה (raah) *voir*, a formé רוה (réveh) *vue, aspect*; נוה (navah) *demeure*, fait au pluriel indifféremment נאות et נות (neoth et nevoth). C'est l'aspiration changée en *v*, autre sifflement.

2° La même transformation s'est faite aux aspirations des initiales. Dans tous les noms propres hébreux qui commencent par un ה (h), au lieu d'ajouter un autre ה (h) pour article, on a mis le י (j); ainsi l'on prononce יהוא, יהואש, ou יואש (Jehu, Jehoas, ou Joas), au lieu de ההוא, ההואש (Hehu, Hehoas), pour ne pas mettre deux הה de suite. Et voilà, sans autre mystère, pourquoi le nom de Dieu יהוה (Jehovah) ne prend jamais un ה démonstratif, c'est que le י lui en tient lieu[1].

3° Les aspirations ont été aussi changées en *s*, comme en latin, et en sifflemens analogues ; plusieurs mots écrits en hébreu par צ, s'écrivent en syriaque ou en chaldéen par ע. C'est le plus fort

---

[1] De là je conclus, ou que la prononciation des Massorètes est fautive en plusieurs mots, ou que nous la prononçons mal. הארץ (haarets) *la terre*, fait un bâillement désagréable et peu naturel. Il y a toute apparence que l'on a prononcé *héarets*, *hajarets* ou *havarets*, comme dans les autres termes que j'ai cités. De même ואיבה (véebah) *et inimicitiam*, devroit se prononcer *véjébah*, pour conserver la consonne de איב (ojeb) *ennemi*, dont le premier est dérivé.

des sifflemens, remplacé par la plus forte des aspirations.

Enfin, pour que rien ne manque au parallèle, on peut observer la même marche dans le françois et dans les patois. Au lieu du latin *pavo*, *pavonis*, nous écrivons *paon*, et nous reprenons le *v* dans le verbe *se pavaner*, se regarder comme un paon; le substantif *taon*, grosse mouche, se prononce *tavin* ou *tavon* dans les patois. Au lieu de dire en françois *j'y irai*, j'irai là, nous supprimons le premier *y*, et nous disons simplement *j'irai*; pour ne pas être obligés de prononcer le second *i* du gosier : les patois, pour éviter le même choc des deux *ii*, mettent un sifflement entre deux, et disent, les uns, *j'y virà*, les autres *j'y zirà*; ainsi les jargons les plus grossiers évitent ce qui peut blesser l'oreille. C'est ce qui a fait mettre des *ss* à la fin de nos pluriels.

Cette altération, que les mots ont éprouvée dans la même langue, leur est encore arrivée, en passant d'une langue dans une autre. יין (jaïn) le *vin*, en hébreu, s'est dit οἶνος en grec, par le changement du י (j) en aspiration, et *vinum* a repris en latin et en françois le sifflement du *v*.

Voilà donc un usage constant, uniforme, universel, de substituer les lettres sifflantes aux aspirations, ou au contraire; et cette mécanique est puisée dans la nature. Le sifflement n'est autre chose que l'aspiration même rendue plus forte, ou par la compression des lèvres, ou par l'effort de la langue contre les dents, ou par son impulsion contre le palais; l'un et l'autre sont nommés *spiritus* ou *flatus*.

par les grammairiens latins. Ceux à qui le jeu du gosier étoit trop difficile, aimoient mieux siffler que d'aspirer en parlant. De-là en hébreu אל et פל (el et phel), en grec αὔω et φαύω, en latin *halare* et *flare*, en françois *hoüer* et *foüir*, sont le même terme. Je prie le lecteur de ne point perdre de vue ce principe ; il est d'un usage continuel dans la recherche des racines. Peut-être n'en est-il pas une sur laquelle on ne puisse faire cette remarque, et cet article seul en retranche près de la moitié, que l'on a doublées mal-à-propos.

Il s'en faut donc beaucoup que les aspirations doivent être regardées comme des lettres essentielles et immuables. Elles se mettent indifféremment l'une pour l'autre ; souvent une racine écrite par une aspiration forte, se trouve dans ses dérivés avec une aspiration foible, ou au contraire ; souvent même elles deviennent oisives pour le sens. Mais je traiterai plus exactement cette matière dans la troisième Dissertation.

§. III.

Des Consonnes.

L'on a eu soin, dans les grammaires des langues orientales, de distribuer les consonnes en cinq classes, selon les divers organes dont elles dépendent principalement. Les gutturales, ou celles du gosier, sont les quatre aspirations dont j'ai parlé ; celles de la langue sont *d*, *t*, *th*, *l*, *n*; celles du palais *g*, *j*, *c*, *q* ; celles des dents *z*, *s*, *ts*, *sch*, *r* ; celles des lèvres *b*, *v*, *m*, *p*.

Cette distinction, dit Louis de Dieu, chap. 2, est d'un grand usage ; les lettres de même organe se changent aisément, non seulement dans la même langue, mais dans les divers dialectes ; un mot hébreu devient chaldéen ou syriaque, par le seul changement des lettres du même organe ; et il en apporte plusieurs exemples. J'ajoute que ce changement seul, avec celui des voyelles, fait toute la diversité des dialectes du grec aussi bien que de l'hébreu ; et, pour le dire en un mot, c'est ce même changement plus ou moins multiplié qui constitue la différence de toutes les langues de l'univers.

Je sais qu'on peut trouver à redire à la division dont je viens de parler, et douter si une consonne dépend plutôt du palais que du gosier, etc. Aussi faut-il étendre le principe, comme a fait Priscien dans sa grammaire latine, et assurer qu'en général toutes les lettres dont la prononciation a quelque affinité, se mettent aisément l'une pour l'autre. On me permettra de les appeler *lettres omophones*, puisque notre langue n'a point de terme propre pour exprimer cette idée.

Je ne puis proposer un exemple plus frappant ni plus connu de ce changement, que les divers temps ou modes des verbes en grec ou en latin. Dans ces deux langues, les déclinaisons se forment par le changement des voyelles, les conjugaisons par le changement des consonnes. Quand on dit τύπτω, τύπω, τύψω, τέτυφα, τέτυμμαι ; *dico, dixi, dictum,* etc., on ne fait que changer la lettre figurative ou radicale du verbe avec les consonnes *omophones*.

Ajoutons à ce changement l'analogie que les grammairiens ont remarquée entre les figuratives des verbes, pour en former les différentes conjugaisons. Ils ont mis au même rang les verbes en βω, πω, φω, πτω; de même ceux en γω, κω, χω, κτω; ceux en ζω, σσω, ττω, etc. Ils ont jugé que tous les termes, dont les radicales sont omophones, devoient composer, pour ainsi dire, la même famille. Ainsi en latin *dico* fait au parfait *dixi*; *scribo, scripsi; ferveo, ferbui; coquo, coxi; meto, messui*, etc. C'est toujours la même mécanique, et la même substitution des consonnes analogues.

Si l'on pouvoit montrer la même uniformité dans les racines hébraïques, et d'autre part les mêmes inflexions dans nos mots françois, une ressemblance si parfaite pourroit-elle être regardée comme un effet du hasard? Il faut essayer ce parallèle.

לג, לח, לך, לע, לק, לש, ליץ, en hébreu, lag, leg, log, etc., lach, lak, lâh, laq, lasch, lats, signifient la *langue* et les opérations de *la langue*, *parler* et *lécher*. De là sont formés לעג, עלג (lahag, hellag), *bègue*, qui a la langue grasse, qui parle difficilement; לקק, לוע, לעע, לחך (lichec, lâhhah, louâh, laqaq) *lécher;* ליץ (lassass ou latsats) *parler poliment;* מליץ (melits) *orateur;* לשון (laschon) *la langue;* לחש (lachasch) *parler*, etc.

Je retrouve en grec λέγω, λείχω, λέλεχα; λάσκω, λέξις, λόσσα ou γλόσσα : en latin *lego, legi, lectus, loquor, lectio* pour *lexio*, qu'un gascon prononceroit *lessio*; *lingo, linxi, linctum, lingere;* en françois *langue, leçon*, que l'on prononçoit autrefois *lechon*, et que

DES LANGUES.

nous lisons aujourd'hui comme s'il y avoit *lesson;* *lécher,* que l'on écrivoit jadis *lescher; éloquence, élocution,* etc. La conformité deviendra plus sensible en rangeant tous ces termes selon l'ordre de leur figurative, ou plutôt de leur prononciation.

לג, לג;	לח, לע;	לך;	לק;	לש;	ליץ.
Lag, leg, lig, log;	lach, lâh;	lac;	laq;	lasc, lasch;	lass.
Λεγω,	λειχω;	λελεκα;		λεξις, λασκω;	γλωσσ.
Lego, lingo,	legi, lingere;	lectum, linctum;	loquor;	lectio (lexio);	(lessio).
Langue;	éloge, lécher;	élocution;	éloquence;	lescher, leçon;	(lesson).

Dans cet exemple, c'est la seconde lettre de la racine qui se change; dans le suivant, c'est la première.

אל, בל, פל, מל,

al, el, il, ol ul; bal, bel, etc.; pal, phal; mal, mel, etc., signifient en hébreu *hauteur, élévation, grandeur,* au propre et au figuré, et par analogie, *augmentation* ou quantité. Ainsi אל (al, el) est une préposition qui signifie *dessus* ou *le dessus;* איל (aïl) *le dessus d'une porte, le linteau,* ou *le seuil,* qui est plus élevé que la terre; אול (oul) *force, puissance,* etc. En chaldéen בל (bel) au lieu de l'hébreu בעל (bahal), *maître, seigneur;* בל (bol) *le cœur, le courage, la force;* חבל (hebel, chebel) en hébreu, *troupe, multitude,* etc. עופל (hôphel) *lieu élevé;* פלל (phalal, palal) *exceller, surpasser;* מלא (malé) *fort, vigoureux, mâle;* מלו (melo) *abondance;* מלה (moullah) *multitude,* etc.

Le grec nous donne ἄλλομαι, *sauter, bondir, s'é-*lever *par des sauts;* οὖλος, *un tas* de gerbes ou d'autres choses; βόλης, *le seuil d'une porte;* βῶλος, *une motte* de terre; πολος, *le sommet de la tête;* φαλος, le dessus d'un casque, une aigrette ; μαλα, *beaucoup* ; μᾶλλον, *davantage*, etc. En latin *alo* et *altus*, *bulla* et *bolus; valeo* et *polleo*; *moles* et *multùm* ; en françois, *altier, altesse, boule, foule, valoir, valeur, pile, môle*, nous retracent les mêmes analogies dans le sens, et les mêmes variétés dans la prononciation. Je ne citerai ici que ces deux exemples, on en verra de nouveaux dans la quatrième Dissertation, et le Dictionnaire des racines en doit être un recueil complet.

On y verra souvent le changement de deux consonnes, qui ne paroissent point être de même organe ni omophones, S et T. Il en est peu qui se changent plus communément dans toutes les langues. La plupart des termes écrits en hébreu par un ש *sc, sch, ss*, se retrouvent en chaldéen et en syriaque avec un ת, *th*. C'est une des propriétés du dialecte attique de changer en τ le ζ et le ς. On dit en grec συρίζω, συρίσσω, συρίσδω, συρίττω ; en latin *mitto, misi, missum; meto, messui, messum*, etc. Lucien, dans un de ses dialogues, fait paroître l'S qui intente un procès au T par-devant les cinq voyelles, qu'elle prend pour juges, et se plaint de ce que celui-ci lui enlève chaque jour de nouveaux termes. Nous observerons ici que le procès est décidé, et que pour réparation, le T a été condamné à prendre souvent la prononciation de l'S : nous disons en latin *Titius, metior, ratio*, etc. ; en françois *nation, mention, caution*, comme s'il y avoit des *ss*. Mais d'où a pu naître le démêlé de ces deux lettres et l'usage de les changer ?

Il vient sans doute du mécanisme de leur prononciation; les enfans prononcent le T avant de pouvoir prononcer l'S; ils disent *ma tœur* pour *ma sœur*. Pour prononcer le T, il faut approcher davantage la langue des dents que pour faire sentir l'S; les enfans, qui ne sont pas encore accoutumés à garder la juste distance, poussent trop fort le bout de leur langue contre les dents, et font sonner le T.

D'ailleurs dans le ץ (ts) des Orientaux, les deux lettres sont unies, de même que ד (dz) réunit le D et le Z. L'usage de ces deux sifflemens leur est familier, parce qu'ils sont les plus forts et les plus sensibles de tous. En prenant l'habitude de joindre ainsi un sifflement au D et au T, on est parvenu à le confondre avec eux. De-là le changement continuel des lettres *d, dz, s, ts, sch, sc, th*, et de celles qui leur correspondent dans les autres langues.

On verra plus en détail les analogies et les changemens des consonnes, dans les remarques qui seront placées dans le Dictionnaire, à la tête de chacune des lettres de l'alphabet.

TROISIÈME DISSERTATION.

SUR LES ADDITIONS QUE L'ON A FAITES AUX RACINES PRIMITIVES, OU SUR LA COMPOSITION DES MOTS.

Après les observations que je viens de faire sur les lettres et sur la manière de les prononcer pour en former des syllabes significatives, l'ordre exige que j'examine la méthode selon laquelle ces syllabes ont été jointes pour composer des mots, ou, ce qui est le même, les différentes additions que l'on a faites pour alonger les racines monosyllabes. Cet examen servira, non-seulement à confirmer plusieurs des remarques précédentes, mais encore à montrer, que faute d'avoir suivi les vrais principes, l'on a augmenté les difficultés des langues orientales dans les grammaires ordinaires, tandis que l'on travailloit à les aplanir.

§. I.

Des aspirations ajoutées au commencement.

La méthode la plus commune de composer a été de mettre une aspiration avant la racine monosyllabe; ainsi en hébreu, en joignant א avec דון (don) *élevé, supérieur*, on a fait אדון (adon) *seigneur*; de בל (bal, bel) *souffle*, on a formé הבל (habal, habel) *vent, vapeur, vanité*; de גר (gar) *lien*, s'est fait חגר (chagar) *ceindre, lier, garotter;* גל (gal) *rond*, a produit עגל (hâgal) *être rond*, etc.

Dans les autres langues où les aspirations ont été supprimées, l'on n'a conservé que la voyelle initiale avec la racine et la terminaison; on a dit en grec στάχυς et ἄσταχυς, un *épi*; θέλω, ἐθέλω, *je veux*; θλάω, ὀθλέω, *je souffre*, etc.; en latin *cur, eccur; mitto, omitto; nitor, enitor;* en françois, *baisser, abaisser; lever, élever*, etc. Ces voyelles commençantes ne sont point de la substance du mot primitif, puisqu'il conserve toute sa signification sans elles.

Mais a-t-on ajouté sans raison ces voyelles initiales, et les aspirations qui les font sonner dans les langues orientales? C'est ce qui ne paroît pas vraisemblable; il est donc à propos d'en rechercher l'origine.

1° En hébreu, comme dans les autres langues, les voyelles aspirées sont des interjections qui marquent souvent la surprise, et l'usage en est si uniforme, que les Occidentaux, en retranchant les aspirations dans les autres mots, les ont conservées dans ces expressions vives et naturelles. Mais il faut se souvenir qu'elles sont bien moins familières aux personnes polies qu'au bas peuple, qui mêle sans cesse les syllabes *ha! hé! ho!* dans son discours; on le remarque surtout dans les provinces où l'on parle niaisement. L'habitude de les joindre aux mots a pu, à la longue, les rendre inséparables. Or, les premiers qui ont écrit dans chaque langue, ont été assujétis à la prononciation populaire, parce qu'il n'y avoit point d'autre règle à suivre. C'est le peuple qui le premier a donné la loi aux écrivains, c'est lui qui a formé les langues.

Comme ces interjections admiratives expriment la grande idée que l'on a d'une chose, leur force naturelle est d'augmenter la signification du mot auquel on les joint. On nous dit dans les grammaires hébraïques que la conjugaison *Hiphil* est ampliative, qu'elle est en quelque sorte doublement active, et que *Hophal* est doublement passif; je le crois, mais on n'en explique pas la cause; c'est sans doute à cause de l'addition du ה (ha, hé) à la racine du verbe.

Les grammairiens ont remarqué de même que A est souvent augmentatif en grec; mais ils en ont donné une fort mauvaise raison, quand ils ont dit qu'alors il étoit mis pour ἄγαν, *beaucoup;* c'est plutôt un reste de l'ancienne aspiration, c'est une interjection devenue inséparable. Ἦ peut produire le même effet, puisqu'il est affirmatif; il signifie *certe, profecto*. E a la même force en latin dans *ebibo*, boire entièrement, vider en buvant, et en françois dans *élever*, etc. Si dans l'usage, nous ne faisons plus attention à ces sortes de particules, c'est que l'habitude de les joindre leur a fait perdre leur énergie; elles sont devenues paragogiques, c'est-à-dire, un accessoire inutile.

2° ה (ha, he) en hébreu est démonstratif et tient lieu d'article, comme ὁ, ἡ, en grec. Le latin l'a conservé aussi simple au pluriel *hi*, *hæ;* il l'a doublé dans *ii*, *eæ*, *ea*, et dans les adverbes de lieu *eò*, *eà*.

Hui est démonstratif en françois dans *cel'hui, aujourd'hui, més'hui;* les adverbes de lieu, *allez-y, demeurez où vous êtes, au logis,* servent toujours à démontrer; les articles sont encore plus courts dans les patois où l'on prononce *i veut, é vue, ai veut,* pour *il veut,* et le bas peuple de Paris dit souvent *a voudroit* pour *elle voudroit; y ventre,* dans quelques provinces, signifie au ventre, dans le ventre. Il est donc certain que partout les voyelles simples ou aspirées sont démonstratives. Or rien n'étoit plus aisé que de joindre insensiblement au substantif l'article qui le démontroit. Cet article, devenu partie du nom, a passé de même dans le verbe, ou dans le participe que l'on a formé du nom, et il a pris dans les langues orientales une aspiration initiale plus ou moins forte, selon la manière dont on le prononçoit.

Une preuve que ceci n'est pas simple conjecture, c'est que la même chose est arrivée dans notre langue. Le substantif *haie* a signifié autrefois et signifie encore dans quelques provinces, non-seulement des buissons, mais une forêt. Au lieu de prononcer *la haie,* avec l'article, le peuple prononce *l'haie,* pour éviter le bâillement ou l'aspiration. De là est venu le nom de *Saint-Germain-en-Laie,* pour *Saint-Germain dans la Forêt;* et lorsque dans les bas siècles on voulut latiniser ce terme, on dit indifféremment *haïa* et *laïa,* en ajoutant l'article au second. Ce qui s'est fait chez nous, s'est fait sans doute ailleurs de même, et il est très probable que la plupart des aspirations ou des voyelles initiales dans les langues, ont été originairement des articles. On n'en doutera plus, si on fait attention qu'en hébreu, outre l'article ה (ha, he) l'on ajoute encore un pronom démonstratif, בזה הדרך (bazeh hadderec) *per hanc viam*; ה (ha) pour lors devient partie du nom et inutile, puisqu'il est précédé d'un autre pronom.

3°. A, dans le françois, est une préposition qui marque rapport ou relation vers un objet; voilà pourquoi il est la marque du datif. Il retient un sens semblable en latin, où l'on dit, *à senatu stare, dicendi à reo* au lieu de *pro reo, prope à muris*. Il a encore une force équivalente en composition grecque, où il signifie union, ressemblance, existence dans le même lieu, comme dans ἀδελφὸς, ἀγαλάκτυς. Il exprime aussi en françois le lieu, la situation, la manière; *à bas, à terre, à dos, à l'angloise*. Enfin nous lui trouvons une signification analogue en hébreu, où ה (ha) final marque le lieu, ארצה (eretsha) *par terre* [1]. Quand nous disons, *voilà ce que j'ai à faire*, *à* marque relation; or de cette préposition jointe au verbe, nous avons formé le nom *affaire, id quod est faciendum*; et le peuple imite cette composition, quand il dit, *c'est un à savoir*. De même de l'adverbe *à bas*, nous avons composé *abattre*, *à terre* a produit *atterrer*, et *par terre* est devenu un substantif.

[1] Cette signification est la source de la précédente; les voyelles ne sont démonstratives que parce qu'elles marquent la proximité, et quand nous montrons quelque chose, c'est pour en faire connoître la présence, la proximité, la relation avec nos sens. Aussi tous les articles dans les langues sont analogues aux racines qui signifient liaison, union, lien, etc. Il n'est donc pas surprenant que notre verbe françois *avoir*, qui a le même sens, forme une partie de ses temps par de simples voyelles; *j'ai, tu as, il a, j'ai eu*, etc.

Je raisonne des autres langues comme de la nôtre, et quand je trouve en hébreu הרם (haras) *détruire, démolir, renverser*, je conclus que רם (ras) est la racine équivalente à nos termes *ras* et *raser*, qui expriment *la plate terre*, et que ה (ha) est la préposition qui marque la situation; qu'ainsi הרם (haras) a désigné d'abord *à rase terre*, qu'ensuite il est devenu verbe comme *atterrer*, et que c'est le même mot que le grec ἔραζε, par terre.

4° Enfin A dans les langues grecque, latine, françoise, prend souvent un sens opposé au précédent; il signifie défaut, absence, négation, privation, contrariété. E en latin et en françois produit le même effet, les exemples en sont communs. Mais je suis surpris de ce que les grammairiens ne nous avertissent point que les autres voyelles ont aussi la même énergie en grec : πηρός, *coupé, mutilé*; ἤπειρος, *continent, qui n'est pas séparé*; ὠρέω, *curo*, εὐωρέω, *non curo, negligo*. Μαλ, *élévation* ou *augmentation*, a produit ὁμαλός, *plat, où il n'y a point d'élévation*; de μαρ, μερ, *clair* ou *clarté*, s'est formé ὅμηρος, *aveugle*. H, εὐ, ὁ, sont donc quelquefois privatifs comme les autres voyelles. En effet, les anciens nous apprennent que οὐ négation, s'écrivoit d'abord par un ο simple; il n'est donc pas étonnant que ο ait retenu cette force en composition : ε conserve le même sens dans ἐάω, *sino, desino*.

Ces exemples auroient suffi pour me persuader qu'il en est de même des voyelles aspirées dans les langues orientales; mais des preuves positives appuient cette conjecture. אי (é) se trouve mis pour négation, Prov. 31, 4; il est traduit dans la Vulgate par *noli*. כבוד (cabod) *glorieux*, איכבוד (icabod) *privé de gloire*. 1 Sam. 4, 21, רגע (ragâh) *émouvoir ou se mouvoir*, הרגיע (hirgiâh) *ne se pas mouvoir, demeurer en repos*. מוץ (mouts, mouss) *poussière, paille, ordure;* חמיץ (chamits) *purgé, vanné, sans poussière, sans ordure*. עקר (heker) *postérité;* עקר (haker) *stérile;* ע est paragogique dans le premier, et négatif dans le second.

On a donc suivi partout la même méthode, en mettant des aspirations ou des voyelles au commencement des mots, et avant la racine primitive. Je ne crains pas d'assurer sur ce point, que dans nos quatre langues l'analogie est parfaite.

Mais il ne faut pas oublier ce que j'ai dit dans la dissertation précédente, que très souvent l'on a substitué des sifflemens aux aspirations. Cette mécanique a fait commencer les mots par des consonnes sifflantes, au lieu des voyelles simples ou aspirées. Ainsi l'on verra les syllabes *ba*, *za*, *ja*, *pha*, *sa*, *scha*, *va*, etc., avec la force augmentative, comme les interjections initiales; *zé*, *jé*, *phé*, pris dans un sens démonstratif et tenir lieu d'articles comme *hé*; *pha*, *va*, *sa*, avec une signification négative : la raison en est simple; ces syllabes sont mises au lieu des aspirations dont nous venons de voir l'énergie, et produisent le même effet.

§. II.

Des aspirations au milieu des mots, et des voyelles doubles.

Au lieu d'alonger le mot radical par la tête, on l'a quelquefois coupé en deux, quoique monosyllabe, pour placer une aspiration au milieu. De l'hébreu טב (tob) *bon* ou *bien*, le chaldéen a formé טאב (téeb) *être bon, doux, gai, joyeux;* de דב (dab) *langueur, maladie,* on a fait דאב (daab) *être malade* ou *languissant;* de גל (gal, gol) *souillure,* גאל (ghéal) *souiller.*

Il est clair que cette addition ne servoit qu'à prolonger la syllabe, en faisant doubler la voyelle. Ainsi en usent encore les Anglois; pour faire traîner une voyelle, ils en mettent deux, comme nous faisions autrefois dans *baailler*, et comme nous faisons encore dans la terminaison des participes féminins, *aimée, respectée,* etc. Quelques grammairiens latins voulurent introduire chez eux la même orthographe, à ce que dit Scaurus; mais l'usage prévalut d'ajouter une aspiration à la manière des Orientaux; *vehementer, prehendere, mihi,* en sont des exemples cités par Quintilien.

Les Grecs doublèrent quelquefois les voyelles, comme dans ἀάζω, βοὸς, θοὸς; mais pour prononcer ces voyelles doubles, il faut faire ou un bâillement désagréable, ou un effort du gosier. Le premier n'a été du goût d'aucun peuple, le second s'est adouci chez la plupart. On eut donc recours aux lettres sifflantes, comme nous avons dit, aux diphthongues, qui sont une espèce de sifflement adouci. On prononça βῶς, βοῦς, βουος pour βοός ; σώζω pour σόω et σοάω. Nous avons déjà remarqué que l'on avoit fait de même chez les Orientaux. עָיִף, יָעִף, עִיף (hiph, jahaph, hajaph) sont le même verbe en hébreu, parce que c'est le même monosyllabe, עִף (haph), alongé par une aspiration, ou par un י (j) qui en prend la place.

§. III.

Des aspirations à la fin des mots.

Après avoir placé les aspirations au commencement et au milieu des mots, on les a mises aussi à la fin, pour servir de terminaison, et faire ainsi deux syllabes au lieu d'une. La prononciation d'un monosyllabe tient en quelque sorte les organes en suspens ; ce que l'on y ajoute est le repos. Voilà pourquoi l'on évite, autant que l'on peut, de terminer les périodes par un monosyllabe. C'est par la même raison sans doute qu'il s'est conservé si peu de termes simples dans toutes les langues, surtout dans les langues cultivées ; le grand nombre des mots est au moins de deux syllabes. Mais une aspiration finale n'est point une terminaison commode ; elle ne donne pas à la voix un point d'appui pour s'arrêter : aussi n'a-t-elle point été usitée chez les peuples qui ont perfectionné l'art de la parole ; elle est demeurée chez les Orientaux. Les Grecs et les Latins ont aimé à terminer leurs mots par des voyelles, parce que c'est le mouvement le plus libre des organes, et la terminaison la plus sonore. Quand on finit par une consonne, la langue semble se reposer sur un *e* muet; c'est ce qui a multiplié cette terminaison dans notre langue.

On comprend assez que ces terminaisons en voyelles ou en aspirations n'ajoutent rien à la racine, et sont oisives pour le sens. Elles servent à la vérité à distinguer les genres et les nombres dans la plupart des langues, mais cet usage est d'une date postérieure à la première formation des mots composés.

§. IV.

Des consonnes répétées.

Une autre méthode assez ordinaire d'alonger les mots, a été de redoubler la consonne initiale de la racine. בל (bal, bel) en hébreu *confusion*, a fait בבל (babel) qui a le même sens. בת (bath) *rondeur*, a formé בבת (babath) *la prunelle de l'œil.* טפ (tap) *couverture*, a produit טטפה (totapah) *voile ou ornement*, etc.

Cette composition est encore plus commune en grec, où l'on dit βάζω, *parler*, βαβάζω, *bégayer;* χέω, κιχέω, *contenir;* τερέω, τιτράω, *percer*, et une infinité d'autres. C'est ce redoublement qui forme les prétérits dans les conjugaisons grecques, et les Latins les ont imités dans *momordi, pepuli, tetendi,* etc. Il se voit encore dans plusieurs autres termes latins, comme *cucumis, titubo, memini,* etc. Il n'est pas même inconnu en françois, où nous disons *biberon, coquille, tutèle,* etc.; et c'est la prononciation de tous ceux qui bredouillent.

Après avoir doublé la première consonne, l'on a aussi doublé la seconde; par-là בל (bal) *confusion*, a formé בלל (balal) *confondre, mêler;* de גר (gar) *coupure, petit morceau*, est né גרר (garar) *scier, couper;* de דם (dam, dem) *retranchement*, דמם (damam) *ôter, retrancher*, etc. Dans les autres langues, βάλλω, *bulla, bouillir;* παππος, *hinnio, erreur*, ont été composés sur le même modèle.

Mais soit que le redoublement ait été fait à la première consonne ou à la seconde, il est clair que la racine en est indépendante.

§. V.

Des lettres serviles.

Outre ces trois additions initiales, des aspirations, des lettres sifflantes, de la consonne répétée, l'on a mis à la tête des mots primitifs d'autres lettres que les Grammairiens ont nommées *lettres serviles* : outre les aspirations א et ה, ce sont י, מ, נ, ת (i, m, n, th); et on leur a donné ce nom, parce qu'en les ajoutant aux verbes, que l'on regardoit comme racines, elles servent à former les divers changemens pour les conjuguer, c'est-à-dire les voix, les temps, les nombres, les personnes, dont ces lettres sont devenues le caractère, et parce qu'elles servent encore à former les noms verbaux ou les substantifs dérivés. Je n'ai rien à dire sur cet usage des lettres serviles que ce qu'on peut lire dans toutes les grammaires; mais je dois observer que faute d'avoir connu les vraies racines, ces lettres serviles ont jeté les grammairiens dans d'étranges embarras.

׳ (J) et נ (n) au commencement des verbes, א
et ה (a et h) au commencement, au milieu et à la
fin, sont des lettres ajoutées, étrangères au monosyllabe significatif. Il n'est donc pas surprenant que
ces lettres se perdent en conjugant, deviennent
muettes, fassent élision, ou cèdent leur place à d'autres plus nécessaires; le mot n'y perd rien, parce
que la racine demeure en son entier. C'est néanmoins de ces divers accidens qui arrivent aux lettres
serviles, qu'est née la multitude de règles sur les
verbes anomaux et défectifs, qui fait le supplice des
commençans, et le chaos encore plus indéchiffrable
des changemens de points. Il semble que l'on ait
cherché à se former des embarras par plaisir. En
s'attachant à la vraie racine, au monosyllabe essentiel,
les additions, les variations deviennent indifférentes.
Ce sont des changemens de prononciation qu'il est également ridicule et impossible d'épier dans leur cours,
et de vouloir assujétir à une marche régulière. Dès
que l'on sait la manière dont les pronoms se joignent
aux verbes, et les divers caractères des conjugaisons,
des temps, des nombres, des genres, des personnes,
le reste est pur fatras de rabbins, et n'est propre
qu'à dégoûter de l'hébreu tout homme de bon sens.

Quand נ (n), par exemple, est au commencement
du verbe, ce n'est plus *Kal* qui est la racine, ce seroit plutôt *Hiphil* qui est plus simple : ou plutôt ce
n'est ni l'un ni l'autre, parce que dans *Hiphil* même
ה est ajouté. Ainsi dans נתן, התן (nathan, hit-
thin) *donner*, תן (then) qui est l'impératif est aussi la
racine. Que l'on y ajoute ce qu'on voudra à la tête

et à la queue, qu'on lui fasse faire toutes ses classes dans vingt conjugaisons, ce monosyllabe demeure toujours invariable; les additions seules changent et sont indifférentes.

Je ne prétends pas dire que ג ne fasse quelquefois partie de la racine; mais mon principe est si vrai, que pour lors le verbe ne peut plus se conjuguer dans les modes où ג ne peut pas entrer. C'est pour avoir méconnu ce même principe, que les grammairiens disputent et varient sur la racine de certains verbes, et jamais on ne les accordera qu'en les ramenant aux racines monosyllabes.

Je conviens qu'en suivant cette méthode si claire, on ne pourra plus se flatter d'écrire et de prononcer comme les Massorètes, ni de pouvoir figurer dans une synagogue. Mais cet avantage est-il assez précieux, pour être acheté par tant d'ennui? Qu'on l'ambitionne encore, j'y consens; mais alors il faudra deux méthodes pour enseigner l'hébreu, l'une courte, simple, facile, pour ceux qui veulent seulement l'entendre, et ils font certainement le plus grand nombre; l'autre pour ceux qui veulent écrire et jargonner avec les rabbins, et on pourra leur tailler de la besogne tant qu'il leur plaira.

Mais enfin, comment a-t-on ajouté ainsi des lettres superflues? les grammaires ne nous en apprennent point l'utilité; n'en ont-elles aucune?

J'ai déjà parlé ci-devant de י (j); il tient lieu d'aspiration, et il fait le même effet. Il sert par conséquent d'article dans plusieurs noms; voilà pourquoi il est souvent la marque du participe. Les grammairiens ont cru qu'alors c'étoit le futur mis au lieu du participe, parce que י marque aussi le futur; mais ils n'ont eu cette pensée que parce qu'ils ne comprenoient pas la force du י initial : le futur mis pour le participe n'est dans le génie d'aucune langue. Aussi cette erreur les a souvent embarrassés; j'en donnerai des exemples, 6ᵉ dissert., §. 2.

מ (m) mis à la tête de la racine peut avoir divers sens. 1°. מא, מה (ma, meh) en hébreu signifient *quantité*; מאה (méah) *cent* ou *un grand nombre*; כמה (cammah) *combien*; מעי (méhi) *ventre* ou *grosseur*. מ (ma, me, mi) ajoutés, peuvent donc être des particules augmentatives. Elles conservent cette signification en grec dans Μαῖα, et en françois dans *mieux*, qui est plus simple dans les patois où l'on dit *meu* ou *mé*.

2°. מא, מה, מי (ma, meh, mi) en hébreu sont interrogatifs; ils signifient *qui?* ou *quoi?* Ils sont relatifs : מבטן מי (mibbeten mi) Job, 38, 29, *de utero cujus*; ils sont démonstratifs : מי אשר (mi ascher) *is qui* : voilà pourquoi מ est la marque du participe dans *Piel, Pual, Hiphil, Hophal* et *Hithpael* : ממסיר ממסר (memasser, mamsir) est à la lettre, *qui tradens, qui traditor*, ou *hic tradens, hic traditor*. Voilà pourquoi encore מ au commencement désigne le nom verbal ou substantif dérivé, c'est parce qu'il tient lieu d'article, et c'est en ce sens seul qu'il est lettre servile.

3°. מ (ma, mé, mi) sont négatifs comme en françois; on en verra les autres significations ailleurs.

נ (n) au commencement des mots pourroit être

oisif. Je connois un certain canton, dans une province où les patois sont fort variés, dont les habitans ajoutent l'*n* à tous les mots qui commencent par une voyelle. J'ai ouï citer mainte fois en plaisantant la phrase d'un plaideur de ce pays-là : *Note navocat na tout mangé note nargent ; notre avocat à tout mangé notre argent.* Je crois avoir encore aperçu le même tic à Provins. Ce ne seroit pas merveille qu'il eût régné chez les Hébreux ; les trois quarts des racines, qui commencent par נ, se retrouvent avec une simple aspiration ; et c'est ce qui a produit une nombreuse classe de verbes défectifs.

2°. נא (na) en hébreu, signifie *quæso, obsecro* ; c'est une manière de presser, d'insister : ναι, νη, en grec, *næ* en latin, sont affirmatifs, et *né* dans quelques patois est équivalent à *imo, quin imo*. נא (na) en hébreu signifie encore *beau, excellent* ; נ (na, ne, ni), en composition, peut donc avoir la force d'affirmer ou d'augmenter. C'est le sens que lui donnent les grammairiens dans נדבר (nidbar) *dictitare, colloqui*. Il est de même augmentatif en composition grecque, comme νηχυτος, *qui coule de tous côtés.*

3°. נא, נו, נה (na, nou, nah) en hébreu signifient *demeurer*, comme ναιω en grec ; or, *demeurer* est très souvent synonyme à *être*, je ne suis donc pas surpris de voir נ (ni) signifier *être* dans la conjugaison *niphal*, qu'il rend ordinairement passive ; et s'il n'y produit pas toujours cet effet, c'est qu'il a d'autres sens que celui-là.

4°. נ (na, né, ni) est négatif, comme en françois et dans les autres langues ; je le montrerai ailleurs.

5°. Je n'ai remarqué nulle part qu'il fût démonstratif; aussi n'est-il point mis pour article, ni pour caractériser les substantifs.

Reste à examiner la force du ה *th.* On verra dans la huitième dissertation, §. 3, que *ta, tha*, signifie *grandeur* et *supériorité*; il est donc augmentatif au commencement du mot. Et puisque τὸ, τὰ est démonstratif en grec, il y a lieu de présumer qu'il l'est aussi en hébreu, voilà pourquoi il désigne souvent le substantif.

§. VI.

Des autres consonnes.

Ce que je viens de dire des lettres serviles doit s'appliquer aux autres consonnes que l'on a mises au commencement des mots, avant la racine monosyllabe. בא, גא, דא, זא, רא, (ba, ga, da, za, ra), etc., sont autant de particules explétives, affirmatives, augmentatives, non-seulement en hébreu, mais encore dans les autres langues. Il n'est peut-être aucune consonne, qui, jointe à la voyelle, n'ait eu cette propriété; j'espère de le montrer par la comparaison des langues. On sait le grand usage que faisoient les Grecs de ces monosyllabes, soit en les employant seuls, soit en les mettant devant ou après les mots. A force de s'en servir, ils sont insensiblement devenus parties des mots, mais par-là même ils ont perdu leur force originaire, et ne sont plus que des syllabes paragogiques.

On sera surpris sans doute de cette foule de particules explétives; l'on aura peine à croire qu'il y ait les trois quarts des termes où l'on en a fourré quelqu'une; mais le doute sera bientôt dissipé, si l'on fait attention aux mots composés du grec, à la multitude des prépositions mises à la tête des verbes, où il y en a souvent deux l'une sur l'autre; aux particules latines employées de même, et qui perdent toujours en composition le sens qu'elles avoient étant séparées. Il est naturel de rencontrer un usage semblable en hébreu.

Pour en découvrir l'origine, il faut se rappeler la manière de discourir familière au peuple, et surtout aux grands babillards. Ils mêlent dans leurs phrases une infinité de parenthèses, de mots inutiles, d'adverbes, de conjonctions, d'interjections superflues; ainsi se sont formées les langues, à mesure que nous sommes devenus plus grands parleurs que nos pères.

Dans la décomposition des mots de deux syllabes, c'est ordinairement la seconde que l'on doit regarder comme la racine; mais il y a des exceptions, et quelle est la règle de grammaire où il n'y en a pas?

§. VII.

Des muettes et des liquides.

A mesure que les langues se sont éloignées de leur source primitive, les mots ont reçu de nouveaux accroissemens; plus elles ont été cultivées, plus elles ont été alongées; on ne leur a donné de l'agrément, de la cadence, de l'harmonie qu'aux dépens de leur brièveté. Au lieu d'une consonne ajoutée à la racine, l'on en a mis deux, l'une muette et l'autre liquide; et une preuve que cette addition n'est pas de la première antiquité, c'est qu'elle n'a pas lieu en hébreu. Cette langue ne prononce point deux consonnes ensemble, si ce n'est dans les lettres doubles, ז, צ, שׁ, (dz, ts, sch). L'on n'y voit point les syllabes *bla*, *cna*, *pra*, *sma*, *sba*, etc.; et quand il se rencontre de suite une muette et une liquide, les ponctuateurs ont soin de mettre sous la première un *e* muet, *scheva mutum*, pour montrer qu'elles ne forment point une seule syllabe, comme dans מגרפות, תבלית (thablith, megrephoth). Ils font la même chose sous la consonne initiale, lorsqu'elle semble ne faire qu'une syllabe avec la consonne suivante, comme en chaldéen פסנתרין (psanterin). Je ne sais si ce point rabbinique peut être d'une autre utilité.

Chez les autres peuples, la jonction des muettes et des liquides s'est faite en deux manières : 1°. en retranchant ou en transposant une voyelle; ainsi de πέλας, *proche*, le grec a fait πλήσιος, *un proche*, *un parent*: 2°. pour rendre le son de la liquide plus fort et plus marqué; ainsi dans *claudo*, *l* se fait mieux sentir que dans *laudo*, et *prendre* est plus dur à l'oreille que *rendre*. Les Espagnols se contentent de doubler la consonne, pour produire le même effet; ils écrivent *llamar* pour *clamar*. Les langues du Nord, pour rendre les sifflemens plus forts, ont mis des consonnes avant; les syllabes *psa*, *gwa*, *tza*, *tsa*, etc., leur sont familières.

A ces consonnes doubles, on a joint encore des sifflemens pour alonger, *scra*, *spla*, *stra*, etc. Pour connoître la racine, il faut commencer par retrancher toutes ces lettres accessoires; mais la difficulté de distinguer les deux causes de leur addition rend quelquefois l'opération incertaine. Ce n'est donc qu'en les confrontant avec l'hébreu que l'on peut y réussir, et jamais on ne trouvera sûrement les élémens des autres langues, qu'en les comparant avec celle qui a le mieux conservé la simplicité du premier langage.

§. VIII.

Des racines répétées.

Un des restes les plus sensibles de cette simplicité originale sont les mots composés par le redoublement de la racine. Ainsi de גל (gal) *rond*, l'hébreu a fait גלגל (galgal) *roue, tourbillon, globe, tout ce qui tourne;* de בק (baq) *vase*, בקבוק (bacboq) le même; de בר (bar) *nourriture*, ברברים (barbourim) *du nourri*, les animaux que l'on élève, etc.

Par la même voie se sont formés en grec βορβορος, γαργαιρω, μαρμαρος; en latin, *furfur, marmor, turtur, ululare;* en françois *barbare, murmure, chercher, calcul*, et plusieurs autres.

La facilité de changer en parlant les lettres de même organe, les a fait substituer l'une à l'autre. En hébreu, de בר (bar, bor) *clôture*, on a fait פרבר et פרור (pharbor et pharvor), *cellule* ou *lieu fermé*, en changeant le *b* en *p* et en *v* qui sont de même organe. La même altération s'est faite en grec dans πορφυρα, en latin dans *verber*, en françois dans *marbre*.

L'origine de cette espèce de composition est, ce

me semble, l'habitude que nous conservons toujours d'insister en parlant sur le même terme; principalement lorsqu'il est monosyllabe, et de le répéter pour qu'il fasse plus d'impression. Cette habitude est encore plus marquée parmi le peuple, que dans le monde poli. L'on répète ordinairement les mots *viens, vas, oui, non, bien, çà,* etc.

Si l'on pouvoit se persuader une fois pour toutes que les Hébreux parloient comme les autres hommes, on ne seroit pas surpris de trouver chez eux la même répétition. Prov. 30, 15 : הַב, הַב (hab, hab) *donne donne, affer affer;* Gen. 12, 1, où il faudroit lire לךְ לךְ (lec lec) *vade vade, exi exi,* les rabbins avec leur sagacité ordinaire ont ponctué לֶךְ־לְךָ (lec leca) *vade tibi;* et sur cette autorité, on nous dit gravement que c'est un hébraïsme.

§. IX.

Réunion de deux racines de même sens.

Par cette affectation de répéter le même mot et d'appuyer sur la même idée, l'on a souvent uni en composition deux racines différentes, mais qui signifient la même chose. Ainsi, בטן (beten) *ventre, rondeur,* est formé de בט (bet, bot) *grosseur, élévation;* et טן (ten) qui a le même sens. בעל (bahal) *maître, seigneur,* vient de בע (bah) *élévation, supériorité,* et de על (hâl) qui répète la même idée. גבר (gabar) *prévaloir, être plus grand* ou *plus fort,* est composé de גב et בר (gab et bar), qui tous deux signifient *force* et *supériorité.* Ces deux racines sont sensibles dans la conjugaison *Piel*, où l'on prononce *ghibber, rendre plus fort;* et par conséquent cette conjugaison seroit plus propre à montrer la racine dans beaucoup de verbes que la conjugaison *kal;* mais c'est ce que les grammairiens avec leur méthode ne pouvoient pas sentir.

En grec σελαγέω, *briller*, renferme la même répétition, puisque σελας et αὔγη expriment tous deux *lumière, splendeur;* ἀγκύλη, qui se retrouve dans *aculeus, aiguille* et *aiguillon*, est encore formé de αγ, ακ, et κολ, γυλ, dont l'un et l'autre signifient une *pointe. Tourbillon, pourtour, vire-volte*, font le même pléonasme dans notre langue.

On m'objectera peut-être que *vire-volte* sont deux mots différens; j'en conviens, mais deux mots parfaitement synonymes. *Vire*, racine de l'ancien verbe *virer*, conservé dans les patois, signifie *tourner: volte* ne dit rien de plus; faire *volte-face*, c'est tourner le visage. Il en est de même de *monter en haut, descendre en bas, tourner autour*, etc. Mais si nous n'avons pas encore perdu la coutume de joindre des termes identiques, quoique déjà composés, il est bien moins surprenant que la même alliance se soit faite entre les monosyllabes, lorsque les langues se sont formées.

Il est aisé de remarquer l'origine de cet usage, dans l'embarras d'une personne qui ne sait pas ou qui a oublié le nom propre d'un objet; elle cherche les synonymes, et en accumule plusieurs pour le mieux exprimer. Qu'un paysan ignore le nom d'un ballon à jouer, il dira : *c'est un rond, une boule, une pelotte.* Voilà justement l'embarras où se sont trouvés les premiers hommes, lorsqu'avec un petit nombre de monosyllabes, il leur a fallu désigner de nouveaux objets; ils ont réuni plusieurs équivalens pour les mieux distinguer.

On a même cité les pléonasmes en grec comme une élégance particulière du dialecte attique, où il étoit d'usage de dire εἰπεῖν et φάναι, λίαν πάνυ, πάνυ σφοδρα, μαλα σφοδρα; expressions que le peuple copie, en disant *c'est bien beaucoup.* La même figure étoit usitée chez les poètes latins : Plaute a dit, *Revertor rursus denuo Carthaginem;* et Lucrèce, *Nam penitus prorsum latet*, etc. Rien n'est si commun que cette élégance, si c'en est une ; à proprement parler, tout est pléonasme dans les langues; les grammairiens cependant nous l'ont donnée pour un idiotisme, c'està-dire pour une propriété de la langue hébraïque. Mais c'est ce qui doit faire le sujet d'une dissertation particulière.

§. X.

Diverses racines réunies.

Enfin l'on a souvent uni deux monosyllabes différens et qui signifient diverses choses, comme ארגז, כרבל, דרבן, (argaz, darbon, kirbel). Cette espèce de composition est celle qui auroit dû surprendre le moins, c'est cependant celle dont les grammairiens se sont trouvés le plus déconcertés. Comme ils ne vouloient que des racines de trois lettres, parce qu'ils y voyoient pieusement une image de la

Sainte-Trinité, ils n'ont pu digérer dans l'hébreu des mots de quatre ou cinq lettres; ils ont mieux aimé supposer que c'étoient des termes barbares et étrangers. Ils les ont ordinairement séquestrés à la fin des autres, sous le nom de *voces peregrinæ*. On diroit qu'ils se sont fâchés contre ces dictions, parce que c'étoient autant de preuves de la fausseté de leur système. Mais comme elles démontrent la vérité du mien, on me permettra de me réconcilier avec elles, et de montrer, en les décomposant, leur véritable origine.

ארגז (argaz) est formé de אר (ar) *clôture, lieu fermé, coffre*, et de גז (gaz) *trésor;* c'est littéralement *arca gazarum*. *Gaza*, que les grammairiens grecs et latins se sont obstinés à regarder comme un mot persan, est réellement un terme hébreu et primitif qui a passé dans plusieurs langues. On le retrouve en chaldéen; גזבר (ghizbar) *trésorier,* signifie mot pour mot, *gazarum vir* ou *gazarum potens;* et il reparoît encore dans le françois *gazon* et *magasin*. דרבן (darbon), *aiguillon* dont on se sert pour chasser le bétail, est composé de דר (dar) *pointe*, et בן (bon) *tête, sommet, bout;* c'est comme si l'on disoit *bout pointu*. Ce terme subsiste encore dans quelques patois, où *darbon* signifie une taupe, parce qu'elle a le museau pointu. כרבל (kirbel) *couvrir, habiller*, a pour racine *kir, circuit, tour, environ* et *environner*, et בל (bel) *voile;* il signifie donc *voiler autour, environner d'un voile*. J'espère de donner des étymologies aussi simples de tous les autres.

Je ne citerai point d'exemples de cette composition dans les autres langues, parce qu'ils y sont communs, et qu'il s'en présentera plusieurs dans la suite de ces dissertations.

§. XI.

Des terminaisons.

Il me paroît nécessaire d'ajouter un mot sur certaines terminaisons régulières dans les diverses langues, dont les grammairiens ne nous ont donné jusqu'ici aucune explication. Ils les ont regardées sans doute comme des bizarreries indifférentes, comme des jeux du hasard. Mais le hasard ne produit point de combinaison régulière, toute uniformité suppose du dessein et de la réflexion dans sa cause.

Je voudrois, par exemple, que l'on eût expliqué pourquoi les terminaisons hébraïques en *eth*, *ith*, *oth*, marquent le féminin; pourquoi *im*, *aïm* sont la terminaison des pluriels; ce que signifie la terminaison en *on*, si commune dans les substantifs des quatre langues; pourquoi *eth* marque l'accusatif ou le régime du verbe; pourquoi *hith* mis devant les verbes, leur donne la signification passive.

Je serois curieux de savoir pour quelle raison τερος, τατος, ιστος, *ior*, *ius*, *ssimus*, *rrimus*, marquent les degrés de comparaison en grec ou en latin; pourquoi les verbes en *asco*, *esco*, *isco*, *usco*, sont neutres passifs; pourquoi ceux en *ito* sont fréquentatifs, etc. Tout cela m'a paru mériter une dissertation particulière, ce sera la cinquième.

QUATRIÈME DISSERTATION.

SUR LE VERBE SUBSTANTIF, SUR LES VERBES HÉBREUX ET LEUR CONJUGAISON.

Il faut compter beaucoup sur le pouvoir de la vérité, pour oser mettre au jour des idées aussi singulières que les miennes. J'entreprends de renverser des principes établis et suivis depuis près de douze siècles, de montrer que les grammairiens hébreux, grecs, latins, n'ont pas assez connu la constitution intime de leur propre langue, et, ce qui est encore plus téméraire, que nous avons à peine effleuré l'étude de la nôtre. Le moins qu'on puisse me reprocher, c'est de vouloir réformer tous les dictionnaires et toutes les grammaires, enseigner mes propres maîtres, et régenter l'univers. Dût-on me faire des reproches encore plus graves, il m'est permis sans doute de faire connoître ce que je crois vrai; et je le fais avec d'autant plus de confiance, que l'étude des langues semble se renouveler parmi nous, et que l'on paroît plus disposé que jamais à secouer le joug des anciennes routines.

Si je pouvois par mes réflexions abréger et faciliter la méthode d'apprendre les langues orientales, je croirois rendre un service essentiel aux lettres. Tous les savans ont regardé les langues comme la source d'une solide érudition, et de même que les Grecs alloient autrefois chercher la sagesse en Egypte, il faut encore aujourd'hui faire le voyage d'Orient, du moins dans les livres, si on veut voir clair dans les antiquités des peuples.

§. I.

Origine du verbe substantif.

Ceux qui ont fait de la grammaire une étude réfléchie, ont remarqué sans doute que le verbe substantif est irrégulier dans les trois langues, grecque, latine, françoise ; mais je ne crois pas que personne se soit encore avisé de rechercher l'origine de cette irrégularité. Je n'y aurois pas pensé moi-même, si je n'avois été frappé de la ressemblance de ses diverses inflexions dans ces trois langues avec les racines qui lui sont analogues en hébreu. Pourroit-on se persuader même, si je n'en poussois la preuve jusqu'à la démonstration, que toutes ces variétés sont relatives à un pareil nombre de monosyllabes hébreux qui ont la même signification, et que tous ces monosyllabes se peuvent réduire à un son simple et unique, qui est une peinture dans son origine, et qui a été successivement changé par les consonnes de même organe ou lettres omophones ?

La généalogie que j'entreprends d'en faire n'est peut-être qu'une rêverie de système ; mais il me suffit qu'elle soit vraisemblable pour la proposer. C'est un exemple de la manière dont je conçois que le langage a pu se former, et l'application des principes que j'ai tâché d'établir jusqu'ici.

Scaliger, dans sa grammaire latine, a remarqué que le verbe *être* s'emploie en deux manières, ou pour signifier l'existence, ou pour exprimer la liaison d'un attribut avec son sujet. Voici ses paroles : *Pessimè à grammaticis verbum substantivum dictum est. Duobus modis ponitur verbum hoc; aut nomini soli solum adjacet :* Cæsar est; *aut inter duo extrema quasi sequestrum :* Cæsar est albus. *Ac primum quidem modum significare existentiam in rerum natura ab omnibus receptum est; altero autem modo divinus vir Aristoteles animadvertit nihil significare, sed quasi nexum et copulam esse quâ albedo jungeretur Cæsari.*

Pour sauver l'honneur du divin Aristote, il faut un peu aider à la lettre de ses paroles. *Est* dans le second sens ne signifie rien *comme verbe*, c'est-à-dire qu'il n'exprime pas une action ou un état, mais il signifie *comme liaison* ou *conjonction*, puisqu'il en tient lieu. C'est sans doute ce qu'Aristote et Scaliger ont voulu dire.

Quoi qu'il en soit, nous en chercherons d'abord l'origine dans le premier sens, lorsqu'il est verbe exprimant l'existence; ensuite dans le second sens, lorsqu'il est liaison, *copula*, comme parlent les logiciens.

§. II.

Source du verbe substantif signifiant l'existence.

Chez les premiers hommes, le même terme a signifié *la vie* et *l'existence* en général; leur langage n'étoit pas assez fécond pour distinguer ces deux idées. Nous les confondons encore, lorsque nous disons, *faire revivre une opinion* ou *une coutume*, pour la renouveler. L'on a exprimé la vie par le souffle ou la respiration qui en est le signe certain. L'Ecriture nous en fournit la preuve lorsqu'elle nous dit, Gen. 2, 7, que Dieu *souffla sur le visage ou sur la bouche d'Adam un souffle de vie, et que dès lors Adam fut un être respirant et vivant.* Nous disons très bien en françois *ce qui respire*, pour *ce qui est vivant*, et *expirer* pour *cesser de vivre*. Or, la respiration se peint naturellement par le monosyllabe *af*, *aph* ou *av*; ce monosyllabe, prononcé lentement, est l'action même de souffler ou de respirer.

Aph, *af*, *av*, en hébreu et dans les autres langues, a donc signifié en général toute espèce de souffle, *le vent*, *l'air*, *ce qui fait un bruit semblable au vent*, *un soupir*, *l'haleine*, *la respiration*, et conséquemment *la vie*, *l'être*, *l'âme*, *ce qui vit*, *ce qui respire*, *ce qui existe*, et par analogie, *l'odeur*, *ce qu'on respire*, et même *la voix* qui n'est qu'un souffle ou un ébranlement de l'air. Dans le ps. 33, 6, *Verbo Domini cœli firmati sunt, et spiritu oris ejus omnis virtus eorum. La parole* et *le souffle* sont regardés comme équivalens. Voilà la suite des analogies, où la marche de l'esprit.

Aph et *av*, changés par une lettre de même organe, ont produit *am* : celui-ci a fait *an* et *ar*, parce que *m*, *n*, *r*, finales, se confondent dans la prononciation.

Av, en substituant le sifflement du *j* à celui du

v, est devenu *aj, haj*, nouvelle peinture, et par inversion, *ja, ïa*.

Par un autre sifflement, *av* s'est changé en *az* qui est encore une peinture du souffle; celui-ci a formé *as, ass, asch, ast, at*. Voilà la mécanique de la prononciation, ou la marche de la langue.

Peu m'importe que ces changemens soient arrivés suivant la progression que je viens de décrire, ou dans un ordre contraire. Il me suffit que le même monosyllabe ou la même peinture ait pu recevoir toutes ces différentes altérations, en suivant toujours le mécanisme que j'ai fait observer ci-devant. C'est un exemple et une preuve de ce qui a été dit, que les images primitives se sont changées peu à peu, et sont devenues méconnoissables par la prononciation.

On ne doit donc pas être surpris que toutes les syllabes suivantes : אף, או, הי, יה, אם, אן, אר, אס, aph, av, haj, iah, am, an, ar, as, אש, את, ass, asch, ast, at, ath, soient employées indifféremment pour signifier la même chose, *le souffle, la vie, l'existence*.

En effet, nous retrouvons tous ces monosyllabes usités seuls ou en composition dans nos quatre langues avec ce même sens; et ce qui doit paroître plus singulier, ces mêmes monosyllabes, à la réserve du premier, qui est le plus fort, forment précisément toutes les inflexions ou variétés de la conjugaison des verbes εἰμί, *sum, je suis*, en observant de changer souvent les aspirations initiales en sifflemens, c'est-à-dire en *f* ou en *s*, suivant la méthode expliquée dans la seconde dissertation, et en se souvenant que les voyelles sont indifférentes.

Cette mécanique deviendra plus sensible dans la table suivante, où les inflexions de ces verbes sont rangées, non selon l'ordre de leur conjugaison, mais selon leur rapport avec les monosyllabes ou racines que je viens de détailler.

אוּ, הוּ, הִי, יָהּ.	אָם.	אָן.	אָר.
av, hav, haj, iah,	Am.	An.	Ar.
Εω, εἶ, ἦ,	εἰμί, ἐμην,	Εἶναι, ὤν,	
εἴη, ὦ,	ὦμεν, ἦμεν,	ὄν, ἦν,	
οιο, etc.	εἴμεν.	ἤν.	
Fui, fio, sies pour sis.	Sum, sim, sumus, fuimus.	Ens, sunt, sint, sunto.	Eram, ero, fuero, fore.
Soyons, soyez.	Nous sommes, nous fûmes.	Ils sont, ils soient.	Je serai, ils seront, je serois.

אִי, אִם.	אָשׁ.	אָת.
At, as.	Ass, asch, ast.	At, ath.
Εἷς, εἰσί,	Εστι, ἦσθα,	Ητον, ἦτε,
ἦς, ἔσω,	ἴστε, ἔστω,	ἦτο, ἔται,
ἤσω.	ἴσθι.	οἶτο.
Es, sis.	Esse, est, esto, essem, fuisses,	Sit, fuit, fuat pour sit, futurus,
Je suis, tu es, je fus, je sois.	Je fusses, tu fusses, il fust, fût.	Étant, j'ai été, il fut, j'étois, être, futur.

Au lieu des *f* et des *s* qui commencent en latin et en françois, mettons pour un moment des aspirations douces, nous aurons *hui*, *hio*, *hoyons*, *hoyez*, etc., ce sera du grec pur. Au contraire dans le grec, si au lieu de toutes ces voyelles qui se mouillent et s'adoucissent, nous remettons les efforts du gosier et du poumon des Orientaux, nous retrouverons l'hébreu.

Il faut prouver maintenant ce que j'ai avancé d'abord, que toutes les syllabes placées à la tête de la table précédente, signifient dans les quatre langues, *le souffle, la respiration*, par conséquent *la vie, l'existence.*

Par-là on comprendra; 1° pourquoi ces mêmes syllabes sont la racine du verbe substantif dans son premier sens, lorsqu'il exprime *l'existence* ; 2° pourquoi ce verbe est irrégulier en grec, en latin, et en françois; c'est parce que les inflexions de ces syllabes ne suivent pas exactement la marche des conjugaisons grecques, latines, françoises; 3° l'on sentira en même temps la vérité du principe que je m'efforce d'établir, que toutes les langues suivent les mêmes analogies et les mêmes variétés de prononciation. Mais le lecteur aura bien du courage, s'il continue à me suivre au milieu des épines dont je suis environné.

J'avertis de nouveau que pour faire sentir à l'oreille l'identité des termes hébreux avec les mots grecs, latins, françois, il faut prononcer ceux-ci plus fort et plus durement que nous n'avons coutume de faire. On sait assez que les Asiatiques parlent avec effort, et qu'il ne faut pas chercher le plaisir de l'oreille dans leurs discours.

אף (aph) en hébreu, est *le souffle* et *les narines* par où l'on souffle ; הופה (houphah) en syriaque, *le souffle* ou *le vent* ; יעף (jahâph) en hébreu, *être essoufflé.*

או (av) qui est la même syllabe adoucie, a signifié *un soupir*, puisque אוה (avah) signifie *désir*, par analogie, parce que les soupirs sont une marque de désir. Ainsi nous disons, *aspirer à un but, respirer pour quelqu'un, soupirer après quelque chose;* et nous lisons dans Cicéron, *scelus anhelantem, qui ne respire que le crime.*

Avec une aspiration initiale plus forte, les Hébreux ont fait הוה, היה (havah, hajah) *vivre, être, devenir,* et leurs dérivés חיה (chajah) *vivre, vivifier, un être vivant, un animal, l'âme* ou *la vie.* הוא (hou) en hébreu et en syriaque, *il est, ils sont.*

La délicatesse des oreilles grecques ne s'accommodoit point de ces prononciations trop rudes, elle a travaillé à les adoucir. Αω, αὔω, *souffler, respirer, crier;* αἴω, *expirer;* αἰών, *la durée de la vie.* En substituant des lettres sifflantes à l'aspiration initiale de ἄω, l'on a formé ζάω, qui signifioit *souffler,* chez les Cypriotes, selon Hésychius; ζαής, *souffle impétueux;* ζάω, *vivre;* ζωον, *animal;* ζόη, *la vie.* Φάω, *dire, parler,* etc.

Comme il est incertain si les plus polis des Hébreux n'adoucissoient pas un peu leur prononciation, il se peut faire qu'ils aient dit הוה, היה (haouah, haïah); c'est alors le grec αὔω, αἴω, tout pur.

Les Latins, fort grossiers d'abord, eurent aussi un langage très dur : au lieu d'αἰών, ils disoient *ævum, la vie, le temps, la durée,* en changeant l'*i* en *v.* Ils redoubloient ce sifflement dans *vivo, vivus,* et se rapprochoient ainsi de *havah.* Ils l'augmentoient encore dans *faveo, favor, favonius. Favente* ou *aspirante fortuna,* c'est la même chose; ainsi *favor* au propre étoit *le bon vent. Aveo, désirer,* comme *avah*, retient la signification métaphorique, au lieu que le grec αὔω, *respirer*, n'a que le sens propre. *Aïo, dire, parler*, est plus doux. *Jugis, juge, jugiter*, sont très peu différens de *hajah* et *chajah* des Hébreux.

En françois *vie, vivre, vivant, âge, âgé*, nous retracent toujours *havah* et *hajah*. Le sens figuré de *av, soupir*, se retrouve dans *avide, avidité, envie*, comme dans *aveo* et *avah*. *Faveur* nous est commun avec le latin; *huer*, pour crier, est le grec αὔω.

On ne peut pas méconnoître אף (ap, aph) dans *vapor* et *vappa;* le françois l'a retenue dans *vif* et dans *afflé*, terme de province, qui signifie évaporé; elle paroît avoir formé le grec ἔπω, *dire, parler*, et ἔπος, *chose* ou *parole*.

Une preuve que *aph* s'est changé en *am*, comme il a été dit ci-dessus, c'est que du verbe נשף (naschaph) *souffler*, les Hébreux ont fait נשמה (neschamah) *souffle, soupirail*. C'est la formation ordinaire des noms verbaux en grec; de γράφω, *écrire*, vient γράμμα, *lettre, écriture*, etc.

De-là *om, oum* est un mot générique en hébreu, pour signifier tout ce qui existe. מאום, מאומה (méoum, méoumah) *nihil quidquam*. מ (mé) est négatif dans ces deux termes. *Am, em* prend une aspiration plus forte dans בהמה (béhémah) *bête, animal*. *Am* est encore *la parole* dans נאם (nam), *dire, parler*.

Cette racine est sensible dans le grec ἄημι, *souffler, respirer;* ἀμωμὸν, *parfum, bois odoriférant*. En dialecte attique on disoit ἤμι pour φημι, *dire*, *parler*. Le sifflement du second passa chez les Latins dans *fama*, *famosus*, et nous les avons adoptés avec toute leur postérité. Ανεμος, *animus*, *anima*, sont le même terme, et le dernier signifie proprement *le souffle* : *aurarumque leves animæ*, dans Lucrèce. Notre substantif *âme* est l'hébreu pur.

Il est aisé de montrer que אן (an) est la même racine que אם (am), que *m* se change aisément en *n*; les pluriels en *im* chez les Hébreux, sont en *in* chez les Chaldéens : les noms grecs en ον sont en *um* chez les Latins, et notre particule *on* s'écrivoit autrefois *hom*, *homs* ou *homines*.

An doit donc avoir à peu près les mêmes significations que *am*. און (ôn) *inutilité*, *vanité*, fait allusion au souffle, comme *vanus*, *vain*, est analogue à *ventus*, *vent*; c'est toujours la syllabe hébraïque avec un *v* au lieu d'aspiration. Αἴον en grec, *vanum*, lui ressemble encore davantage. L'hébreu se trouve plus souvent écrit אונ (aven) pour mieux imiter *vain* et *vanus*.

An, *en*, *van*, *ven*, par un sifflement plus fort ont produit *fan*, *fen*, *phan*, *phen*; פנים (phanim) signifie souvent en hébreu *le souffle* ou *la parole*; c'est le grec φωνη, *la voix*, πνόη, *le souffle*, en transposant la voyelle. Je demande pardon au lecteur si j'observe que *faner* et *veiner*, dans quelques patois, signifient *rendre un vent fort malhonnête* : de la viande *veinée*, c'est de la viande puante. Au contraire, ἴον, en grec, *violette*, fleur odoriférante, ἦν, *j'ai dit*, *j'ai parlé*.

La métaphore du souffle, pour signifier *l'être,* revient en chaldéen. אוּן (houn) *être,* en hébreu אֲנִי (ani) *je suis,* comme ἦν en grec, *erat* ou *erant.*

אר (ar) sera plus reconnoissable encore dans ses dérivés. אאר (oar) en syriaque, אויר (aouir) chez les rabbins, *l'air;* ce terme est commun à ces quatre langues. אור (our) en hébreu, au sens propre, *le bon vent,* au figuré, *prospérité, bonheur.* Οὖρος, en grec; *aura,* en latin, ont le même sens: *vitalis aura,* la respiration; *popularis aura,* la faveur du peuple. C'est notre ancien mot *heur* que nous conservons dans *bonheur* et *malheur. Oure, oire,* dans les patois, signifie encore *le vent.*

אז, אש, את, (az, asch, ass, ast, at, ath,) nous fourniront les mêmes rapports et les mêmes analogies, mais il faut abréger. אז (az) *le temps, la durée;* עז (haz) *vif, fort.* זיז (ziz) en doublant la consonne, *bête, animal.*

אש est *le souffle,* ou *l'odeur.* אשישות (aschischoth) *des parfums, ce qu'on respire;* c'est la même chose répétée. אש (esch) en hébreu, *être,* יש (jesch) en hébreu, *il est, ils sont.* איש (isch) *un homme,* אשה (ischah) *une femme.* Ces deux derniers sont souvent un nom générique pour signifier tout ce qui existe.

אית (ith) en chaldéen et en syriaque, est le même que l'hébreu יש (jesch) par le changement ordinaire du ש en ת. Nous faisons de même en disant, *il est,* sans prononcer l's, au lieu qu'elle se fait sentir dans *est* et ἔστι. את (ath) en hébreu, *tu es.* התת, הס, הש (hith, his, hisch) est le verbe *être* dans la conjugaison *Hithpael*, comme on le verra au §. 6 de cette dissertation.

Ces trois racines sont aisées à montrer en grec, dans ἀάζω, *exhaler, aspirer;* ὄζω, *sentir, donner bonne ou mauvaise odeur;* ἀασθμος, *le souffle,* en composition ἄθμος, ἀήτης, *le vent;* οὐσια, *la substance, l'être.*

On a dit à la fin de la dissertation précédente que les verbes latins en *asco, esco, isco, usco,* sont neutres passifs, et signifient une manière *d'être* ou *de devenir;* c'est que leur terminaison est la racine אש, *être. Vixi, vita, œtas,* sont toujours אש et את.

En françois, *chose,* pour signifier tout ce qui existe, est le même que אז (oz). *Je vis, il vit, j'ai vescu,* selon l'ancienne orthographe, conservent de même l'analogie avec nos trois racines. On reconnoîtra aisément *esc, ess,* souffle, odeur, dans *vesse* et *vessir.* En mettant une lettre labiale, pour rendre plus forte la prononciation de אז (iz), nous avons *bize,* le plus fort de tous les vents, ainsi nommé par la peinture du bruit qu'il a coutume de faire.

Il est donc certain que toutes les syllabes dont on vient de parler signifient *le souffle,* ou ce qui lui ressemble, et par analogie *la vie* et *l'existence en général.* Voilà pourquoi ce sont autant de racines du verbe substantif signifiant *l'existence.* On tâchera d'être moins long et moins ennuyeux sur le second sens, lorsqu'il est liaison; mais il faut se souvenir qu'un traité de grammaire ne fut jamais propre à servir d'amusement.

§. III.

Source du verbe substantif servant de liaison.

Toutes les racines placées à la tête de la table page 74, outre leur premier sens que l'on vient de voir, expriment encore un lien et ses effets, *liaison, union, addition, arrêt, situation fixe, état permanent*. Il n'est donc pas surprenant qu'un verbe, qui suit toujours dans sa conjugaison les variétés de ces racines, en retienne constamment la signification, et soit devenu la liaison la plus essentielle des mots dans le discours.

1°. *Av, aü, hai, jah, iah*, signifient *lien, attache*, etc., dans הוה, היה (havah, hajah) *piége, embûche*, ce qui nous retient et nous arrête. חוה, חיה (chavah, chajah) *assemblée, troupe*, ou *demeure*. העי (hehi) *rassembler, ramener, lier ensemble* : au figuré יאי (jaë) en chaldéen et en syriaque, *ce qui plaît, ce qui attache, beau, agréable, convenable*.

En grec εἴα est de l'herbe, parce qu'elle ressemble à des fils ou à des liens : ε: conjonction, ἕω *poser, fixer, rendre stable, arrêter*; αὔω *toucher, empoigner, serrer*; ἑάω, αὔω, ἰαύω, *s'arrêter, se reposer*.

En latin *vieo*, lier; *via*, la trame d'un tisserand, dans Tibulle; *uva*, le raisin, et toute espèce de grappe. *Ohe*, arrête; *ohe! jam satis est*, dans Martial.

En françois, *haie*, clôture, ligne, file ; *des sol-*

dats rangés en haie. Jà, vieux mot, signifioit maintenant, c'est la liaison du temps; *havir*, prendre à la main. *Ohé*, terme de voiturier pour arrêter les chevaux. *Joie*, ce qui nous plaît, est le même que le chaldéen *jaë;* il a pour synonyme *liesse* dérivé de *lier*.

2°. אם (im) en hébreu est conjonction ou liaison; il signifie *certainement :* עם (him) autre liaison, *et, cum, sicut;* אם, אמה (em, amah) *assemblée, multitude :* on y reconnoît le grec ἁμὰ *simul.* Ἀμμα, ἱμας, ἀεμμα, *cordes, liens ;* ὁμόω, *unir* ou *jurer*, se lier par un serment. En latin *hamus*, anneau ou crochet; *vimen*, lien; *amo, amor*, et leurs dérivés qui sont les mêmes en françois, et notre adjectif *jumeau*, ont tous la même racine et un sens analogue.

3°. אין (in) en hébreu *si* conjonction, comme ἄν, ἐὰν, ἢν en grec; אנה (innah) *obliger, forcer,* est le même que *gêne* et *gêner;* ἴς, ἴν, ἴνος, *corde, nerf, fibre;* ἠνία, *bride,* même racine que *chaîne* en françois : *funis* a pris un sifflement plus fort; mais εἰς, ἕνος, ἑνόω, *unus, unio, un, unir*, sont plus simples.

4°. אר (ar) a la même force dans ארה (arah) *recueillir, amasser, mettre ensemble;* ארי (ari) en chaldéen et en syriaque, conjonction, comme ἄρα, en grec, *or*, en françois : חור (chor) *réts, filet, fil,* ou *toile;* ער (hor, har) *ce qui gêne, ce qui afflige.*

Cette racine a une nombreuse famille dans toutes les langues; εἴρω, ἀείρω, *lier, nouer;* ἦρος, dans

Hésychius, *alliance ;* ἄωρ, *épouse*, etc. En latin *hæreo*, être attaché ou arrêté; *hæra*, herbe qui se lie au blé et l'étouffe; *arrha*, gage, ce qui nous oblige; *jura*, les lois qui nous lient; *jurare*, se lier par un serment. En françois *hart*, vieux mot qui signifie corde; *haro, arrhe, arrêt, arrher, jurer*.

5°. אז (az) en hébreu, signifie alors; c'est la liaison du temps. Ainsi nos adverbes *lors, alors*, font allusion à *lorum* des Latins : אחז (achaz) *tenir, attacher, posséder, être tenu ou attaché :* הס (has) *arrête, tais-toi, demeure en repos.*

En grec ὁ συα, *osier*, arbrisseau qui sert de lien; ἴσος, *pair, couple, égal ;* ἕζω, ἵζω, *fixer, arrêter*. En latin *hæsio, adhæsio;* en françois *hésiter, osier, oiseux, chaise*, etc.

6° אש (ass, asc, asch) signifie encore *ce qui lie* ; עשה (haschah) *serrer, presser, opprimer ;* אץ (its, iss) la même chose; אשיא (aschi, assi) en chaldéen, *assiette, fondement, état fixe*.

En grec ἴσχω, *arrêter, empêcher, réprimer;* ἱστάω, στάνω, *arrêter, affermir, rendre fixe;* ἵστημι, *se tenir, se placer ;* ἱστός, ἱστίον, *tissu, voile de vaisseau, toile ;* ἰξός, ἰξία, *de la glu ;* c'est le *viscus* des Latins. Par un sifflement plus fort, *fascia*, lien, écharpe; *fasces*, des verges liées ensemble. Nous le conservons dans *fascine, fasciner*, lier par des enchantemens. *Festi dies*, jours de repos, nous est commun avec le latin; *iste*, est le mot dont les laboureurs se servent pour arrêter les bœufs : on a déjà indiqué *assis, asseoir, assiette*, etc.

7° את est la même racine que אש, par le changement de שׁ en ת; את en hébreu, même conjonction que *et* en latin, *et* en françois, ἔτι, en grec: עת (heth) *retard, ce qui arrête;* עתה (hattah) *main, tenant.*

Nous lisons dans Suidas, αἴτεα, *une corde;* ἴτεα, *saule, osier;* ἔτης, αἴτης, *ami, associé, compagnon.* En latin *ut, ita, vitta, vitex;* en françois, *état, gîte, hôte,* etc., sont les mêmes racines.

Il n'y a maintenant qu'à comparer tous ces termes avec la table des verbes substantifs; ou je me trompe, ou l'on sera convaincu de l'identité des racines et de l'analogie de leur signification.

Qu'on me permette de le répéter encore; une marche si constante, des changemens si uniformes, des rapports si ressemblans, des allusions toujours les mêmes dans quatre langues, ne sauroient être un effet du hasard. Des étymologies données en suivant cette méthode de comparaison, ne sont plus un ouvrage de pure imagination. Or, telle est la route que je me propose de suivre constamment dans le Dictionnaire des racines. S'il m'arrive de m'en écarter, sans le vouloir, je fournirai du moins au lecteur plus intelligent que moi de quoi me redresser, et le moyen de découvrir ce que je n'aurai pas aperçu moi-même.

§. IV.

Usage du verbe substantif et des verbes auxiliaires.

Les grammairiens françois ont remarqué, comme une propriété de nos verbes, qu'ils se conjuguent à l'aide de deux auxiliaires, *être* et *avoir*. Il y a quelques observations à faire sur l'un et sur l'autre.

Il paroît d'abord que le verbe substantif est auxiliaire en grec et en latin, comme en françois; on peut ajouter même qu'il est impossible de conjuguer sans lui dans aucune langue.

Quand on dit τυπτω, τυπτεις, τυπτει, τυπτομεν, τυπτετε, τυπτουσι, etc.; si l'on retranche la syllabe radicale du verbe, qui est τυπ ou τυπτ, que reste-t-il? ω, εις, ει, ομεν, ετε, ουσι. C'est le verbe substantif pur, dans toutes ses inflexions, avec de très légères variétés.

De même, si dans les conjugaisons latines, on retranche la syllabe radicale, il ne reste que le verbe *eo, ire*, dans tous ses temps, avec le changement des voyelles selon les conjugaisons, *o, are, eo, ere, io, ire*, etc.

Mais, dira-t-on, *eo* n'est point le verbe substantif. Il ne l'est point sans doute quand il est seul, mais il le devient quand il est auxiliaire, parce qu'il en prend alors la signification; ou si l'on veut d'autres termes, le verbe substantif auxiliaire en latin se conjugue comme *ire, eo*, en changeant les voyelles, pour varier la conjugaison.

L'on en sera convaincu, si on veut faire attention; 1°. que ἔω, εἰμι en grec, signifie également *je vais* et *je suis*; 2°. qu'en françois l'on confond encore ces deux verbes; on dit *j'ai été*, ou *je fus*, pour *je suis allé*; et au contraire *cela va mal*, pour *cela est mal*; 3°. que le latin *eo*, dans toutes ses inflexions, est parfaitement conforme aux racines du verbe substantif que l'on a vues dans la table : *ibam*, *ibo*, *ivi*, ne sont différens de אל, או (iph, iv), que par le changement des lettres omophones ; 4°. que *eo* signifie *être* dans *venire*, *venum ire*, *pessum ire*, etc. ; 5. que אדה qui exprime l'*être* en hébreu, signifie encore *aller* et *venir*, comme en grec βαίνω, *aller*, et ἀποϐαίνω, *devenir*; 6°. qu'il y a le même rapport en latin entre *fio* et *evado*, aussi bien qu'en françois entre *venir*, qui désigne le *mouvement*, et *devenir*, qui a rapport à l'*être*.

On doit dire la même chose du verbe *avoir*. Il ne peut être auxiliaire qu'en prenant la signification du verbe substantif. Or, il est clair que dans nos trois langues, *avoir* est souvent synonyme d'*être*; ἔχω en grec, *habeo* en latin, signifient *être* et *avoir*; εὖ ἔχει, κακῶς ἔχει, *bene habet*, *male habet*; *cela est bien*, *cela est mal* : en françois *il y a*, *il y avoit*, *il y aura*, ne signifient autre chose sinon, *il est*, *il étoit*, *il sera*. Nous disons au parfait *je suis allé*, *je suis venu*, dans le même sens que nous dirions, *j'ai allé*, *j'ai venu*; preuve complète de l'identité de ces deux verbes.

Bien plus (je prie le lecteur de se prêter pour un moment à une discussion de logique, elle ne sera pas longue), ce principe, que le verbe substantif entre nécessairement dans la composition de tous les verbes, et qu'il est le seul auxiliaire, se tire évidemment de la définition même que les grammairiens et les logiciens donnent du verbe en général. C'est, disent-ils, un terme qui exprime la liaison d'un sujet et d'un attribut, qui renferme par conséquent un jugement. Or, cette liaison ne peut être exprimée que par le verbe substantif, que les logiciens nomment pour cette raison *copula*. C'est en lui qu'est renfermée toute l'essence du jugement : d'où ils concluent fort bien, qu'à prendre les termes à la rigueur, il n'y a qu'un seul verbe dans toutes les langues, qui est le verbe substantif, ou, ce qui est le même, qu'il ne peut y avoir de verbes sans lui, ni par conséquent de conjugaisons.

La raison fondamentale de toutes ces vérités, c'est que le verbe substantif n'est auxiliaire, que quand il est pris dans le second sens expliqué ci-devant, c'est-à-dire comme liaison. Or, la racine primitive des verbes *eo, habeo, fio, avoir, aller, venir, devenir*, est aussi l'idée de liaison ou de proximité, il n'est donc pas surprenant que les deux premiers puissent être auxiliaires, comme *être* liaison. Quand nous disons, *j'ai du courage*, cela signifie que le courage et moi sommes étroitement liés, intimement unis. *Je vas à la maison, je viens à la maison, je m'approche de la maison*, c'est la même chose ; un maître, au lieu de dire à son valet, *viens ici*, lui crie simplement *approche* : *je deviens sage*, signifie que je m'*approche* de la sagesse [1].

Dans ces observations, l'on ne prétend pas prendre parti contre M. l'abbé Girard, dans ses élémens de la langue françoise, et les autres gram-

---

[1] Ces mêmes verbes ont aussi le sens contraire comme toutes les racines. Avec certaines prépositions, ils expriment *sortie, éloignement séparation ; je viens de la ville, je m'en vais*, etc. ; mais ce n'est pas en ce sens qu'ils sont auxiliaires.

mairiens. Jusqu'à ce que tous soient convenus de l'essence et de la définition du verbe, il est permis de s'en tenir au sentiment commun. Que ce soit l'essence, ou seulement une propriété du verbe, de renfermer une affirmation ou un jugement, cela m'est égal. Toujours est-il vrai qu'il n'y a point de verbe qui ne renferme le verbe substantif, ou expressément, ou équivalemment, et cela me suffit.

§. V.
Des verbes hébreux.

De tous ces principes, qui me paroissent clairs, je tire une nouvelle conséquence, qu'il n'y a donc point de verbes en hébreu, puisque dans cette langue, le verbe substantif n'est point auxiliaire, et n'entre pour rien dans les conjugaisons, si ce n'est dans la cinquième, comme je le dirai bientôt.

Je le répète, au hasard d'effaroucher tous les grammairiens, et d'attirer sur moi les malédictions de la synagogue; dans la langue des Hébreux, il y a des participes et des participes aoristes ou indéterminés pour le temps, mais point de verbes proprement dits. Cette proposition mérite d'être plus amplement éclaircie.

C'est une propriété des verbes d'avoir des temps; or, il n'y a dans les prétendus verbes hébreux que deux temps, le passé et le futur; ils se mettent fort souvent l'un pour l'autre, et l'addition d'une simple conjonction suffit pour changer le futur au passé et le passé au futur. Ils sont donc indéterminés en eux-mêmes; ce sont des aoristes.

Ce que l'on nomme *participe*, est un adjectif signifiant un attribut distingué par des genres et des nombres, comme les noms, et ordinairement par des temps, comme les verbes ; or les verbes hébreux ont des genres et des nombres, ils ont des personnes et point de temps ; ce sont donc plutôt des participes que des verbes.

On peut prouver ce même fait par la comparaison de l'hébreu et du syriaque. Dans celui-ci, pour exprimer le passé, on joint le verbe substantif au participe, comme nous faisons dans *je suis allé, je suis venu*; par conséquent, sans cette addition, qui ne se fait point en hébreu, le participe demeure aoriste ou indéterminé.

Mais une langue peut-elle se passer de verbes ? Plus aisément que l'on ne pense ; le verbe sert à joindre l'attribut au sujet, par le moyen du verbe substantif qui en fait la liaison, relativement à un certain temps. Dans l'hébreu, le participe n'exprime que l'attribut, et laisse à l'esprit le soin de suppléer la liaison et le temps qui convient au sujet dont on parle.

C'est tellement le génie de cette langue, qu'elle se sert du participe proprement dit pour tous les temps, et qu'elle attribue aux substantifs verbaux un régime, comme s'ils étoient des verbes. C'est parce que l'on n'a pas fait assez d'attention à cet article, que l'on a pris pour idiotismes hébreux, des façons de parler très simples et très naturelles, comme je le montrerai dans la sixième dissertation.

Si l'on veut éprouver quel effet peut faire sur

l'esprit la suppression des verbes, et comment on peut parler sans eux, il n'y a qu'à lire les premiers versets de la Genèse, en substituant aux verbes des participes ou des noms verbaux; on dira : *In principio creans Deus cœlum et terram*, ou *creator Deus cœli et terræ. Terra autem existens inanis et vacua, et tenebræ super faciem abyssi, et spiritus Dei agitans se*, ou *flans super aquas ; et dicente Deo, esto lux, lux existens*, etc. Ce qui reste à faire à l'esprit avec ce langage, c'est de suppléer *est, erat, fuit*, c'est-à-dire la liaison et le temps.

Que ce soit le caractère de la langue hébraïque de sous-entendre le verbe substantif, on pourroit le prouver par cent exemples de phrases où il n'y a point de verbes. En voici un pris au hasard, Cant. 2, 1 : *Ego flos campi, et lilium convallium; sicut lilium inter spinas, sic amica mea inter filias; sicut malus inter ligna sylvarum, sic dilectus meus inter filios.* Voilà le verbe *est* supprimé cinq fois dans trois versets ; tout le Cantique est dans ce style.

Mais je dois la preuve de ce que je viens d'avancer, que le participe se met en hébreu pour tous les temps. Pour le montrer, il ne m'en coûtera que la peine de copier les exemples cités par les critiques : Gen. 1, 6 : *esto dividens*, pour *dividat ;* Deut. 9, 24 : *fuistis rebellantes*, pour *rebellastis ;* Nehem. 1, 4 : *fui jejunans*, pour *jejunavi*, etc. ; et en supprimant le verbe substantif, Exod. 23, 19 : *ecce ego mittens*, pour *mitto ;* Exod. 13, 21 : *et Dominus antecedens eos*, pour *antecessit*, ou *antecedebat ;* Gen. 6, 17 : *ecce ego adducens diluvium*, pour *adducam ;* ps. 78, 4 : *in generatione alterâ narrantes*, pour *qui narrabunt*, etc.

§. VI.

Des conjugaisons hébraïques.

Cette imperfection de l'hébreu, de n'avoir point de verbes conjugués régulièrement, surprendra peut-être; mais c'est une preuve évidente de son antiquité. Ce que nous appelons *conjugaison* dans les autres langues, est un ouvrage trop régulier, trop médité, pour avoir été imaginé par les premiers hommes.

Qu'est-il donc arrivé? Les premiers qui ont voulu étudier l'hébreu par principes, étoient Grecs ou Latins; ils étoient accoutumés à conjuguer dans l'une ou l'autre de ces langues, comment s'en abstenir en hébreu? Les premiers rabbins qui composèrent une grammaire (à supposer que cet ouvrage vienne d'eux), savoient sans doute un peu de grec, qui étoit la langue la plus générale; ils trouvoient en grec des verbes et des conjugaisons, pouvoient-ils se dispenser d'en mettre en hébreu? Quel déshonneur pour leur langue, si l'on avoit dit crûment qu'elle n'avoit pas de verbes! Il fallut donc conjuguer bien ou mal; et la belle invention des points ne servit pas peu à perfectionner l'ouvrage et à augmenter l'embarras. Mais il s'est trouvé tant de verbes irréguliers ou défectifs, que les règles prétendues sont noyées dans les exceptions.

J'espère de montrer dans la dissertation sixième,

que cette même manie de comparer l'hébreu aux langues polies, et surtout au latin, et de vouloir l'assujétir à la même marche, a fait naître les trois quarts des hébraïsmes.

On ne sauroit donc trop applaudir au travail de ceux qui ont eu le courage de détruire une bonne partie des conjugaisons hébraïques, et qui, en supprimant les points, ont réduit presqu'à rien cet ouvrage de fantaisie. Ils ont porté la cognée aux branches, j'ose après eux la mettre à la racine de l'arbre : et quoiqu'une antique superstition l'ait consacré, je ne crains point que le fer se retourne contre moi pour me frapper. Voici dans le vrai tout le mystère des conjugaisons hébraïques.

L'on est forcé de convenir d'abord que le sens des verbes n'est pas toujours relatif à leur conjugaison. Il en est de même en grec et en latin, où plusieurs verbes conjugués, comme le passif, ont cependant la signification active. Ainsi en hébreu, *Kal* et *Niphal* ont souvent la même signification, très souvent encore *Hiphil* et *Hophal* n'ajoutent rien aux deux premières. Je ne parle pas de *Piel* et de *Pual*, qui ne sont que des changemens de points ou de prononciation. *Hithpaël* seul a une énergie particulière; pourquoi cela ? Les grammairiens n'en ont pas seulement soupçonné la raison. C'est que toute la différence des quatre premières conjugaisons ne consiste que dans l'addition de lettres serviles et le changement des voyelles, lesquelles ne sont point significatives, au lieu que *Hithpaël* est formé par la syllabe הת (hith) qui est le verbe *être*, et qui est la marque du passif en syriaque et en chaldéen. C'est le seul cas où le verbe substantif entre dans la composition des verbes, ou plutôt des participes hébreux, et son effet y est sensible, il change l'actif au passif.

Une preuve démonstrative de ce que je dis, c'est qu'il y a des verbes formés de cette particule seule avec un adjectif; ainsi de אחד (échad) *un*, l'on a fait התאחד (hithachad) *être uni, se réunir*. Nouvelle preuve de mon système, que le verbe hébreu n'est qu'un participe, puisque *hith* ou *est* se joint à lui comme à un adjectif; de même qu'en latin *amatus est* est le verbe substantif joint au participe.

On m'objectera peut-être que Hithpaël a quelquefois la signification active, התחולל (hithcholel), par exemple, *prier* ou *attendre*. La réponse est aisée; il n'a cette signification, que parce qu'il renferme un participe qui signifie une *action*; ainsi *hithcholel* signifie littéralement *être présent, être attendant*, ou mieux, *être dans l'attente, être en prières*.

Au lieu de *hith*, il y a des verbes qui prennent *hisch, his, hits, hiz*, qui sont la même racine changée par les lettres de même organe; השתבח (hischtabach) *être loué;* הסתופף (histopep) *être abaissé;* הצטדק (hitstaddeq) *être justifié;* הזדכה (hizdaccah) *être purifié*, et ce changement se fait de même en chaldéen et en syriaque.

Il n'y a donc en hébreu, comme dans les autres langues, que deux voix, l'actif et le passif. Dans les quatre premières conjugaisons, le verbe, ou plutôt le participe, a le sens actif ou passif uniquement par l'usage; aucun signe certain qui lui donne un sens plutôt que l'autre. Mais dans *Hithpaël*, le participe est certainement passif ou équivalent au passif. Ainsi התמסר (hithmasar) signifie *qui se livre, qui est livré*, ou par lui-même, ou par un autre; *qui est livré*, ou *qui semble livré, qui est déjà livré*, ou *qui le devient;* parce que הת (hith) signifie *qui est* ou *qui devient, qui est* en réalité ou en apparence.

Nous sentons en françois l'équipollence de toutes ces expressions : *cela se fera, cela sera fait; cet homme se troublera, cet homme deviendra troublé; il se rendra habile, il deviendra habile, il sera un jour habile.*

Cependant, si je conseillois aux commençans de s'en tenir à mon principe et de secouer entièrement le joug des conjugaisons hébraïques, je révolterois tous les hébraïsans du monde. Que deviendroient tant de livres écrits sur cette matière ? Qu'on les apprenne donc, sauf à les oublier le plus tôt que l'on pourra. Pour ceux qui savent l'hébreu ou qui croient le savoir, je n'oserois les prier de renoncer à ce qui leur a coûté tant de travail et d'ennui; le sacrifice seroit héroïque, et il ne me convient pas de leur donner des avis.

§. VII.

La racine du verbe est l'impératif. Autre défaut des conjugaisons hébraïques.

Comme je ne veux contester avec personne, j'admettrai volontiers des verbes en hébreu, mais à l'impératif seulement. Toute l'énergie du verbe y est renfermée, et dans toutes les langues c'est le mode le plus simple. Les impératifs latins *I, da, dic, duc, fac, fer*, sont monosyllabes; il en est plusieurs en françois qui ne sont pas plus longs, et ils sont en très grand nombre dans les langues orientales. Aussi le savant Leibnitz pensoit que l'on devoit chercher dans l'impératif la racine des verbes de la langue allemande, et la même raison subsiste pour toutes les autres. A l'impératif, à proprement parler, le verbe ne porte aucun caractère de temps; c'est un accessoire dont il est dégagé, et si on lui en attribue, ils sont empruntés du substantif. Il exprime et commande une action; c'est toute la force du verbe. Pour assigner une racine aux verbes ou participes hébreux, c'étoit là sans doute qu'il falloit la placer, plutôt que dans la troisième personne du prétérit. Voilà pourquoi, dans la traduction des trois premiers versets de la Genèse, au §. précédent, j'ai mis l'impératif *esto*.

De même, pour ne point disputer sur le terme, je supposerai encore des conjugaisons en hébreu, pourvu que l'on convienne que ce sont des conjugaisons de participes, plutôt que des verbes proprement dits. Mais de quelque manière qu'on les envisage, on avouera du moins que c'est un édifice très mal construit. Pour y accoutumer les commençans, il eût fallu suivre, autant qu'on le pouvoit, l'ordre des conjugaisons grecques et latines. Un homme, habitué dès l'enfance à leur marche, se trouve désorienté à l'ouverture d'une grammaire hébraïque : loin de soulager l'esprit et la mémoire, il semble qu'on se soit appliqué à les révolter. L'avantage de mettre en tête la racine prétendue est nul; il suffisoit de la mettre entre deux parenthèses; une simple raison de convenance devoit céder à l'habitude et à la commodité.

Mais c'est assez parler contre les grammairiens mes maîtres et mes confrères; je ne leur fournirai sans doute que trop de sujet de me rendre la pareille.

CINQUIÈME DISSERTATION.

SUR LES DIFFÉRENTES PARTIES DU DISCOURS : SUR LES NOMS ET LEURS PROPRIÉTÉS ; SUR LES ADVERBES, LES CONJONCTIONS, ETC.

§. I.

Des Noms.

L'ordre grammatical sembloit devoir m'engager à parler des noms avant de parler des verbes ; mais comme je dois faire ici beaucoup d'usage des réflexions que j'ai hasardées sur le verbe substantif, je n'ai pu me dispenser de les faire précéder, pour me rendre intelligible. Je ne sais si je pourrai y réussir, autant que je voudrois, dans la matière que je traite. Pour découvrir le sens propre d'un nom ou d'une particule, il faut quelquefois une précision et une logique, à laquelle le commun des lecteurs est peu accoutumé. L'habitude de notre langue maternelle nous fait sentir la force des termes mieux que toutes les définitions ; mais quand il s'agit des langues mortes, on ne trouve pas toujours des équivalens pour en exprimer l'énergie. D'ailleurs, quand l'idée attachée à un mot est une idée simple, comment la développer ? Les phrases ne servent qu'à l'obscurcir, et souvent l'explication est moins claire que l'énigme. Je ne suis donc que trop bien fondé à demander ici de l'indulgence, et je l'attends de l'équité des lecteurs.

Mais s'il y a de la difficulté à faire l'analyse des termes d'une langue que l'on veut apprendre, l'avantage que l'on en peut tirer mérite que l'on essaie de surmonter cet obstacle. En faisant travailler le jugement de concert avec la mémoire, celle-ci se trouve bien soulagée; les rapports des objets sont autant de points fixes où elle s'accroche. Une grammaire qui ne contient que des règles en petit nombre est nécessaire pour les enfans; celle qui rendroit raison de tout, seroit la grammaire des philosophes et des hommes raisonnables.

J'ai remarqué, en finissant la troisième dissertation, que les terminaisons des substantifs sont trop uniformes, pour être un effet du hasard; il est donc à propos d'en rechercher l'origine. Cette discussion fera sentir de plus en plus la nécessité de recourir, dans toutes les langues, aux racines monosyllabes. Sans vouloir épuiser cette matière qui nous mèneroit loin, j'en dirai assez pour montrer la route à ceux qui voudront pénétrer plus avant.

Rien de plus commun que les noms terminés en *on* dans nos quatre langues; ne seroit-ce pas la racine אן, הון (on, hon) qui est le verbe ou participe substantif, ὤν en grec, *ens* en latin? Cette particule, ajoutée au monosyllabe significatif, exprime *l'existence absolue, un être subsistant*, et c'est justement ce que nous entendons par nom substantif. Ainsi רצון (ratson, rasson) *bienfait, grâce*, est composé de la racine רץ (rats, rass) *grâce*, et ון (on) *ce qui est :* c'est comme si l'on disoit *ce qui est grâce ;* et l'article ה (ha, he) que l'on ajoute au nom ainsi caractérisé, est une nouvelle enseigne pour le reconnoître et pour le distinguer de toute autre partie du discours. La même terminaison fait le même effet dans les autres langues, non-seulement dans les substantifs, mais encore dans les participes. Si on l'ajoute à la racine du verbe en grec, elle produit le participe ; par conséquent, d'un verbe elle fait une espèce de nom : τυπτω, τυπτων, τυψω, τυψαν, τυπω, τυπων. Elle dénote encore le participe en latin, *amo, amans, audio, audiens* ; en françois, *aimant, écoutant,* etc. ; les voyelles sont changées, l'énergie est la même.

Mais si telle est la force de cette terminaison, pourquoi n'en dirions-nous pas autant des autres, αρ, ηρ, υρ, ες, ης, ις, ος, en grec ; *as, es, us, um,* en latin, et des syllabes qui leur correspondent en françois ? Toutes ces syllabes ont une ressemblance égale avec les inflexions que j'ai données du verbe substantif, et leur destination ne doit pas être différente.

Cette formation des noms me fait soupçonner que la terminaison יה (iah), dans les noms propres hébreux, pourroit bien signifier tout autre chose que ce que l'on croit communément. C'est, dit-on, le nom de Dieu, ajouté par piété à un nom d'homme. Ainsi עזריה (hazariah) signifie *secours de Dieu,* הנניה (hananiah) *grâce* ou *don de Dieu.* Celui-ci n'est point différent de Θεοδοσίος, ou Θεοδότος, *Deodatus, Dieudonné.* Cela paroît d'abord probable, puisque l'Écriture nous fournit d'autres exemples du nom de Dieu ajouté à un nom d'homme. Mais suivant cette règle, *Abia* ou *Abias* signifiera donc *le père de Dieu* ; *Adonias*, *le seigneur de Dieu* ; *Melchias*, *le roi de Dieu*, et ces noms seront autant de blasphèmes. Quand, par une construction différente, on supposera qu'ils signifient, l'un, *Dieu le père*, l'autre, *Dieu le seigneur*, le troisième, *Dieu le roi*, ils n'en seront pas plus convenables à des hommes.

Ne seroit-il pas plus naturel de croire que יה (iah) étant le verbe substantif, et signifiant *celui qui est*, quand on le donne à Dieu, il le signifie de même quand on le donne aux hommes ; qu'ainsi dans les noms précédens, il exprime celui qui est *secours*, celui qui est *grâce*, celui qui est *père*, *seigneur* ou *roi* ? Dès lors on comprend que cette terminaison a dû être fréquente dans les noms propres, parce qu'elle désigne très bien une personne, ou un être subsistant. On sent par-là même qu'elle n'est pas différente des substantifs chaldéens, syriaques, grecs, latins, ou א , *ia*, *in*, *ia*, *ius*. Elle peut cependant avoir encore une autre signification, comme on le verra au §. 3 ci-après. Il y aura d'autres observations à faire plus bas sur l'usage que l'on prétend que les Hébreux ont fait du nom de Dieu dans le discours ; mais il n'est pas nécessaire d'insister davantage sur les terminaisons qui n'ont pas d'autre force que celle-ci.

§. II.

Des genres et des diminutifs.

Toutes les grammaires nous enseignent que les noms hébreux terminés en את, ית, ות (eth, ith, oth) sont du féminin; que cette terminaison est analogue à celle du chaldéen et du syriaque, qui finissent ordinairement les féminins en תא (tha ou tho) précédé d'une voyelle ou d'un *e* muet; mais je ne me souviens pas d'en avoir vu la raison nulle part. Pour la comprendre, il faut faire attention que cette même terminaison est fréquente en françois dans les diminutifs; que ces syllabes signifient, par conséquent, *petitesse* ou *diminution;* comme ἥττων en grec, *petit* ou *moindre*. Or, dans toutes les espèces d'animaux, la femelle est ordinairement l'individu le plus petit et le plus foible : le mâle, au contraire, est le plus grand et le plus fort. Il étoit donc naturel de désigner le féminin par un diminutif. Puisque l'occasion se présente de parler de cette espèce de noms, il est bon de les considérer dans nos quatre langues.

En françois les noms en *et* ou en *ot* sont des diminutifs : *cochet* signifie un petit coq, *maisonnette*, une petite maison, *Pierrot* est le diminutif de Pierre, et a d'abord été donné aux enfans. Le peuple fait grand usage de cette terminaison dans les patois, parce que, ramenant sans cesse l'idée de petitesse et d'enfance, elle marque une espèce de familiarité. Il y a lieu de penser qu'en hébreu, l'addition ות (oth) à la fin du nom a quelquefois produit le même effet de diminuer, sans changer pour cela le genre. Ainsi l'on disoit פתים (pittim) *des morceaux*, et פתותים (pethothim) *de petits morceaux*. Les rabbins disent encore פחות (pachot) *peu, un peu*, de פח (pach) *coupure, retranchement*, avec la terminaison diminutive, et ce terme subsiste encore dans quelques patois.

Ne seroit-ce point la raison pourquoi on trouve si souvent en hébreu des noms féminins, ou terminés comme les féminins, joints à des adjectifs ou des participes masculins? C'est sans doute parce que cette terminaison ne sert point alors à marquer le genre, mais à faire un diminutif. Par-là on explique sans aucun mystère pourquoi Salomon s'est nommé dans l'Ecclésiaste, קהלת (coheleth) *concionator*, avec la terminaison féminine, ou plutôt diminutive; c'est par modestie.

Les Grecs formoient leurs diminutifs en ιον; παίς, παιδός, *un enfant*, παιδίον, *un petit enfant*. Et les Latins imitèrent cette formation dans *homuncio, homuncionis, un petit homme*. C'est encore la méthode du syriaque : בר ou ברא (bar ou bro) *fils*, ברונא, (brouno) *petit-fils*; אחא (acho) *frère*, אחונא; (achouno) *petit frère*. Les syllabes ον, ω, υν se retrouvent en grec avec la même signification, dans ὕννος *petit garçon*, ὕννη, *petite fille*, et en latin dans *hinnulus*, petit d'un animal. Aussi les avons-nous prises en françois pour terminaisons dans plusieurs diminutifs; de *blond* nous avons fait *blondin*, *poupée* a produit *poupin* et *poupon*. Il est même ordinaire de terminer ainsi les noms propres de filles dans le langage familier, *Jeanneton*, *Fanchon*, *Alison*, etc. Nous pouvons présumer que ces syllabes ont eu le même sens en hébreu, puisque plusieurs ont traduit ינון (Jinnon), ps. 72, 17, par *filius*. Dans ce terme, il n'est pas difficile de reconnoître notre adjectif *jeune*, qui est quelquefois synonyme à *petit*. Il n'y a qu'un sifflement ajouté à la racine *on*, *in*, *un*, et les Latins l'ont encore allongé dans *juvenis*.

Ceux-ci, pour faire leurs diminutifs, mettoient à la fin du nom *ellus*, *illus*, *ulus*. On sent d'abord que c'est la même chose que nos noms françois en *aille*, en *ille*, en *ouille*, qui marquent du mépris, parce qu'ils ont la signification diminutive. Cette même racine se reconnoît en hébreu, dans אליל (elil), *un rien, un néant, quelque chose de peu de valeur*; dans les mots grecs ὀλοός, οὔλιος, *méchant, mauvais*; dans les adjectifs *vil* et *vilis*, auxquels on a joint le sifflement du *V* au lieu d'aspiration. L'ancienne terminaison des substantifs françois en *el* étoit diminutive; on disoit *coutel, martel, cordel*, pour *couteau, marteau, cordeau*; et celle-ci fait encore sentir sa force dans *pigeonneau, perdreau*, etc., pour exprimer les petits du pigeon et de la perdrix.

Les noms diminutifs ont ensuite formé des verbes, comme *ustulare*, *modulari* en latin; *grelotter*, *rimailler*, en françois, etc.

§. III.

Des nombres.

Les pluriels en hébreu sont terminés en ים ou en ות (im, aïm, oth), parce que ces diverses syllabes expriment *pluralité* ou *multitude;* אם (em) Jérém. 15, 18, est traduit dans le Targum *troupe* ou *armée ;* אום et אמה (om et oummah) signifient *un peuple, un grand nombre d'hommes.* C'est l'adverbe ἅμα des Grecs, *union, assemblage,* par conséquent *pluralité.* En changeant l'aspiration en *j*, nous en avons formé l'adjectif *jumeau, jumelle,* qui signifie *double,* et en y ajoutant un *n* paragogique, les Latins ont fait *nam, enim,* conjonctions copulatives.

Le chaldéen et le syriaque terminent ordinairement les pluriels en ין (in) qui est la même racine que *im*, et quelquefois les Hébreux ont fait de même.

ות (oth), seconde terminaison des pluriels, a la même force que ים (im); את (eth) en hébreu, ἔτι en grec, *et* en latin, *et* en françois, sont des conjonctions qui expriment *addition*, conséquemment *pluralité.* Voilà pourquoi les verbes latins en *ito* sont fréquentatifs, expriment la répétition d'une même action, et les noms en תא (tha, tho) précédés d'une voyelle ou d'un *e* muet, en hébreu, en chaldéen, en syriaque, sont emphatiques selon les grammairiens, ou augmentatifs. Dans toutes ces terminaisons, il n'y a que la voyelle de changée, le sens demeure le même. On remarquera que les pluriels grecs et latins, qui ne sont différens du singulier que par des changemens de voyelles, ne sont pas aussi expressifs.

On m'objectera sans doute que je donne ici à la terminaison en *oth* une signification toute différente de celle de l'article précédent; là elle exprime *re-*

tranchement ou *diminution*, ici *addition* et *quantité*. J'en tombe d'accord. J'ai averti dans la première dissertation, §. 9, qu'il en étoit de même de presque toutes les racines des langues; je crois même avoir prouvé que cela ne se pouvoit faire autrement.

Dès que l'on comprend l'énergie du pluriel en hébreu, on n'est plus étonné de le voir souvent employé pour le singulier, surtout quand il est question d'un objet dont on veut donner une grande idée. La syllabe ים (im) signifiant *addition* et *pluralité*, exprime encore *quantité* et *grandeur*, c'est-à-dire augmentation de qualité dans le sujet, aussi bien qu'augmentation dans le nombre; c'est une analogie constante dans toutes les langues.

Cela supposé, je ne suis plus scandalisé de ce que Moïse met le nom de Dieu au pluriel, dès le premier verset de la Genèse; je n'ai garde de soupçonner qu'il ait voulu insinuer la pluralité des Dieux, puisque le verbe qu'il y joint est au singulier. Je comprends qu'il a dit אלהים (elohim) au pluriel, pour exprimer le Très-Haut d'une manière plus énergique, en donnant à ce nom une terminaison augmentative. Dans le même verset il a dit שמים (schammaïm) *les cieux*, pour le *ciel*, c'est-à-dire, selon la force du terme, le lieu le plus élevé, et ce lieu ne sauroit être au pluriel. Je conçois encore pourquoi l'on trouve fréquemment en hébreu des noms propres d'hommes au pluriel, c'est pour les rendre plus expressifs : pourquoi le chaldéen et le syriaque font grand usage des noms emphatiques qui ont la terminaison équivalente au pluriel, c'est pour donner une plus grande idée de l'objet dont on parle. Je vois enfin pourquoi ces noms pluriels sont joints à des adjectifs, ou à des participes singuliers; c'est qu'alors leur terminaison n'est point destinée à marquer le nombre, mais à donner au nom un sens plus étendu; et cet hébraïsme si extraordinaire ne fait plus difficulté.

Enfin les pluriels en chaldéen et en syriaque sont souvent terminés en יא, j'en conclus que cette syllabe signifie *pluralité*, comme les précédentes, ou *augmentation*; que la terminaison יה (iah) qui est commune dans les noms hébreux, n'a souvent d'autre force que d'augmenter le sens de la racine; que c'est conséquemment la même chose que יה (iah) nom de Dieu, exprimant l'*Être supérieur*, l'*Être souverain*, comme on le verra, huitième dissertation, §. 3.

§. IV.

Des adjectifs et des degrés de comparaison.

Nous appelons adjectifs les noms qui expriment un attribut et l'objet qui le possède; *bon*, par exemple, exprime la bonté et le sujet où elle réside; si nous disions *la bonté*, ce seroit l'attribut séparé de son sujet. Les adjectifs hébreux expriment ordinairement l'un et l'autre sans distinction; טוב (tob) *le bon* et *la bonté*, le concret et l'abstrait. Leur énergie ne peut être bien rendue que par les adjectifs neutres grecs et latins, καλον, αγιον, *bonum*, *sanctum*.

Lorsque par une précision métaphysique, nous

séparons la qualité d'avec son sujet, lorsque nous disons *bonté, sainteté*, ces termes deviennent des idées universelles, plus expressives par conséquent que l'adjectif, et sont une manière très naturelle dont l'hébreu exprime le superlatif. Cette phrase, *Dieu est la sainteté*, signifie que *Dieu est toute espèce de sainteté*, qu'il est *la sainteté dans toute son étendue*, lorsqu'elle n'est plus limitée à un sujet particulier. Nous nous servons fort heureusement de la même façon de parler en françois, quand nous disons *cet homme est la sagesse même*, cela signifie qu'il est très sage.

Comme ce tour de phrase n'est point dans le génie du grec et du latin, les interprètes se sont trouvés fort embarrassés de rendre dans ces deux langues l'expression קדש הקדשים (kodesch, hakodaschim) si fréquente en hébreu. Ἅγιον τῶν ἁγίων, *sanctum sanctorum*, est un barbarisme qui ne répond pas à l'hébreu, ce génitif y est étranger : il y a littéralement *sanctum sancta*, ou *sanctitas sanctitates; le saint* au singulier, et *les saints* au pluriel, *la sainteté* et *les saintetés;* ou plutôt *la sainteté très sainte, sanctitas sanctissima*, parce que le pluriel signifie ici augmentation de qualité, et non pas pluralité.

Il y a d'autres manières d'exprimer les degrés de comparaison en hébreu, que l'on peut voir dans toutes les grammaires : *bonum præ vino*, pour *melius vino; bonum valde*, pour *optimum; pulchra inter mulieres*, pour *pulcherrima*. Cela est sans difficulté.

Mais les grammairiens prétendent que les Hébreux se sont encore servis du nom de Dieu pour exprimer le superlatif, qu'ils ont dit, ps. 80, 11, ארזי־אל (arzé-el) *cedros Dei,* pour *cedros altissimos;* ps. 36, 7, הררי־אל (harré-el) *montes Dei,* pour *montes altissimi;* Gen. 1, 2, רוח אלהים (rouach élohim) *spiritus Dei,* pour *spiritus vehementissimus.* On pourroit même confirmer cet usage par des expressions semblables dont le peuple se sert. Il dit *un temps de Dieu,* pour un temps beau et favorable; *du pain de Dieu,* pour du pain excellent; ainsi nous disons *un vin des Dieux,* pour un vin exquis.

Ces exemples ne suffisent point pour me persuader : les deux premiers peuvent signifier seulement que le temps favorable et le bon pain sont un don de Dieu et viennent de lui; le troisième est une allusion au nectar fabuleux des poëtes. Sans vouloir révoquer en doute l'attention que les Hébreux avoient pour la Divinité, on peut donner un sens plus simple aux passages cités. Puisque *El* ou *Elohim*, attribué à Dieu, signifie *Très-Haut,* il n'est pas étonnant qu'il le signifie aussi, lorsqu'il est attribué à une créature; ainsi *arzé-el* exprime très littéralement et sans aucun mystère *des cèdres très hauts,* et *harré-el des montagnes très hautes.*

On m'opposera qu'ici le substantif est au pluriel, et que le nom que je prends pour adjectif est au singulier; que d'ailleurs ce substantif est en état de construction, et suppose un génitif après lui. J'en conviens. Mais si l'on se rappelle ce que j'ai dit, que l'adjectif chez les Hébreux signifie le sujet et sa qualité, *le haut et la hauteur,* on sentira qu'ils ont pu dire *des cèdres et des montagnes de hauteur,* pour *des cèdres et des montagnes élevés*, et qu'il n'y a rien en cela de contraire à la grammaire. Quand même je m'écarterois de ses règles, je ne croirois pas commettre un attentat; elles ne sont pas si sûres que celles de l'arithmétique. On le verra dans la dissertation suivante.

Rouach elohim de la Genèse peut très bien signifier que Dieu lui-même souffloit sur les eaux, et qu'il étoit la cause immédiate du vent; l'écrivain sacré, ne supposant encore rien de créé que le ciel et la terre, n'a pas pu supposer qu'il y eût déjà une cause naturelle du vent. C'est sans doute pourquoi le Targum a traduit : *Et ventus à facie Dei sufflans super aquas*, ou *ab ore Dei.* Sans recourir à cette raison, Moïse n'a-t-il pas pu dire *un vent très haut,* pour *un vent violent,* comme nous disons que le vent se lève, quand il devient plus fort?

Pour exprimer le superlatif en syriaque, on met le monosyllabe טוב (tob) *bon* devant l'adjectif. *Tob-gadol,* fort grand. C'est à la lettre *bon grand;* et cette manière de parler est encore usitée en françois parmi le peuple : *un bon grand habit* est un habit fort long. Elle est équivalente à *bien grand* et *beau grand*, dont on se sert encore. L'ancienne expression *moult grand*, est la même que *gadol méod* de l'hébreu, *magnum valde.* Il y a même des contrées en France où les paysans se servent de l'adjectif *gros* pour exprimer le superlatif. Ils disent dans leur patois *gros beau* pour *fort beau.*

Toutes ces façons de s'énoncer, qui nous paroissent barbares, n'ont au fond rien de plus bizarre que celles dont se servent les langues que nous appelons polies. En françois, *très* ou *fort*, mis devant l'adjectif, marque le superlatif; or *très* est le même que les racines hébraïques, רז, רץ, רש (rez, rets, ress), et τρις en composition grecque; elles signifient *grandeur, qualité, supériorité;* τρισολϐιος, *très heureux*. *Fort* est l'adjectif *fortis* des Latins, parallèle à בר et פר (bor et phor) de l'hébreu, et qui se retrouve en grec dans ἄφαυρος, *foible, débile;* il correspond encore à l'adverbe *valde* tiré de l'adjectif *validus*. Ainsi le superlatif *très beau*, ou *fort beau*, considéré indépendamment de l'usage, n'est ni plus expressif, ni mieux imaginé que *bien beau, moult beau*, ou *gros beau*.

Les degrés de comparaison qui nous semblent si élégans en grec et en latin, n'ont pas été formés par une mécanique différente; τερος, qui exprime le comparatif en grec, est la syllabe תר (ther) qui signifie en hébreu *grandeur, supériorité, excellence;* יתר (jether) *plus* ou *plus grand;* יתר (jather) *bon, excellent, supérieur :* τατος, marque du superlatif, est de même la racine תת (thath) *hauteur, grandeur, grosseur*, d'où est venu notre substantif *tête*, la partie la plus élevée; ιων, autre comparatif, est l'hébreu אן, ען (on, hon) *force* ou *grandeur;* et ιστος, pour le superlatif, est אש, עש (isch, hisch) *grand* ou *élevé*.

En latin, *or, ior*, terminaisons du comparatif, sont tirés des monosyllabes הר, ער (hor) *grandeur,* élévation, d'où vient le grec όρος, *montagne : ssimus* pour le superlatif, n'est point différent de l'hébreu סמ, שׂם (sim, ssim), ni du françois *cime* et *sommet; rrimus*, autre superlatif, est encore l'hébreu רם (roum) *hauteur*, et le grec βρίμη, *force, puissance, supériorité.* Ces signes de comparaison n'ont donc rien qui les distingue des précédens, sinon qu'ils sont mis après l'adjectif qu'ils augmentent, au lieu que les premiers sont placés avant lui. Au reste, même méthode, même analogie partout.

§. V.

Des adverbes.

La plupart des adverbes dans les langues ne sont que des noms, et ne forment aucune difficulté pour la grammaire. Si on les a considérés autrement en hébreu, si l'on a traduit *sanguines innoxiè*, au lieu de *sanguines innoxios*, 3 Reg. 2, 31, pour avoir le plaisir de faire un hébraïsme, et maintenir une ponctuation défectueuse, c'est une erreur dont il seroit temps de revenir. Il y a cependant quelques adverbes qui méritent attention, et qui nous fourniront occasion de parler des noms qui désignent les qualités abstraites, ou la manière d'être des choses. Tels sont en hébreu quelques adverbes terminés en *ith*, comme יהודית (jehoudith) *judaicè, à la juive;* ארמית (aramith) *syriacè;* קדורנית (kedoranith) *tristement*, Malach., 3, 14. C'est la formation ordinaire des adverbes dans le syriaque.

Il est clair que cette terminaison en *ith* est la même chose que l'adverbe latin *ita;* ainsi, de cette manière, *jehoudith* signifie à la lettre *Judæus ita*, *ut Judæus*. Voilà pourquoi les noms latins en *itas* expriment les modes, les qualités, la manière d'être des choses; *quantitas, bonitas, sanctitas*. Ils sont aussi terminés en *itia*, qui est la même racine, *justitia*, *sapientia*; en *itus*, comme *habitus, sonitus;* en *itudo, fortitudo, sanctitudo*, et ces terminaisons sont à peu près les mêmes en françois. Les noms grecs en οτης leur sont encore semblables, ἀγαθότης, ἁγιότης.

Mais la plupart des adverbes et des noms qui marquent la manière en françois, sont terminés en *ment : fortement, saintement*, d'une *manière* forte, d'une *manière* sainte; un *vétement*, c'est une *manière* d'être vêtu; le *sentiment*, c'est la *manière* de sentir. Tels sont aussi les noms latins en *men* et *mentum : munimen, munimentum; fulcimen, fulcimentum*. Cette terminaison en *men* est sûrement la même racine que notre substantif *manière*, qui est plus simple dans *mine*, figure, apparence, et qui se retrouve en hébreu sans aucun changement; מין, מון (min, moun), *figure, apparence, ressemblance*.

Il est encore en latin un grand nombre d'adverbes en *ter*, qui marquent la manière, *prudenter, fortiter*, et cette terminaison est relative au mot hébreu תר, תאר (thar, thoar), *air, figure, manière*. De même les adverbes grecs en ως qui ont le même sens, φρονίμως, ἰσχυρως, sont formés de la particule ως, *sicut*, par la même méthode que les adverbes hébreux en *ith*; et ce monosyllabe ως est exactement

8

parallèle aux racines הז, עז, זז (hoz, hiz, ziz), *figure, ressemblance, apparence.* Ainsi, avec le secours des monosyllabes, tout se développe; et nous apercevons l'analogie des langues.

§. VI.

Des particules ou liaisons du discours.

Presque tous les termes qui servent à lier les différentes parties du discours sont monosyllabes; ce sont par conséquent autant de racines, mais il n'est pas aisé d'en découvrir la signification précise. Dans les langues polies et cultivées, les grammairiens exercés à la logique ont subtilement distingué les divers usages des liaisons ou conjonctions : les unes sont pour affirmer, les autres pour nier ou séparer, celles-ci pour rendre raison, celles-là pour conclure. Rien n'est mieux entendu que cette distribution, et ne contribue davantage à la clarté du discours. Mais les Hébreux emploient presque indifféremment leurs conjonctions à toutes sortes d'usages; souvent ils les prennent dans le sens le plus opposé. Lorsque les grammairiens ont voulu comparer les particules hébraïques avec celles du grec et du latin, souvent ils n'en ont pas pris le sens, et ils ont bâti sur cette comparaison fautive des règles sans fondement. La force radicale de la plupart de ces monosyllabes n'est autre que de lier les membres d'une phrase, de mettre une relation, une dépendance entre ce qui précède et ce qui suit; voilà leur unique destination.

On nous dit que את (eth) en hébreu, ית (jath) en chaldéen, placé après le verbe, désigne que le nom suivant en est le régime. Cela est vrai, si ce verbe exige un régime. Mais si l'on conclut de là que ce nom suivant est à l'accusatif, et qu'en traduisant l'on s'obstine à le rendre par l'accusatif grec ou latin, souvent on fera ou un barbarisme ou un contre-sens. *Eth* hébreu n'est point différent de *et* conjonction latine et françoise, ni du grec ἔτι ; c'est une liaison et rien davantage. Par conséquent, après un verbe passif ou neutre, il ne désigne point le régime, mais le nominatif du verbe. Exod. 10, 8. ויושב את משה (vajjouschab eth Moseh), *et revocatus est Moïses*. Si ce verbe, pour être traduit, demande un datif, il est clair qu'il faut mettre un datif, sans s'imaginer qu'alors la construction est différente de l'hébreu. *Eth* entre deux substantifs se traduit par *et* ou par *cum* : ציים את איים (tsijjim eth ijjim) *dracones cum faunis, dracones et fauni*, Jerem. 50, 39. Cette seule remarque anéantit au moins vingt hébraïsmes.

Eth n'étant qu'une simple liaison, se trouve souvent remplacé par ל (lé) qui est une autre liaison. C'est la méthode ordinaire du syriaque, pour désigner le régime du verbe. Ce ל est notre vieille préposition *lé*, qui n'est plus en usage qu'avec les noms de lieu : *St.-Denys lé Paris*, St.-Denys près Paris. Elle subsiste encore en latin dans *levir*, beau-frère, que les grammairiens ont ridiculement expliqué par *lævus vir*. C'est la racine du verbe grec λῶ, λεῖς, *désirer, s'attacher, vouloir*, et de notre verbe françois *lier*.

Lé ne signifie donc qu'une liaison entre ce qui précède et ce qui suit ; voilà pourquoi il se met entre deux substantifs comme la conjonction précédente, et peut se traduire par *et*. Gen. 16 : בין מים למים (ben maïm lé maïm) *inter aquas et aquas*.

Comme cette conjonction *lé* se trouve mise pour *ad*, autre liaison, et peut être rendue alors par le datif latin, lorsque les grammairiens l'ont vue entre un verbe et un nom, ils ont conclu que ce nom étoit au datif, et que le verbe hébreu gouvernoit le datif, au lieu que le verbe suivi de *eth* gouvernoit l'accusatif. Mais supposer en hébreu un datif et un accusatif, c'est vouloir parler latin en hébreu. Ils ont cru conséquemment que pour traduire à la lettre les mots de la Genèse, il falloit dire *inter aquas ad aquas*, ce qui seroit un contre-sens.

Une nouvelle preuve que *eth* et *lé* ne sont autre chose que des conjonctions qui marquent une suite, une dépendance, c'est que souvent ils sont répétés entre plusieurs substantifs qui ont rapport au même verbe. Gen. 45, 29 : *Et vocavit* LÉ *filium suum* LÉ *Joseph*; 1 Sam. 5, 3 : *Pasces* ETH *populum meum* ETH *Israël*. Voilà pourquoi *lé* se met encore entre le verbe et l'infinitif qui suit : *Voluit* LÉ *pernoctare*, entre le substantif et le participe : *Erat porta* LÉ *claudenda*; entre la préposition et son régime : *Inde à* LÉ *diebus*; entre deux substantifs, pour marquer le second au génitif, Gen. 16, 14 : באר לחי (béer le-chaj) *puteus viventis*.

Au lieu de *eth* et *lé*, on trouve quelquefois מ

(mi) pour marque du régime ; 1 Sam. 23, 23 : *Considerate et videte* MI *omnia latibula*. Il est vrai que *mi* est ordinairement préposition équivalente à *ex* ou *de ;* mais on en concluroit très mal qu'il a ici le même sens, et qu'il faut traduire à la lettre *videte de omnibus latibulis*. Ce seroit supposer un hébraïsme ou plutôt un solécisme où il n'y en a point, et on n'en a que trop supposé qui n'ont pas plus de fondement.

Enfin, au lieu de *eth*, le régime se marque encore par אל, ב, עם (el, ké, him), qui sont d'autres liaisons, et qui ont toutes la même force.

§. VII.

Du relatif.

Ce que nous appelons relatif dans les langues, est une syllabe simple dans la plupart ; ὅς, ἥ, ὅ en grec ; *qui, quæ, quod*, en latin ; *qui, que*, en françois ; ה, ש, זה, ז (ha, sche, zeh, zou), en hébreu, mais le plus commun, c'est אשר (asker, ascher, asser). Les grammairiens, ne sachant à quelle racine le rapporter, l'ont mis au nombre des mots primitifs ; mais c'est un primitif qui n'a pas de dérivés, un père sans enfans. Il n'y a pas de doute que sa vraie racine ne soit שר (scher, sser) *lier, serrer ;* c'est le latin *assero*, et le grec σειρα. Il signifie et il est liaison, parce qu'il marque relation entre ce qui précède et ce qui suit. Si on examine bien la force du relatif en général, ce n'est rien autre chose. Dans cette phrase, *Dieu* QUI *voit tout, nous considère ;* c'est comme s'il y avoit, *Dieu* LIÉ A *voit tout, nous considère*.

Le relatif en grec n'est qu'une voyelle aspirée ; aussi a-t-on vu dans la troisième dissertation, §. 1, que les voyelles, seules ou au commencement du mot, expriment souvent liaison ou relation : dè-là on peut tirer une nouvelle conséquence ; *qui*, *quæ*, en latin ; *qui*, *que*, en françois, ne sont point différens de כי (ki) en hébreu, que l'on traduit sans nécessité par *quod* ou *quia*, lorsqu'il désigne le *que* adverbe, qui ne s'exprime point en latin. En effet, *ki* se trouve en hébreu pour simple relatif; Levit. 27, 2, איש כי יפליא (isch ki japhli), *homo qui sponderit*, et de même, Gen. 3, 19.

Conséquemment ce même *ki* n'est pas autre chose que καί en grec, conjonction, *que* final en latin. *Quod* relatif ou adverbe, est donc la même syllabe que כד, קד (cad, kad, quad) en hébreu, d'où sont venus עקד (hakad) *lier*, *garotter;* le grec κηδεύω, *contracter alliance*, le latin *chorda*, le françois *corde*, par l'addition d'une *r*, addition qui ne se trouve point dans les patois où l'on prononce *code*.

Cela est si vrai, que cette même particule *kad* se met en syriaque devant le participe, pour lui servir d'article ou de relatif; au lieu de *kad*, on y met quelquefois ד (dé) autre relatif, qui est la racine du verbe grec δέω, *lier*, et que nous retrouvons dans la préposition latine *de* qui signifie *touchant*.

Cette étymologie du mot *asker*, liaison, nous fournit une explication bien simple d'un passage qui a occupé les grammairiens, Num. 16, 5 : *Dominus manifestabit* את־אשר לו (eth ascher lo); c'est, disent-ils, à la lettre, *Dominus manifestabit quem ei*, pour *manifestabit eum qui est ei*. On conviendra que cette construction est louche et obscure. L'embarras disparoît, si on suppose que *ascher* n'est pas ici simple relatif, mais un nom qui signifie *lié, attaché; Dominus manifestabit ligatum ei*, ou *adhærentem sibi* : Dieu fera connoître celui qui lui est attaché.

Le relatif s'exprime encore en hébreu par *ha, hé, zeh, zou*, pronoms démonstratifs, et par *ve*, qui est la plus commune de toutes les liaisons.

Une fois convaincus de l'équipollence de toutes ces syllabes, nous comprenons pourquoi *ascher* et *ve* s'emploient en hébreu dans tous les sens des différentes conjonctions grecques et latines; c'est que ces conjonctions, dans leur origine, n'ont pas une autre énergie que *ascher* et *ve* liaisons; c'est uniquement l'usage qui les a modifiées dans la suite, qui a rendu leur sens moins étendu, en ne mettant chacune d'elles que dans certains cas, pour lier les membres de la phrase. Malgré cette modification, plusieurs se trouvent encore employées dans dix ou douze sens analogues; ἐπί, en grec, se met pour *super, à, de, coram, apud, in, sub, ultra, præter, ad, juxta, propter, post, per, contra, usque ad. Ad* en latin signifie souvent *in, prope, circa, circum, versus, præ, post, propter, pro, ante, præter, secundum, adversùs*. Les Latins ont beaucoup alongé les conjonctions en les joignant : *nam, enim, etenim, quianam, quoniam, quandoquidem, verum enim vero*, etc. Ce n'est que la répétition et le mélange des liaisons monosyllabes. Les Hébreux en ont usé de même, et c'est un des exemples les plus sensibles de la manière dont les mots ont été composés dans toutes les langues.

On pourroit pousser plus loin ce détail; mais à l'aide du dictionnaire des racines, il sera facile de le prolonger tant qu'on voudra. Je tâcherai de n'y omettre aucun des monosyllabes usités dans nos quatre langues, et de rapprocher leurs significations autant qu'il me sera possible; opération trop négligée jusqu'ici. Ce n'est qu'en les comparant entre eux qu'on en peut découvrir le vrai sens, et cette attention me paroît nécessaire, pour bien sentir ce que les langues ont entre elles de commun, et ce que chacune d'elles a de particulier.

§. VIII.

Pourquoi l'on admet plusieurs dialectes en grec, non en latin, ni en françois.

Comme les différentes villes de la Grèce formoient autant de petits états séparés, où les arts et les sciences étoient à peu près également cultivés, leur langage, quoique divers, devoit être également poli. Les mœurs des Grecs mettant plus de liaison entre le peuple et les grands qu'il n'y en a parmi nous, tout le monde contractoit aisément la délicatesse de l'oreille, et l'habitude de prononcer purement. Il n'y avoit pas dans la Grèce une ville capitale, une cour de souverain où les savans et les écrivains eussent intérêt de se rassembler, et qui fût en droit de donner le ton aux provinces. Athènes, quoique plus polie que les autres villes, n'avoit point d'autorité pour leur faire adopter sa prononciation ou ses idiotismes. Un poète, un orateur qui écrivoit au-delà de l'Hellespont, sûr d'être entendu partout, parloit à ses concitoyens leur propre langage, sans s'embarrasser si l'on parloit mieux dans l'Attique ou le Péloponèse. Plusieurs dialectes ayant été ainsi mis en usage par de bons auteurs, ont mérité une considération à peu près égale. Ce qui a rendu la langue grecque si abondante, c'est non-seulement parce que l'on parloit de tout en public, mais encore parce qu'elle renferme tous les termes qui ont été en usage chez plusieurs peuples, et dans un espace de pays assez étendu.

Elle le seroit encore davantage, si nous connoissions un plus grand nombre de ses dialectes, mais plusieurs sont demeurés dans l'oubli. Les Spartiates, par exemple, ayant toujours été grossiers et comme barbares à l'égard des autres Grecs, et plus jaloux de former des soldats que des écrivains, leur langage particulier est presque inconnu. On ne trouve dans les anciens auteurs et dans les Dictionnaires, que quelques-uns de leurs termes, et quelques vestiges de leur prononciation qui étoit fort dure et analogue à leurs mœurs. Ainsi le dialecte laconique a péri. Quand on pourroit le retrouver, il seroit inutile pour l'intelligence des auteurs grecs; aucun n'a écrit dans ce langage. Il faut dire la même chose de celui des Macédoniens.

Le latin eut une destinée très différente. Il n'a commencé à être cultivé qu'à Rome et dans le temps de la chute de la République, c'est-à-dire, lorsque cette ville étoit maîtresse de toute l'Italie, et que tous les peuples latins avoient une relation nécessaire avec elle. Il falloit, pour parler poliment cette langue, parler comme on faisoit à Rome, au barreau, et sur la tribune aux harangues, seul théâtre de l'urbanité et de l'éloquence latine. Nous ne connoissons, par conséquent, d'autre latin que celui des Romains. Le langage des autres cantons de l'Italie devint particulier au bas peuple de chaque province; aucun écrivain ne s'avisa de composer dans le patois des Toscans ou des Insubres. Il n'est donc pas étonnant que les termes et les idiotismes usités seulement chez ces peuples soient ignorés, et que le latin soit ainsi moins riche et moins abondant que le grec.

La même chose est arrivée à l'égard du françois. Nous n'entendons sous ce terme que le langage qui se parle dans la capitale et à la cour de nos rois; langage que les personnes polies de chaque province sont dans la nécessité de copier, et dont tous les écrivains sont obligés de se servir. On n'a composé en gascon, en picard, ou en tel autre jargon, que quelques poésies ou cantiques à l'usage du bas peuple. Aucune raison ne peut engager les particuliers d'une province à imiter le patois d'une autre. Il est naturel qu'il demeure enseveli dans le canton où il est usité, et qu'il ne soit point regardé comme faisant partie de notre langue.

Si par un ordre de choses tout différent, chacune de nos provinces étoit demeurée indépendante, et qu'il se fût trouvé dans toutes ces diverses contrées un nombre d'excellens écrivains qui eussent composé chacun dans leur langue maternelle, qui fussent ainsi parvenus à la polir et à la faire connoître, il est clair qu'alors le françois, ou plutôt la langue de France seroit la réunion de tous ces jargons divers, qu'elle seroit infiniment plus abondante qu'elle n'est ; qu'un glossaire qui en rassembleroit tous les termes, seroit pour le moins aussi étendu que le dictionnaire grec le plus complet.

Il est donc de nécessité absolue que le françois soit toujours pauvre, ou, si l'on veut, moins riche que le grec ; parce que notre langue, considérée comme langue polie, ne sera jamais que celle de la cour et de la capitale, c'est-à-dire d'un petit nombre de personnes imité et suivi de tous ceux qui veulent bien parler.

La considération, toujours attachée à ceux qui composent ce que l'on appelle le beau monde, inspire aux autres l'envie de les copier, et l'affectation de ne savoir que ce qu'ils savent. C'est donc un point d'honneur d'ignorer les termes propres des arts exercés par le bas peuple. On attache ainsi une idée de bassesse à une infinité de mots très nécessaires, et on fait rejeter des tours de phrase fort commodes et fort heureux. Les écrivains, que ce préjugé met souvent à la torture, ne viendront pas à bout de le corriger avec toutes leurs réflexions. Cependant, malgré son empire, ou plutôt sa tyrannie, on s'est déjà vu forcé sur plusieurs articles d'adopter les patois. D'où sont venus, par exemple, les termes propres à la navigation, sinon du jargon de nos provinces maritimes, seul connu des matelots ? Les auteurs les plus élégans sont réduits à s'en servir, parce qu'il n'y en a pas d'autres; c'est ainsi qu'ils sont devenus françois. De même, qu'est-ce que la plupart des expressions affectées à l'art militaire, sinon le vieux langage des soldats gaulois, conservé parmi les gens du métier? Mais la profession des armes étant si noble ne pouvoit manquer de répandre un air de dignité sur tout ce qui lui appartient. Déjà il est arrivé quelque chose de semblable à certains arts mécaniques, dont les savans ont pris la peine d'examiner la pratique avec des yeux philosophes. Il a fallu, bon gré, malgré, s'accommoder au dictionnaire des artisans; et si nous daignions accorder plus de considération à ces hommes si utiles, et plus d'attention à leurs travaux, une infinité de mots, sortis tout à coup de la roture, obtiendroient des lettres de noblesse.

Mais, s'il n'est ni convenable, ni nécessaire de faire une étude sérieuse des patois, il n'est du moins pas inutile de les connoître. C'est là seulement qu'on peut découvrir les vraies origines du françois. La variété de leur prononciation fournit des remarques sur le mécanisme de la parole, dont on peut faire usage pour toutes les langues. Ceux donc qui voudroient prendre la peine de former des glossaires complets du langage de leur province, ne rendroient pas un mauvais service à la littérature. Mais ce travail n'est ni facile, ni agréable; il n'y a pas d'apparence qu'il soit exécuté sitôt.

SIXIÈME DISSERTATION.

SUR LA SYNTAXE OU L'ARRANGEMENT DES MOTS DANS LE DISCOURS, SUR LES RÈGLES DE GRAMMAIRE ET LES IDIOTISMES DE L'HÉBREU.

§. I.

Sur les idiotismes.

Je crois avoir montré dans les dissertations précédentes, que toutes les langues ont été formées sur le même modèle, et en suivant une mécanique uniforme, soit dans la prononciation des lettres, soit dans l'union des syllabes, soit enfin dans l'usage des mots. Cette uniformité doit faire présumer, que dans la manière d'arranger les parties du discours, il doit encore se trouver entre elles beaucoup de ressemblance. Cependant, si nous en jugeons par la multitude d'ouvrages qui ont été composés sur la syntaxe hébraïque, et sur les façons de parler extraordinaires de l'Ecriture, on est tenté de croire que l'hébreu est une langue bizarre, où toutes les règles de grammaire sont renversées, que le peuple qui la parloit étoit une espèce d'hommes singuliers, encore plus différens des autres nations par le langage que par les mœurs et la religion; et ce préjugé n'est guère propre à inspirer le goût d'apprendre l'hébreu.

Ce qu'il y a d'étonnant, c'est que les savans qui

ont le plus multiplié les hébraïsmes et les règles pour les expliquer, sont en même temps ceux qui ont soutenu avec le plus de chaleur que le texte de la Bible est clair pour toutes sortes de personnes; que c'est dans l'original, et non point dans les versions, qu'il en faut puiser le véritable sens. Je ne sais s'ils ont persuadé beaucoup de lecteurs, mais il me semble qu'ils ont fait tout ce qu'ils ont pu pour empêcher qu'on ne les crût sur leur parole. Ou l'hébreu est une langue fort difficile, ou ces volumes énormes de règles imaginées pour en faciliter l'intelligence, renferment bien des inutilités.

L'affectation de supposer partout des hébraïsmes me paroît avoir produit un autre effet plus pernicieux encore; elle a rendu le texte hébreu incapable de fixer notre créance. Que l'on oppose le passage le plus clair à quel sectaire on voudra : entre trois ou quatre cents règles qu'il a sous sa main pour en expliquer le sens, il y aura bien du malheur, s'il ne s'en trouve pas une qui lui fournisse le moyen d'échapper.

Après avoir lu avec beaucoup d'attention la philologie de Glassius, ouvrage d'une sagacité infinie, et qui mériteroit d'avoir été écrit avec moins de passion, après avoir confronté plusieurs grammaires, je suis demeuré convaincu que les trois quarts au moins des idiotismes sont venus des raisons suivantes: 1°. l'on a comparé l'hébreu avec le latin, qui est celle de toutes les langues qui lui ressemble le moins; 2°. l'on n'a pas compris le vrai sens ni l'origine de plusieurs termes; 3°. l'on a pris pour règle la ponctuation des rabbins, c'est-à-dire, une orthographe souvent fautive et une prononciation vicieuse. Je ne parle pas d'une autre source qui n'est pas la moins abondante, c'est l'intérêt de secte et de système, et l'envie de contredire la Vulgate. Je dois éviter tout sujet d'aigreur et de dispute, je n'ai envie de blesser personne; mon intention est de rapprocher, autant que je le puis, tous les hommes, en travaillant à concilier toutes les langues.

Il est évident que l'on ne doit pas regarder comme idiotismes des façons de parler dont les critiques ont cité des exemples dans les autres langues. *Idiotisme* est, selon la force du terme, une expression propre et particulière à l'hébreu; or elle ne l'est plus, dès qu'on peut la trouver ailleurs. Il y en a sans doute en hébreu; quel est le langage qui n'en ait pas? Mais je soutiens qu'ils y sont en petit nombre; et déjà cette vérité semble avoir été aperçue de quelques grammairiens. Le P. Giraudeau, qui est un des plus modernes, est aussi celui qui en a le plus retranché. Si l'on réforme encore une partie de ceux qu'il a conservés, ce qui restera doit se réduire à peu de chose.

§. II.

Première source des hébraïsmes; trop d'attention à la langue latine.

Il semble d'abord qu'on a eu tort de vouloir assujétir l'hébreu à la syntaxe latine qui n'est point faite pour lui : le génie de ces deux langues est totalement différent. L'hébreu s'ajuste beaucoup mieux à la grammaire françoise, et il y a un quart au moins des hébraïsmes, qui sont des gallicismes purs. Tout ce que l'on a écrit sur la différence infinie des deux langues, latine et françoise, et sur l'abus qui règne d'enseigner aux enfans le latin par règles, au lieu de le leur apprendre par mémoire, peut servir également pour montrer la diversité de l'hébreu et du latin, et la conformité du premier avec le françois. On peut s'en convaincre, en choisissant quelques versets du texte hébreu, où l'on croit qu'il y a des idiotismes, et en les traduisant mot-à-mot, en latin d'abord, et ensuite en françois. On verra que cette traduction, qui ne peut produire qu'un latin barbare, fera ordinairement du françois supportable, tel à peu près qu'un paysan grossier est capable de le parler.

S'il est vrai, comme Sanctius a entrepris de le prouver, que le très grand nombre des règles de la syntaxe latine sont fausses et imaginaires, ç'a été une idée bien étrange de vouloir juger l'hébreu sur un code de lois qui n'existent nulle part. Sa *Minerve*, si souvent irritée contre les grammairiens latins, auroit déclamé avec bien plus de raison contre les critiques hébreux. Mais c'est un mauvais exemple à suivre; nous nous garderons bien de l'imiter.

Il est donc fâcheux que l'habitude que tous les savans ont du latin, et l'envie d'éclaircir la version latine de l'Écriture, aient tourné toute l'attention des critiques du côté de cette langue. Si la première grammaire hébraïque avoit été composée par un françois, sans autre secours qu'une étude réfléchie de sa langue maternelle, il n'eût presque trouvé aucune difficulté dans la syntaxe, et cette étude nous paroîtroit infiniment moins épineuse.

Entrons dans le détail. N'est-il pas singulier que les critiques nous aient donné pour un idiotisme la coutume de changer les cas en hébreu, de mettre l'accusatif au lieu du nominatif ou du génitif, tandis qu'il est certain qu'il n'y a point de cas en hébreu? Ils ont pris pour marques de l'accusatif ou du génitif quelques particules qui servent seulement à lier les membres du discours, et qui sont indifférentes à tous les cas. Ainsi il n'y a rien d'irrégulier dans le passage, Num. 9, 19, *columna nubis non recessit ab eis*, quoique le substantif *columna* soit précédé de la particule *eth*, qui marque ordinairement le régime du verbe. Elle ne le marque point ici, puisqu'il n'y a point de verbe avant elle; c'est une simple liaison entre le membre de phrase qui précède et celui qui suit. Il n'y a pas plus d'irrégularité dans ces mots, Num. 10, 2, *ad convocationem cœtûs et ad motionem castrorum*. *Eth*, qui précède les deux génitifs, marque leur liaison avec le nom précédent, liaison qui s'exprime en françois par l'article *de*. Si on prétend que pour traduire à la lettre, il faut dire *ad convocationem cœtum et ad motionem castra*, on peut soutenir de même que pour traduire exactement en latin ces mots, *le livre de Pierre*, il faut dire, *liber de Petro*, parce qu'il y a *de* en françois qui se rend souvent par *de* en latin.

Les grammairiens ont commencé par se persuader que ce qu'on appelle génitif en latin, ne se trouve en hébreu, que lorsque le nom précédent est en construction; mais c'est une fausseté : 1°. parce que de leur propre aveu l'état de construction se met souvent pour l'état absolu ou contraire; ainsi l'état de construction n'est point un signe certain du génitif; 2°. ce qu'il leur plaît d'appeler état de construction n'est souvent qu'une terminaison abrégée et une prononciation plus commode; d'autres fois, c'est une terminaison emphatique ou augmentative. Ainsi nous ne traduirons point אשרי־האיש (aschré haisch), ps. 1, 1, *beatitudines viri*, ou *vir beatitudinum*, mais *vir beati* pour *beatissimus*. Le pluriel est ici augmentatif, l'état de construction marque relation et rien davantage [1]; 3°. de même qu'en françois le génitif se marque par l'article *de*, qui est une liaison, il se marque en hébreu par *eth*, *lé*, *vé*, *mé*, qui sont d'autres liaisons. Traduire *iniquitatem et cœtum*, Is. 1, 13, pour *iniquitatem cœtûs*, c'est chercher de l'embarras où il n'y en a point.

On a regardé encore comme un hébraïsme l'usage de joindre deux substantifs par une conjonction, pour marquer le second au génitif, ou pour exprimer un adjectif; par exemple : *montes in Gelboe*, les monts de Gelboé; *catinus ad terram*, un panier de terre; *formido ad gladium*, la peur du glaive; *aper de sylvâ*, un sanglier de la forêt. On a dit *sulphur et ignem*, du soufre enflammé; *silentium et*

---

[1] On peut opposer la traduction de S. Paul, Rom, 4, 6, Μακαρισμον του ἀνθρώπου; mais nous persuadera-t-on que ce grand apôtre ait pensé à nous enseigner la grammaire? La version syriaque porte *Beatitudines suæ viro*; on auroit mieux traduit : *Bene est viro*. Ce que l'on prend pour le pronom *suus* est le verbe substantif.

vocem, une voix basse; *vices et exercitus*, des armées qui se succèdent, etc.

Il n'y a qu'à se rappeler ce qui a été dit dans la dissertation précédente, que toutes les prépositions et conjonctions hébraïques n'ont d'autre force que d'exprimer la liaison, qu'elles ne signifient pas plutôt *in* ou *de*, que *ad* ou *super*, que toutes sont analogues à notre monosyllabe *de*, article et préposition. Pour lors on lira en hébreu comme en françois, *monts de Gelboé, sanglier de la forêt, feu de soufre, abaissement de voix, succession d'armées*; on ne nous donnera plus comme autant d'hébraïsmes des phrases encore plus simples : *natus mulieris*, né d'une femme; *formatus Dei*, formé de Dieu; *virga de ferro*, verge de fer. Tout cela n'est point du latin, mais c'est de très bon françois. Voilà pour les hébraïsmes des cas.

Une des règles les plus sacrées de la grammaire latine, c'est la concordance entre le substantif et l'adjectif ou le participe, entre le verbe et le nominatif, etc. En hébreu on trouve à tout moment des noms singuliers avec des adjectifs, des participes, des verbes pluriels, *et vice versa;* des noms masculins avec des adjectifs, des participes, des verbes féminins, et voilà des hébraïsmes. Point du tout, puisque ces irrégularités prétendues se trouvent dans les autres langues. Un nom collectif, quoique singulier, se joint très bien avec un adjectif ou un verbe pluriel; on dit élégamment en latin : *turba ruunt, pars mersi;* en françois, *la plupart noyés, le grand nombre courent*.

Les pluriels ne se distinguent en hébreu que par leur terminaison; or nous avons vu que cette terminaison sert souvent moins pour marquer le nombre que pour augmenter la signification, et c'est la raison des phrases, *creavit altissimi*, et *vir beati*, déjà citées.

Ce que l'on prend pour des adjectifs ou substantifs pluriels, sont quelquefois des adverbes auxquels on a donné la terminaison du pluriel, pour les mettre au superlatif; en vain voudroit-on les accorder avec les substantifs qui les précèdent. Les verbes étant souvent impersonnels en hébreu, comme dans les autres langues, il n'est pas étonnant qu'ils aient de la discordance avec leur antécédent; il n'y a pas plus d'hébraïsme dans leur construction que dans cette phrase latine : *Nos egredi oportet*, ou *necesse est*.

De même les genres en hébreu ne sont marqués par aucun signe certain; une terminaison féminine peut désigner seulement un diminutif, sans changer le genre. Comme il n'y a que deux sexes dans la nature, l'hébreu n'a aussi que deux genres, le masculin et le féminin; le neutre, qui dans les autres langues signifie l'espèce d'objets où l'on n'aperçoit point la distinction des sexes, s'exprime en hébreu, tantôt par l'un, tantôt par l'autre. De-là il est arrivé que la plupart des noms qu'il a plu aux grammairiens de regarder comme masculins ou comme féminins, sont réellement du genre commun, et peuvent se construire avec l'un ou l'autre indifféremment, comme l'a très bien remarqué le P. Giraudeau.

Mais cet habile grammairien a cru devoir faire un article particulier de ce qu'il appelle la concordance partagée, *concordantia divisa*, qu'il croit usitée seulement en hébreu. On comprendra ce que c'est, par les exemples qu'il en donne. Exod. 37, 29 : *fecit mixtionem odorum purum;* l'adjectif *purum* s'accorde en nombre et en cas avec le substantif *mixtionem*, et en genre avec le génitif *odorum;* I. Sam. 2, 4 : *sagitta fortium fracti; fracti* est au même cas que *sagitta*, mais il suit le genre et le nombre de *fortium;* de même, Num. 19, 13 : *liquores separationis aspersus est;* Jérém. 10, 22 : *sonus auditionis egressa est;* Job. 15, 20 : *numerus annorum absconditi sunt.*

Rappelons ici quelques observations faites ci-devant, et l'on sentira que tous ces passages se peuvent ajuster sans concordance. J'ai dit que l'adjectif hébreu signifie *le sujet* et *l'attribut*, *le concret* et *l'abstrait*, et qu'on doit souvent l'exprimer par le neutre. On peut donc le supposer tel dans le premier passage : *fecit mixtionem odorum purum quid, mixtionem quæ erat aliquid purum*, et c'est la phrase *triste lupus stabulis* des Latins. Dans le second de même : *sagitta fortium fracta*, au neutre, *res fractæ* ou *fractiones*, et il est au pluriel, parce qu'il est question d'un grand nombre de flèches, qu'ainsi *sagitta* est censé collectif. Dans le troisième, le verbe est impersonnel : *liquoribus separationis aspersum est,* l'aspersion se fit de liqueurs différentes. Dans le quatrième, il n'est pas sûr que *sonus* en hébreu soit du masculin, et dans le cinquième *absconditi sunt* est au pluriel, parce que *numerus annorum* est collectif. Ainsi la règle de la concordance partagée n'est pas nécessaire.

Il en est encore une autre que la syntaxe latine a fait imaginer. Chez les Latins, un nominatif ne demeure point seul, sans un verbe auquel il se rapporte; en hébreu, l'on trouve souvent un nominatif sans verbe, qui est déterminé à un autre cas par l'affixe ou pronom qui suit : c'est ce que le P. Giraudeau appelle *casus suspensus cum affixo determinante*. Par exemple, Exod. 32, 1 : *Moyses ignoramus quid acciderit ei*. Ce *Moyses* est un nominatif en suspens qui ne se rapporte à rien; mais le pronom *ei* nous marque qu'il faut traduire au datif : *Moysi nescimus quid acciderit*. Ps. 11, 4, *Dominus in cœlo sedes ejus;* Num. 14, 24, *Servus meus fuit spiritus alter cum eo;* Num. 17, 2, *Quisque nomen ejus scribes in virgâ ejus*. Rien n'est plus commun que cette construction.

Si on pouvoit se résoudre à oublier le latin, on sentiroit qu'il est faux que *Moyses* soit en hébreu au nominatif, qu'il est faux que le pronom soit au datif, et que ni l'un ni l'autre ne sont fixés en hébreu à aucun cas. Mais comme il est clair que le nom *Moyses* et le pronom *ei* sont la même personne, on comprend qu'en traduisant dans une langue où les cas sont distingués, ils doivent être mis tous deux au même cas : en ajoutant peu de chose, la construction hébraïque devient françoise : *Ce Moïse qui nous conduisoit, nous ne savons ce qui lui est arrivé.*

Dans le second exemple, le verbe est sous-entendu ; or ce verbe peut être également *sum* ou *habeo* : *Dominus habet in cœlo sedem ejus* ou *suam ;* et ce n'est plus qu'une ellipse commune dans toutes les langues, comme *Di meliora piis,* en sous-entendant *dent* ou *faciant*.

Le troisième s'explique fort bien en y supposant une parenthèse ; il y a : *Servus meus Caleb (quia fuit spiritus alius cum eo), et secutus est me.* Le nominatif peut se rapporter à *secutus est* ; ו (vé) qui n'est qu'une conjonction, n'empêche point ce rapport.

Le quatrième exemple n'est point différent du premier, et c'est la construction françoise, lorsqu'il y a un participe dans la phrase : *chacun ayant son nom, vous l'écrirez sur sa baguette.* Il est vrai que ce participe fait une grande difficulté pour ceux qui commencent à composer en latin, pour savoir s'il est au nominatif, si c'est le régime du verbe, ou s'il faut le mettre à l'ablatif absolu ; mais encore une fois, l'hébreu et le latin ne sympathisent point ensemble.

Il faut raisonner de même, lorsque c'est le relatif qui est en suspens, comme dans les phrases suivantes : Gen. 1, 11, *Terra germinet arborem quæ fructus ejus in eâ ;* Ps. 1, 4, *Sicut pulvis qui ventus projicit eum ;* Gen. 3, 23, *Ad colendam terram quæ sumptus est ex ibi.* Dès que l'on suppose le relatif au nominatif, cela fait une construction monstrueuse en latin ; mais le relatif en hébreu n'a ni genre, ni nombre, ni cas, c'est une simple liaison. Qu'est-ce donc qui peut empêcher de traduire, *arborum cui fructus ejus in eâ*, ou *cujus? Pulvis quem ventus projicit eum?* Le premier exemple rendu en françois ne péchera point contre la grammaire : *un arbre à qui son fruit soit en lui;* le second feroit du patois. Dans le troisième, le relatif n'exprimant qu'un rapport de lieu, se peut très bien traduire par les adverbes de lieu *quò, quà, unde, ubi;* et l'on dira mot à mot *terram unde sumptus est ex ibi.* Ce n'est plus qu'un pléonasme commun, et c'est ainsi que l'ont envisagé la plupart des grammairiens.

Les idiotismes qui regardent les verbes n'ont rien d'embarrassant, si l'on veut se persuader ce que j'ai tâché de prouver dans la quatrième dissertation, que les verbes hébreux ne sont que des participes aoristes ou indéterminés. Dès lors, on regarde comme nuls les changemens prétendus de temps, de modes, de voix, parce que tout cela n'est point distingué et fixe comme en latin. Ces expressions, *in die facere, post gignere, propter adducere*, qui sont barbares en latin, sont exactement françoises, et même fort usitées en grec. Nous disons *le jour de s'assembler, le moment de sortir, après avoir engendré, pour amener, pour avoir amené;* ces barbarismes ne doivent donc épouvanter personne.

Un des changemens qui surprend le plus en hébreu, c'est celui des personnes. Ainsi, disent les grammairiens, Gen. 49, 4, *Stratum meum* עלה *ascendit* pour *ascendisti*: Thren. 3, 1, *Ego vir* ראה *vidit afflictionem* pour *vidi*. Mais il faut faire attention qu'en changeant les points, on aura les participes עלה, ראה, qu'ainsi cet hébraïsme prétendu n'est qu'une ponctuation vicieuse.

Il n'est pas plus étonnant que la seconde personne paroisse quelquefois mise pour la troisième, ou au contraire. Neh. 4, 12: *Ex omnibus locis quibus reversi fuerint ad nos*, il y a *reversi fueritis*, תשובו, pour ישובו; Is. 1, 29, *quia pudefietis propter lucos*, etc., le texte porte *pudefient*, יבשו pour תבשו. Mais j'ai averti dans la troisième dissertation, §. 5, que י et ת ne sont pas seulement les marques distinctives des personnes, mais qu'ils sont encore démonstratifs et tiennent lieu d'articles au commencement des mots. Ils désignent donc ici des participes; et par conséquent il n'y a aucun changement de personnes.

En voici encore un exemple qui a embarrassé les critiques : Ps. 12, 6, *Exsurgam, dicit Dominus ; ponam in salutari* ou *in salute. Confidam*, ou *fiducialiter agam in eo;* héb. יפיה לו (Japhiah lo). Cette version est très juste ; הפיח (hephiah) est le même que le verbe françois *se fier, mettre sa confiance;* י est mis à la première personne au lieu de א pour ne pas mettre deux aspirations de suite אהפיח (ahephiah). Mais les grammairiens qui ont pris ce י pour le signe de la troisième personne, ont traduit *illaqueabit eum*, qui ne fait aucun sens; et ils ont supposé que la Vulgate avoit lu autrement, ce qui est faux. Il y a bien d'autres passages où l'on a voulu corriger la Vulgate avec aussi peu de fondement; je le montrerai ailleurs.

§. III.

Seconde source des hébraïsmes, plusieurs termes dont on n'a pas pris le sens.

Il y a plusieurs termes d'un usage commun en hébreu, dont les grammairiens paroissent n'avoir pas compris toute la signification; et comme ils n'ont pas trouvé en latin des équivalens pour en rendre toute l'énergie, ils l'ont trop restreinte, et ont fait par ce moyen des hébraïsmes qui ne subsistent que dans leurs versions latines.

Par exemple, en traduisant בעל (bahal) par *Dominus*, nous trouverons en hébreu *Dominus somniorum*, pour *somniator; Dominus sagittarum*, pour *sagittarius; Dominus iræ*, pour *iratus; Dominus inimicorum*, pour *inimicus; Domini fœderis*, pour *fœderati; Domina pythonis*, pour *pythonissa;* et ces façons de parler nous paroissent fort bizarres. Mais cette bizarrerie vient uniquement de ce que le latin *dominus* n'a pas un sens aussi étendu que le mot hébreu. Celui-ci est exactement synonyme à notre substantif *homme*. Aussi verrons-nous dans le paragraphe suivant, que le nom d'*homme* a été tiré de l'idée de supériorité, parce que c'est le principal individu de l'espèce. Il n'est donc pas surprenant que *homme* et *maître* soient synonymes en hébreu; au lieu que *homo* et *dominus* ne le sont pas en latin. Or quel inconvénient y a-t-il de dire *l'homme aux rêves*, pour *le rêveur. Homme de flèches* fera-t-il un plus mauvais effet en hébreu qu'en françois *homme d'épée, homme de cheval?*

On peut donc dire, *homme de colère*, *homme d'inimitié*, *homme d'alliance*, comme nous disons, *homme d'affaires*, *homme de bon caractère*, *homme d'un agréable commerce ;* et il n'y a pas ombre d'idiotisme dans toutes ces expressions.

Nous pouvons faire la même remarque sur les racines בן, בר, בת (ben, bar, bath), qui, rendues en latin par *filius* et *filia*, font des expressions inouïes : *filius impietatis*, pour *impius ; filius olei* ou *pinguedinis*, pour *pinguis ; filius mortis* ou *plagarum*, pour *dignus morte* ou *plagis ; filii Orientis* pour *Orientales ; filius areæ*, pour *triticum ; filius arcûs* ou *pharetræ*, pour *sagitta ; filia cantici*, pour *canora ; filia vocis*, pour *oratio* ou *oraculum ;* etc.

Pour savoir si ces expressions sont propres ou métaphoriques, il faut remonter au sens primitif de *ben, bar, bath.* Ils signifient non-seulement ce qui sort, ce qui est produit, mais encore ce qui est uni et attaché, et c'est pour cela qu'on s'en est servi pour exprimer *fils* et *fille.* Qu'est-ce qu'un fils à l'égard d'une mère ? C'est non-seulement ce qui est sorti de son sein, mais ce qu'elle porte entre ses bras, ce qui est pendu à son cou, ce qu'elle ne quitte jamais. Voilà deux idées contraires, mais étroitement unies, par lesquelles on a désigné la filiation, soit dans l'espèce humaine, soit chez les animaux. On le verra par l'explication de tous les mots qui l'expriment dans nos quatre langues.

Ben, bar, bath, sont donc des termes beaucoup plus génériques que *filius* et *filia.* Ils expriment en général : 1°. tout ce qui sort ou qui est sorti ; ainsi *filii Orientis* signifie à la lettre *ceux qui viennent de l'Orient ; filius areæ, arcûs, pharetræ,* ce qui sort de la grange, de l'arc ou du carquois. *Filia vocis,* c'est *emissio vocis,* ou *vox emissa,* et cela par la force des termes, sans aucune métaphore.

2°. Dans un sens contraire, ils expriment tout ce qui est lié, uni, attaché à quelque chose ; voilà pourquoi on a donné ces épithètes, non-seulement aux enfans à l'égard de leurs pères et mères, mais encore aux domestiques, aux esclaves, aux disciples, aux compagnons, aux habitans. Par conséquent, au lieu de *filius impietatis,* la lettre porte *partisan de l'impiété ; filius mortis,* dévoué à la mort ; *filius pinguedinis,* doué de fertilité ; et ces prétendues traductions latines sont plutôt de vrais contre-sens.

3°. בן (ben, bin) signifient souvent *in, inter, intra.* Jon. 4, 11 : *Tu doles super hederam..., quæ sub unâ nocte nata est, et sub unâ nocte periit,* ou *intrà unam noctem.* Au lieu de *sub,* il y a בן en hébreu. Mais les critiques, pour se ménager le double plaisir de faire un hébraïsme et de contredire la Vulgate, ne manquent pas de traduire, *qui filius noctis fuit et filius noctis periit.* De même dans une infinité de passages où les ponctuateurs auroient pu mettre בן (bin) *inter,* ils ont mis בן (ben) *filius ;* et les partisans de la Massore se feroient hâcher plutôt que d'en démordre.

De même qu'en françois nous changeons quelquefois la préposition en substantif, et que nous disons *le dessus, le dessous, les dedans, les dehors;* les Latins ont aussi formé *superi* et *inferi* de *super* et *infra*, et les Grecs disent comme nous τα ἐντὸς, *les dedans*, τα ἐκτός, *les dehors*. Il n'est donc pas extraordinaire que de la préposition בן (bin) *inter*, les Hébreux aient formé le singulier בן (ben), et les pluriels בנים, בנות (banim, benaïm, banoth), pour signifier *les dedans, l'intérieur, ce qui est dedans*, ou *ce qui entre dedans*. Ainsi *filia maris* exprime ce qui est dans la mer; et *filia cantici*, Eccl. 12, 4, doit se traduire *introïtus cantici*, ou *auditio cantici*. Mais les grammairiens, qui ne remontent point à la racine, ne l'entendent pas ainsi, et partout où ils voient ces noms au singulier ou au pluriel, c'est toujours pour eux *filius* ou *filii*, et voilà comme sont nés les hébraïsmes.

Par une allusion encore plus ridicule, ils prétendent que l'expression syriaque בר אגרא (bar egoro), pour désigner la maladie d'un lunatique, signifie à la lettre *filius tecti*, parce que les lunatiques se précipitoient en bas des toits, et qu'ainsi le toit accouchoit d'un homme. Ils ne voient pas que *bar* signifie *maladie;* c'est la racine du grec βαρυς, *pesant, incommode*. *Gar, gor, gur*, exprime dans toutes les langues *tour, circuit, révolution;* c'est le même que γυρος, *gyrus*, gyrouette. Par conséquent, *bar egoro* désigne une maladie périodique, une maladie qui circule, qui revient de temps en temps.

Personne sans doute ne sera surpris de ce que l'on attribue ici aux syllabes *ben, bar, bath* des significations opposées, *entrée* et *sortie*, *liaison* et *séparation*. On verra la même chose dans tous les mots primitifs; et dans le dictionnaire des racines, ces quatre sens différens seront démontrés par des dérivés dans nos quatre langues.

Mais on ne manquera pas de m'objecter que la plupart des traductions que je désapprouve se trouvent en propres termes dans les Septante et dans le nouveau Testament, où nous lisons υἱός θανάτου, υἱὸς γεεννης, etc. Est-il probable que les auteurs de ces traductions n'aient pas conçu l'énergie de leur propre langue, et le vrai sens des termes? Ils l'ont compris sans doute, mais ne trouvant pas en grec un terme aussi général que le mot hébreu ou syriaque, ils ont pris celui qui y répondoit le plus communément. Or il est certain que le mot qui répond le plus communément à *ben* et *bar*, c'est υιος en grec, *filius* en latin; mais il n'est pas moins vrai que ces deux derniers ne rendent point dans l'usage tout le sens des deux premiers, et que pour accommoder la traduction au génie du grec et du latin, il faut en substituer d'autres. Je ne crois point manquer de respect en cela pour les auteurs inspirés du nouveau Testament; l'inspiration ne leur a pas été donnée pour nous apprendre le sens grammatical des mots, ni la mécanique des langues. Ma réponse est fondée d'ailleurs sur les propres termes du traducteur grec de l'Ecclésiastique. Οὐ γὰρ ἰσοδυναμεῖ αὐτά ἐν ἑαυτοῖς ἑβραϊστί λεγόμενα, καὶ ὅταν μεταχθῇ εἰς ἑτέραν γλῶσσαν. *Non enim eamdem vim habent hebraïca, quando translata sunt in aliam linguam*. Prolog. Eccl.

On ne s'est pas moins trompé sur le mot בית (beth) *domus*. Non-seulement on lit en hébreu *domus servorum*, lieu ou pays de servitude; *domus remotionis*, lieu écarté; *domus sæculi, domus quietis*, tombeau, sépulcre; mais si nous en croyons les rabbins et leurs sectateurs, on trouve, Is. 3, 20, *domus animæ*, pour signifier des ornemens de femme. L'usage de ce terme est encore plus universel en chaldéen et dans les paraphrases, où on lit *domus congregationis*, pour *congregatio aquarum; domus irrigationis*, pour *terra irrigua; domus boum*, pour *armentum;* et le front d'Aaron, Exod. 28, 38, est appelé, dit-on, dans le Targum, *domus oculorum Aaronis*. Selon la même méthode, les rabbins appellent des gants, *domus manus* ou *digitorum*, et un voile, *domus faciei*, etc.

Je conviens que si *beth* ne signifie rien autre chose que *domus*, une maison, voilà des métaphores bien extraordinaires, et il faut avouer que les Hébreux ne parloient pas comme les autres hommes. Mais cette supposition est une erreur. *Beth*, dans les langues orientales, est un terme aussi générique que *lieu* en françois, *locus* en latin; c'est donc très mal à propos que l'on restreint sa signification à la seule idée de maison.

1°. Il faut remarquer que *beth* est la même racine que *bath* de l'article précédent; l'un de ses sens, comme nous avons dit, est d'exprimer *lieu*, *arrêt*, par conséquent *le lieu où l'on s'arrête, le repos et le lieu du repos*. On remarquera en même temps que *lieu* en françois n'a pas une racine différente du verbe *lier;* que par une analogie constante, *locus* en latin, τοπος en grec, מקום (makom) en hébreu, sont de même tirés des racines qui expriment *lien*, *arrêt*. Or, en mettant *locus* au lieu de *domus* dans plusieurs des phrases citées, la métaphore disparoît et le sens devient clair.

Selon l'ordre naturel des analogies, toute racine qui signifie *lien*, signifie aussi ce qui environne, comme *un lien, une bande, une écharpe, une ceinture, un voile, un habit, une couverture;* voilà pourquoi *beth, lien,* est employé pour exprimer *couverture.* Or que des gants soient appelés *couverture des mains*, et un voile *couverture du visage*, il n'y a pas là de mystère; mais pour les appeler *maison des mains*, etc., il faudroit extravaguer.

3°. *Beth*, en suivant toujours le même fil d'idées, signifiant *enceinte* et *couverture*, a exprimé conséquemment ce qui est *creux* et *fermé*, ce qui est propre *à serrer, à renfermer* quelque chose. *Beth*, en ce sens, est le même que le françois *boîte,* le grec βαθυς, βαθος, βυθος. Ainsi בתי הנפש (bathé hannephesch) dans Isaïe, signifie des *boîtes d'odeurs et de parfums*, et a été parfaitement rendu dans la Vulgate par *olfactoriola*. Ceux qui ont traduit *domus animœ*, et qui ont débité là-dessus des rêveries, n'ont senti la signification ni de l'un ni de l'autre de ces deux termes. Le dernier ne désigne l'âme en hébreu que parce qu'il signifie *le souffle;* or, dans toutes les langues, *souffle, vapeur* et *odeur*, sont synonymes. *Beth* a le même sens, ps. 45, 9 : *Myr-*

rha et gutta et casia in vestimentis tuis ex pyxidibus eburneis.

4°. *Beth*, dans Ezéch. 1, 27, et ailleurs, signifie *inter, intra, intus;* ainsi le passage du Targum ridiculement traduit par *domus oculorum Aaronis*, signifie *inter oculos Aaronis*.

Un autre terme dont il me semble que l'on n'a pas compris les différentes significations en hébreu est le substantif פה, פי, פנים (phe, phi, phanim, pé, pi, panim), *la bouche* ou *le visage;* de là l'expression si commune dans les versions *in ore glaaii*, pour dire *au fil de l'épée*, et l'on ne voit pas l'origine de cette métaphore. Selon les critiques, Gen. 43, 7, il y a, *secundum os verborum istorum,* pour *secundum verba ista;* Num. 26, 56, *secundum os sortis,* pour *secundum sortem :* Prov. 26, 6, *instrue puerum secundum os viæ suæ,* pour *juxta viam ejus;* d'où ils concluent que dans les prépositions לפי, כפי (léphi, képhi), *juxta, secundum,* la syllabe *phi* est explétive, c'est-à-dire inutile. Enfin, Gen. 23, 3, il y a selon eux : *surrexit Abraham à facie mortui sui*, pour *à mortuo suo*, et ils blâment la Vulgate d'avoir traduit *ab officio funeris*. Tout ceci mérite d'être éclairci.

1°. פא, פה, פי (pa, pe, pi, pha, phe, phi) signifient en hébreu *pointe* et *tranchant*, comme *acies* en latin, et ces deux significations sont toujours réunies : חרב פיות (chereb phioth), Prov. 5, 4, *gladius biceps;* שני פיות (schené péoth), Jud. 3, 6, *duæ acies;* הפצירה פים (haphtsirah phim), 1 Sam. 13, 21, *retusio acierum :* מורג בעל פיפיות (morag bahal pipioth), Is. 41, 15, *plaustrum habens rostra serrantia.* Ainsi לפי חרב (lephi chereb), Gen. 34, 26, etc., signifie à la lettre, *in acie gladii*, au fil de l'épée, et non pas *in ore gladii*, parce que *os* en latin n'a pas cette signification.

On m'opposera que ces mots sont cependant traduits par les Septante et dans le nouveau Testament par ἕν στοματι μαχαίρας ; mais il faut faire attention que στόμα exprime en grec, non-seulement *bouche* et *ouverture*, mais encore *coupure* et *tranchant*, tout comme *phi* en hébreu, puisque δίστομος signifie *anceps, utrinque scindens*, et l'un et l'autre sont dérivés de τέμνω, *couper*.

2°. En effet, les mêmes racines, qui expriment *pointe* et *tranchant*, désignent aussi leur effet, l'action de percer et de couper, l'ouverture faite par la pointe, la coupure faite par le tranchant ; voilà l'origine du double sens de στόμα et στόμος ; voilà pourquoi *pha, phe, phi*, qui signifient *pointe* et *tranchant*, signifient aussi la *bouche*, qui est une coupure ou une ouverture dans le visage ; et ils se disent non-seulement de la bouche de l'homme, de la gueule des animaux, mais encore de toute autre ouverture, de la *bouche d'un puits*, Gen. 29, 2, 3, 8, 10 ; du *creux d'une fontaine*, Is. 9, 17, etc.

3°. *Coupure* et *partage* sont synonymes ; *phi, coupure*, désigne donc encore *partage* ou *partie*; ainsi פי שנים (phi schenaïm), ne signifie pas *os duorum*, mais *pars duorum*, pour *pars duplex*.

4°. *Fil* en françois signifie *tranchant* : donner le fil à un rasoir ; mais il exprime aussi *suite, succes-*

sion, continuité : suivre le fil d'une affaire. Ces deux sens contraires sont fondés sur une analogie évidente, parce que le tranchant d'une lame ressemble à un fil délié. Voilà pourquoi *phi* en hébreu, *tranchant*, signifie encore *liaison, suite, ordre, succession*. Ainsi, Gen. 43, 7, עַל פִּי (hal phi) est bien traduit par la Vulgate *per ordinem, de suite*. Léphi, képhi, signifient donc *juxta ordinem, juxta seriem*, et c'est le sens des phrases citées ci-devant, *secundum ordinem* ou *tenorem verborum istorum, secundum ordinem sortis, juxta ordinem viæ suæ;* en quoi il n'y a rien que de clair et de naturel.

5°. פָּנִים (phanim) n'est point le pluriel de פֶּה (phé), mais de פָן (phan, phen) inusité au singulier; il a les mêmes significations que *phe* et *phi;* il exprime comme eux *la bouche, le visage, la présence*, et de plus *liaison* et *occupation, garde* et *conservation*. On peut donc traduire, Gen. 23, 3, *surrexit Abraham à conspectu mortui sui*, ou *à curâ, à custodiâ mortui sui;* ou comme la Vulgate, *ab officio funeris;* c'est toujours le même sens.

Je pourrois faire encore les mêmes remarques sur les mots יד (jad) *manus;* דבר (dabar) *verbum;* בכר (bacar) *primogenitus*, et plusieurs autres; mais on trouvera dans le dictionnaire des racines tous ces termes expliqués, l'origine de leurs divers sens, les raisons de leurs différens usages.

§. IV.

Troisième source des hébraïsmes, les fausses étymologies.

Une des principales raisons qui ont empêché les grammairiens de découvrir le vrai sens de plusieurs termes hébreux, c'est qu'ils n'en ont pas connu la source; ils les ont fait descendre de racines avec lesquelles ces termes n'ont aucun rapport, et ils en ont donné conséquemment des étymologies ridicules. Je n'en citerai qu'un petit nombre, pour ne pas lasser la patience des lecteurs.

Si nous en croyons tous les dictionnaires, le nom אדם (Adam) signifie *roux*, parce que la terre dont le premier homme fut formé étoit rousse; mais comment peut-on savoir si elle n'étoit pas plutôt noire ou grise?

שמים (schammaïm), *les cieux*, est dérivé de שם (scham) *ibi*, et מים (maïm) *aquæ*, parce que c'est le siége des eaux; ou de שום (schoum) *ponere, fundare*, à cause de leur solidité; ou enfin de שמם (schamam) *mirari*, parce que nous les admirons.

שמש (schemesch) *le soleil*, est formé de שמש (schamasch), verbe chaldéen qui signifie *ministrare* ou *uti*, parce qu'il nous administre la lumière.

Les géans sont appelés נפילים (nephilim), de נפל (naphal), *tomber*, parce qu'ils faisoient tomber les gens de peur, ou parce qu'ils tomboient sur leurs ennemis. Ils sont nommés רפאים (rephaïm), de רפה (raphah), *affoiblir*, parce qu'en les voyant on se sentoit affoibli par la crainte; enfin ils sont appelés

עֲנָקִים (hanakim), de עֲנָק (hanaq), *collier*, parce qu'ils portoient des colliers.

חרף (choreph) *l'hiver*, vient de חרף (charaph), *insulter, déshonorer*, parce que l'hiver est le déshonneur de l'année. Il signifie encore *la jeunesse*, parce que cet âge est l'opprobre de la vie.

נשה (naschah) *l'usure*, est tiré de נשך (naschac), *mordre*, parce qu'elle ressemble à une morsure ; et cette étymologie, dit-on, est une élégante métaphore ; נשכה (nischkah) *chambre* ou *cabinet*, descend encore du même verbe, parce qu'ils tiennent à un édifice, comme nous tenons avec les dents ce que nous mordons.

ירחו (la ville de Jéricho), a reçu son nom de ירח (jerach), *la lune*, parce qu'elle étoit ronde comme la lune, ou de רח (rach) *odeur*, parce qu'il y croissoit des parfums.

רחים (rechaïm), *des meules de moulins*, vient aussi de rach, *odeur*, parce qu'elles sentent la farine.

Je pourrois grossir cette liste à l'infini, et rassembler au moins cent étymologies de cette espèce. Or, un homme sensé qui lit toutes ces fadaises, n'est-il pas tenté de regarder les Hébreux comme un peuple extravagant, et leur langue comme un délire perpétuel ? Voilà cependant ce que l'on trouve dans les dictionnaires anciens et modernes, dans ceux des catholiques comme dans ceux des protestans. Je sais bien qu'ils n'ont fait que copier les rabbins ; mais c'est ce qui m'étonne, que des savans et des critiques se soient abaissés jusqu'à consulter de pareils maîtres ? Essayons de donner des étymologies plus raisonnables, et de montrer que les Hébreux avoient autrefois du bon sens.

Le nom d'Adam a pour racine *dam, dom*, mot qui est usité dans toutes les langues pour signifier *maître* ou *seigneur*. C'est ainsi que Dieu lui-même s'est expliqué quand il a voulu créer l'homme, c'étoit pour donner un maître à ses ouvrages. *Faciamus hominem...., et præsit piscibus maris, et volatilibus cœli, et bestiis universæque terræ.... Crescite et multiplicamini, et replete terram, et subjicite eam, et dominamini piscibus*, etc. Nous montrerons ailleurs que les noms grecs ἀνήρ et ἄνθρωπος, les noms latins *homo* et *vir* ont la même signification et la même force.

Schammaïm, les cieux, est formé de שם (scham, schom, ssam, ssom) *hauteur, élévation;* et il est au pluriel, parce que la terminaison du pluriel est augmentative. Ce nom signifie *le lieu le plus haut.* Le grec Οὐρανὸς, tiré de *ran, élévation;* Ολυμπος, de *lup, loup*, hauteur; le latin *cœlum*, analogue à l'ancien verbe *cello* et à l'adjectif *celsus*, enfin le françois *ciel*, ont tous la même énergie, et sont la traduction fidèle de l'hébreu.

Schemesch, le soleil, est dérivé de la même racine *scham, schom, le ciel* ou *le haut*, et de אש (esch) *feu, lumière;* il signifie par conséquent *le feu* ou *le flambeau du ciel:* ἥλιος en grec, *sol* en latin, n'expriment rien autre chose que *feu* ou *lumière*.

Les noms donnés aux géans expriment tous la grandeur, la taille élevée : *nephilim* de *ne* augmentatif et *phil*, élevé, comme en grec ὀφέλλω qui signifie *augmenter* ou *faire croître* ; *Rephaïm* de *reph*, qui a le même sens dans τρέφω, élever, faire grandir; enfin *hanakim* de *nak* qui est la racine du grec ἠνεκής, *grand, long, étendu*, et ἀνεκάς, *en haut, sursum*. On les appeloit encore אימים (emim), de *em, aim*, *hauteur, élévation*. C'est ce qui a donné le nom au mont *Hæmus*, Αἷμος, entre la Mésie et la Thrace; au mont *Imæus* en Italie, entre les Marses et les Sammites; au mont *Imaüs* qui fait partie du Caucase. On sait très bien que le grec γίγας formé de γαίω, *croître* ou *s'élever*, et notre substantif *géant*, ne présentent pas une autre idée que celle de grandeur.

Horeph, choreph, l'hiver, a tiré son nom de *reph*, *humecter, arroser, pleuvoir*, parce que dans tous les pays du monde l'hiver est le temps des pluies. C'est le grec εὐριπός, *eau coulante*, le latin *rivus*, le françois *breuvage*. De même χεῦμα, en grec, de χέω, *verser, fondre, réduire en eau*; *hyems*, en latin, de *humeo*, *être mouillé* ou *humide*; *hiver*, en françois, de *hive* qui signifie *de l'eau* dans plusieurs patois, sont une preuve démonstrative que tous les peuples ont pensé et parlé de même.

Horeph, la jeunesse, a pour racine *reph*, qui signifie non-seulement *la grandeur*, comme dans *rephaïm*, mais encore *la force* et *la vigueur*; or, la jeunesse a-t-elle pu être mieux caractérisée que par cette idée ?

Naschah, nassah, l'usure, est dérivé de *ass* ou *nass* avec une *n* paragogique. C'est le nom *assis* des Latins, *de l'argent* ou *de la monnoie*, parce que l'usure est le trafic de l'argent. Le latin *fœnus*, qui lui répond, est dérivé de l'hébreu *phen* et du grec ἄφενος, qui signifie *argent* ou *richesse*; c'est le même que le mot patois *fenin*, de l'argent.

Nischah ou *lischah*, *nissecah*, sont tirés de שׂך (schec, ssec), *couverture, lieu à couvert;* c'est le grec σηκὸς, *maison, temple, demeure;* σακκὸς, *saccus, sac, couverture*, et la prétendue allusion à la morsure n'y a rien de commun.

Jéricho a reçu son nom de רח (rich) *enceinte, clôture, lieu fermé;* le grec ῥῆχος, *sepes, septum, maceriæ*, est la même racine; et le nom général de *ville* n'a pas une autre signification.

Cette même syllabe *rich, rech*, signifie encore *hauteur, rondeur, grosseur,* comme τροχός, en grec; voilà pourquoi *rechaïm* signifie *des meules de moulin.* Les noms *meule* et *mola*, qui font allusion à *moles* et μύλλος, ont la même signification, et n'ont aucun rapport à la farine.

§. V.

Nouvelle source d'hébraïsmes, la ponctuation des Massorètes; ce qu'on doit en penser.

J'ai eu occasion dans cette dissertation et dans les précédentes, de citer deux ou trois exemples d'hébraïsmes, qui viennent uniquement de la manière dont les mots hébreux sont ponctués, et j'ai laissé entrevoir que je faisois peu de cas de cette ponctuation. Il seroit inutile d'apporter de nouveaux exemples, et de dire les raisons qui me déterminent à n'avoir aucun égard pour ces points que des savans distingués ont si fort respectés. Cette matière a été épuisée, je ne pourrois faire que répéter. Je me bornerai à une ou deux courtes remarques, et peut-être ne seront-elles pas nouvelles.

S'il y a un nom propre qui ait dû être également connu des Juifs et des étrangers, c'est celui de Cyrus. Les Grecs n'ont pas pu en ignorer la prononciation, surtout depuis l'histoire de Cyrus-le-Jeune, si étroitement liée à celle de la Grèce. Or tandis que les Septante et Origène ont constamment écrit Κύρος, comme tous les auteurs profanes, les Massorètes se sont obstinés à ponctuer כורש Κωρης ou Κωρηξ, dans les Paralipomènes, dans Isaïe, dans Daniel, sans varier jamais. Les croirons-nous plutôt que toute l'antiquité sacrée et profane? Si leurs prétendues règles d'écriture les ont conduits à défigurer ainsi un nom qui étoit dans la bouche de tout le monde, comment pouvons-nous imaginer qu'ils aient mieux réussi dans tous les autres?

Depuis que les rabbins se sont avisés de faire des livres, à commencer par le Talmud, plus ancien que la Massore, ils se sont fait connoître pour les plus ignorans et les plus insensés de tous les hommes. On peut juger de leur capacité par leurs étymologies, dont j'ai donné un léger échantillon, et par la manière dont parlent d'eux les plus sensés de leurs disciples. Puérilités, rêveries, obscénité, voilà le caractère de leurs écrits. Telle est cependant l'Académie où se sont réfugiés ces savans qui dédaignoient les écoles catholiques, qui se seroient crus déshonorés de prendre pour maîtres les Pères et les docteurs de l'Église. Dieu, selon eux, a fait un miracle pour empêcher que les Juifs ne changeassent rien à la prononciation de l'hébreu; mais pour des gens qui nous reprochent notre crédulité sur les miracles, c'est en supposer un bien à la légère. Dieu n'a point fait ce miracle, et il n'étoit pas nécessaire. On peut entendre le texte hébreu sans les rabbins et sans la Massore, comme on peut entendre toutes les autres langues mortes, par leur comparaison seule. Je crois l'avoir déjà fait sentir, et le Dictionnaire des racines en fournira la preuve complète.

§. VI.

Quels sont les vrais hébraïsmes.

Il y a sans doute en hébreu des façons de parler singulières; tout langage a ses idiotismes; les jargons les plus grossiers ont les leurs, ils en renferment quelquefois plus que les langues polies, et par cette raison l'hébreu ne sauroit en être exempt.

Les Hébreux, peuple isolé et peu répandu au dehors, ont mieux conservé qu'aucun autre les anciennes mœurs du genre humain; ces mœurs ont dû paroître singulières à toute nation qui avoit changé les siennes, et cette singularité a dû être marquée dans le langage. La religion des Hébreux, différente de toutes les autres, a donné lieu encore à quelques idiotismes. Ce sont justement ceux dont les grammairiens ne parlent point, parce qu'ils supposent qu'on peut les apprendre par l'usage; mais qu'est-ce qui peut empêcher d'apprendre de même tous les autres?

Les répétitions continuelles, les pléonasmes, les ellipses ou termes sous-entendus, les transpositions, les métaphores, se trouvent dans toutes les langues; mais ces irrégularités ne sont nulle part aussi communes qu'en hébreu, et c'est en ce sens seulement qu'on peut les regarder comme des idiotismes. Ce langage paroît moins étonnant à ceux qui sont accoutumés à entendre parler les peuples de la campagne, et qui connoissent le style des écrivains qui n'ont pas eu l'esprit cultivé. Si les savans avoient eu occasion de faire ce parallèle, ils auroient moins multiplié les hébraïsmes. Mais vivre avec des hommes simples et grossiers, étudier leurs mœurs, leur style, leur génie, c'est un avantage dont personne n'est jaloux, et un genre d'érudition où l'on n'ambitionne pas de se distinguer.

L'habitude, plus fréquente en hébreu que dans les autres langues, de sous-entendre le verbe substantif, le défaut de verbes conjugués régulièrement, l'emploi des participes à leur place; l'usage indifférent des particules ou liaisons du discours, sans attribuer toujours à chacune un sens fixe et déterminé; la méthode de dire les choses et d'exprimer les pensées comme elles se présentent à l'esprit, sans attention à l'ordre ni à la propriété des termes et des expressions : voilà les caractères principaux de l'hébreu. Il suffit de les savoir en général, pour être bientôt au fait de tous les hébraïsmes. L'habitude de lire l'hébreu est sans contestation la plus utile grammaire, et le plus sûr de tous les commentaires.

SEPTIÈME DISSERTATION.

SUR LE MÉLANGE ET LA DÉRIVATION DES LANGUES.

§. I.

Opinion des savans.

Après ce que plusieurs savans ont écrit pour montrer la ressemblance du grec avec les langues orientales, et les efforts qu'ils ont faits pour retrouver les racines de l'hébreu dans les langues de l'Occident, il n'est pas aisé de traiter avec succès la même matière. Copier mes maîtres seroit un travail fort inutile, les contredire est un parti dangereux, et c'est malheureusement celui où je me trouve réduit. Dès que j'ai embrassé un système différent du leur, il m'a fallu nécessairement suivre une autre route qu'eux, pour comparer les langues; et il est difficile qu'en partant de deux points si éloignés, nous puissions nous rencontrer souvent. Je suis d'accord avec eux sur le principe, que le fonds du langage de tous les peuples est le même, mais je ne suis pas de leur avis sur l'origine de cette ressemblance, ni sur la plupart des exemples qu'ils en ont apportés. Je suis persuadé que faute d'avoir cherché les racines monosyllabes, suivi l'analogie des idées et la mécanique de la prononciation, ils ont très souvent mis en parallèle des termes qui n'ont aucun rapport, et nous ont donné de fausses étymologies.

Selon eux, les peuples qui sont sortis de l'Orient pour aller habiter les diverses contrées de l'Europe et de l'Afrique, étant issus d'une même famille, ont porté avec eux dans leurs migrations leur premier langage qui étoit l'hébreu; cette langue doit par conséquent se retrouver partout. D'ailleurs, les Phéniciens et les Carthaginois ayant couru les mers pour leur commerce, et fait des établissemens ou des conquêtes dans les trois parties de l'ancien Monde, ils ont fait adopter leur langage, qui étoit un dialecte de l'hébreu, aux nations qui leur étoient alliées ou soumises.

Le premier de ces deux faits a besoin d'être éclairci, le second d'être réfuté; je vais tâcher de faire l'un et l'autre.

1°. Il est certain par l'Écriture sainte qu'avant la confusion arrivée à Babel, tous les hommes parloient le même langage, mais il n'est pas assuré que cette langue fût l'hébreu; je crois même cette supposition très fausse. La langue primitive n'étoit vraisemblablement composée que de monosyllabes, puisque ces mots simples sont encore aujourd'hui le fond de toutes les langues. Dieu ayant déterminé les organes des ouvriers de Babel à les prononcer différemment, ils ne s'entendirent plus, et furent obligés de se séparer. Chaque famille emporta dans la contrée où elle se retira ces monosyllabes avec l'inflexion particulière qu'elle venoit d'y donner, et à laquelle on ajouta bientôt de nouvelles variétés. La famille d'Héber changea peut-être un peu moins que les autres le premier langage, parce qu'elle s'éloigna peu d'abord; mais les patriarches ses descendans voyagèrent, et, sans un miracle, il est impossible qu'ils n'aient pas emprunté quelque chose du dialecte des peuples divers chez lesquels ils séjournoient. Lorsque Abraham quitta la Chaldée par l'ordre de Dieu, pour venir dans la Palestine, il parloit sans doute la même langue que les Chaldéens, parmi lesquels sa famille habitoit depuis la dispersion; mais en demeurant parmi les Chananéens, il adopta leur langage, puisque Jacob son petit-fils étant retourné dans la Mésopotamie, ne parloit plus comme Laban son beau-père; l'Écriture le remarque expressément. C'est donc par des changemens insensibles que l'hébreu est devenu une langue particulière comme toutes les autres; c'est après différentes révolutions qu'elle a pris l'état de consistance où elle étoit sous Moïse et sous les écrivains postérieurs. Par conséquent au temps de la confusion, elle n'existoit encore que dans ses racines, comme toute autre langue; et lorsque la postérité de Japhet s'éloigna pour peupler l'Occident, cette famille ne parloit pas plus l'hébreu que l'indien.

Je sais que des auteurs respectables ont supposé que Dieu avoit fait un miracle pour perpétuer parmi les descendans de Sem la même langue qu'Adam et Noé avoient parlée; ils n'ont pas fait attention qu'il faudroit supposer ce même prodige en faveur des Chananéens, peuple maudit de Dieu, mais qui parloit certainement comme les Hébreux. Quel eût été d'ailleurs le but de ce prodige, puisqu'il ne devoit pas durer? Le langage des Juifs changea pendant leur captivité à Babylone, et reçut encore de nouvelles altérations après leur retour et avant l'arrivée du Messie.

Il n'y a donc pas d'exactitude dans la manière de parler des savans qui ont prétendu que l'hébreu s'étoit répandu par tout l'univers, dans le temps de la dispersion du genre humain; ils auroient pu dire la même chose du chinois. C'est le langage primitif qui s'est répandu, et il a servi de matériaux pour l'hébreu, comme pour toutes les autres langues; telle est la vraie raison de leur ressemblance. Si les nations occidentales avoient jamais su l'hébreu, elles l'auroient conservé, et nous trouverions dans leurs langues un très grand nombre de mots composés comme en hébreu; nous n'y trouvons cependant que les racines; les élémens sont les mêmes, mais l'arrangement est différent.

J'ai déjà observé que l'hébreu s'est moins alongé que la plupart des autres langues, qu'il a par conséquent plus de ressemblance qu'elles avec le langage primitif; mais il n'est pas vrai pour cela de dire que les premiers hommes parloient l'hébreu, ni que les peuples en se dispersant ont emporté l'hébreu avec eux.

2°. Il y a encore moins de fondement d'assurer que les Phéniciens ont fait des établissemens ou des conquêtes sur les côtes de l'Europe et de l'Afrique, qu'ils ont porté dans ces diverses contrées leur langage, leurs mœurs, leur religion. Excepté Carthage, nous connoissons peu de colonies phéniciennes [1] ; ces négocians n'ont guère fréquenté que les lieux où l'on trouvoit des métaux, principal objet du commerce de toutes les nations, et ils ne traînoient avec eux ni grammairiens ni missionnaires. Les langues de l'Occident ont du rapport avec le phénicien et l'hébreu, parce qu'elles sont formées des mêmes racines, du langage primitif confondu à Babel. Les mœurs des Occidentaux approchent de celles des Tyriens et des Hébreux, parce que les hommes se ressemblent partout. On a montré que les nations de l'Amérique avoient les mêmes usages que les Patriarches : sont-ce encore des Phéniciens qui les leur ont communiqués? L'idolâtrie phénicienne, égyptienne, indienne, grecque, romaine, japonoise, américaine, se ressemble en beaucoup de choses, parce qu'elle est l'ouvrage de l'imagination et des passions des hommes, qui sont partout uniformes. Prétendre sur ce fondement seul, que des marchands de Tyr et de Carthage ont altéré les langues, changé les mœurs, régenté les nations, subjugué l'univers, c'est méconnoître l'empire de l'habitude et de l'éducation, c'est bâtir un système en l'air.

Supposons pour un moment ces établissemens prétendus des Phéniciens sur nos côtes, comment nos ancêtres ont-ils été assez complaisans pour oublier leur langage et leurs usages en faveur d'une poignée d'étrangers? Lorsqu'une compagnie de mar-

---

[1] L'univers en est plein, si l'on en croit Bochart : mais quelques noms approchant du phénicien ne suffisent pas pour prouver l'existence d'une colonie.

chands va négocier dans un pays éloigné, c'est elle qui se trouve obligée d'apprendre la langue du peuple avec lequel elle veut établir un commerce réglé; il est naturel sans doute qu'un petit nombre de particuliers s'accommode aux usages d'une nation entière, et non pas que celle-ci se plie au gré de quelques nouveau-venus. Je ne pense pas que le commerce des Phéniciens ait été plus considérable, ni leurs exploits plus brillans que ceux de la compagnie des Indes. Or quelle est la nation indienne à laquelle nos négocians seuls soient venus à bout de communiquer notre langue, notre créance, nos lois, en un mot les mœurs françoises?

§. II.

Affinité des langues orientales entre elles, et avec le grec.

Il faut donc chercher une raison plus véritable de l'affinité des langues; nous ne pouvons la trouver que dans la descendance des peuples, et dans la généalogie que Moïse en a faite. La comparaison des langues devient ainsi le commentaire le plus lumineux du dixième chapitre de la Genèse, et la preuve toujours subsistante de la vérité de l'histoire sainte.

Selon cette histoire, la famille de Cham se maintint en partie dans la Chaldée, après la dispersion; le reste s'étendit au midi dans la Syrie ou Phénicie, dans l'Arabie, dans la Palestine, dans l'Égypte et l'Éthiopie. Aussi les langues chaldéenne, phénicienne, arabe, hébraïque, égyptienne, éthiopienne, ont toujours été regardées comme autant de dialectes émanés de la même source, et qui ont conservé entre eux plus ou moins d'affinité, à mesure que les peuples qui les parloient se trouvoient plus ou moins éloignés de la patrie commune.

Les descendans de Japheth, en quittant les plaines de Sennaar, pour tirer à l'Occident, peuplèrent d'abord les provinces de l'Asie mineure: *Javan* ou Ιων, l'un d'entre eux, se fixa dans l'Ionie et sur les bords de l'Hellespont. Aussi le dialecte ionique étoit l'espèce de grec qui approchoit le plus de l'hébreu, ou plutôt du phénicien et du chaldéen, parce que les provinces de l'Asie mineure confinent à la Syrie et à la Chaldée. Voilà pourquoi plusieurs conjonctions ou particules dans le syriaque, et plusieurs mots composés dans le chaldéen, paroissent purement grecs. Il n'est pas nécessaire d'en conclure, comme ont fait quelques grammairiens, que ces termes sont empruntés du grec, il faudroit plutôt supposer le contraire. Les Chaldéens, d'abord sédentaires et placés dans les plaines fertiles qu'arrosent le Tigre et l'Euphrate, furent plus tôt policés que les Grecs. Ceux-ci étoient encore errans et nomades, lorsqu'il y avoit déjà des villes bâties et un puissant empire formé près des fleuves dont je viens de parler. La postérité de Javan, ayant franchi le détroit de l'Hellespont et le Bosphore de Thrace, se répandit dans cette province et dans la Macédoine, tourna ensuite au midi vers la Thessalie et le Péloponèse; elle forma dans la suite des siècles une nation nombreuse, puissante et polie; mais elle demeura toujours unie d'inclinations et d'intérêts avec les colonies qui étoient restées dans l'Asie mineure, et dont

elle n'étoit séparée que par un espace de mer peu
étendu. On les appela du nom commun Ἑλλην; le
commerce entretint une affinité constante dans leur
langage mutuel; le grec d'Asie et celui d'Europe
n'eurent jamais que de légères différences; ce sont
divers dialectes d'une même langue. Voilà donc la
source du rapport qui a dû se trouver entre le grec
et l'hébreu; ils ont été formés des mêmes racines,
des monosyllabes qui composoient le langage de la
famille de Noé, et les peuples qui parloient l'une
étoient voisins des pays où l'autre subsistoit dans un
de ses dialectes.

§. III.

Origine du latin; son affinité avec le grec, par conséquent avec l'hébreu.

Il n'est pas aussi aisé de découvrir l'origine de la
langue latine, parce que les savans ne sont pas d'accord sur cette matière. Au travers des conjectures
des anciens et des dissensions des modernes, on ne
peut approcher du vrai qu'en suivant toujours le
même fil des migrations du genre humain, et en
appelant la géographie au secours de l'histoire. Les
familles ioniennes ou grecques qui s'avancèrent le
plus vers le Nord, trouvèrent bientôt le Danube et
la Save qui s'opposoient à leurs progrès, tandis que
la mer Adriatique les resserroit du côté du Midi.
Elles furent donc obligées de diriger leur marche
entre ces deux barrières, le long de l'Illyrie, et sans
doute qu'il fallut plusieurs siècles pour peupler la
vaste contrée qui s'étend depuis le Pont-Euxin jus-

qu'aux Alpes. Les colonies, arrivées à ces montagnes et au pays que nous nommons maintenant le Frioul, se séparèrent vraisemblablement en trois bandes; l'une passa les Alpes Juliennes, et alla peupler la Germanie; la seconde s'étendit le long du Pô, pour pénétrer bientôt dans les Gaules; la troisième le traversa, et s'établit entre le golfe Adriatique et l'Apennin, dans le pays qui fut appelé par les Romains la Gaule en-deçà du Pô; elle alla ensuite dans l'Ombrie, d'où elle s'étendit peu à peu vers le Tibre. Ainsi se vérifioient le nom de Japhet, qui signifie *étendu*, et la prophétie de Noé son père.

Dans l'intervalle qui s'étoit écoulé pendant cette longue migration, les familles restées dans la Grèce avoient eu le temps de multiplier, de se civiliser, de commencer à cultiver les arts, de faire quelques essais de navigation. Ce ne fut pas une entreprise bien difficile de passer depuis l'Épire dans la Calabre; il n'y a que sept à huit lieues de mer. Quelques troupes de Grecs qui se nommèrent *Pélasges*, c'est-à-dire dispersés, tentèrent ce passage et pénétrèrent en Italie. Tandis que les premiers colons arrivoient au nord, ceux-ci s'avançoient du midi; s'étant rencontrés dans le Latium, qui est le centre de l'Italie, ils se joignirent, et ne formèrent bientôt qu'une même nation qui prit le nom de peuple latin.

Ceux qui étoient arrivés par terre se nommoient *Aborigènes*, c'est-à-dire peuples qui ne connoissoient plus leur première origine, parce qu'étant venus de proche en proche, à mesure que les générations se succédoient, les enfans ne connoissoient que le lieu où ils étoient nés; ils ignoroient profondément quelle avoit été l'ancienne demeure de leurs pères; et ce nom les distinguoit fort bien des Pélasges, ou coureurs arrivés par mer.

Il y eut sans doute des hostilités entre les deux peuples, avant leur réunion; la tradition s'en étoit conservée chez les historiens latins; et l'on peut rapporter à cette ancienne inimitié le nom de *Graïus* ou *Græcus*, que les Aborigènes donnèrent aux nouveau-venus. Il est analogue à l'hébreu רע, רק (raâ, raq) *méchant, mauvais;* on retrouve ces deux noms dans les patois où *croïe* signifie mauvais, et *craquer* c'est mentir. On sait ce que c'étoit que *fides græca* chez les Latins. Leur adjectif *pravus*, et le verbe *runco, sarcler, ôter les mauvaises herbes*, paroissent formés des mêmes racines. On nommoit en latin *pica græca* l'oiseau que nous appelons *pie grièche, pie méchante, importune;* mais comme c'est un nom injurieux, il ne se trouve point dans les auteurs grecs.

Je me suis écarté du sentiment des savans qui prétendent que les Gaules furent peuplées avant l'Italie, parce que je ne vois pas comment on peut le concilier avec la géographie. Ils s'appuient du témoignage des anciens historiens latins, qui disent que les Ombriens ont été le premier peuple d'Italie, et un rejeton des Gaulois. Mais on se souviendra que les Romains appeloient Gaule tout le pays arrosé par le Pô, et Gaulois les peuples qui habitoient à la droite et à la gauche de ce fleuve; c'est de là effectivement qu'étoient venues les premières colonies pour habiter l'Ombrie; et c'est en ce sens seulement que l'on peut dire que les Ombriens, nommés ensuite Aborigènes, étoient descendus des Gaulois.

La langue latine fut donc formée dans son origine du jargon grossier des Aborigènes, tel que les peuples encore nomades ont coutume de l'avoir, et du langage un peu plus doux des Pélasges, tel qu'ils l'avoient apporté de la Grèce. Comme ces deux langages étoient originairement le même, les deux peuples, sortis l'un et l'autre de la famille de Javan, ne dûrent pas avoir beaucoup de peine à s'entendre. Le grec n'avoit pas encore été cultivé ni alongé comme il le fut depuis. De nouvelles colonies grecques ayant continué de passer en Italie, et ayant peuplé la Sicile, il y eut un commerce continuel entre les Grecs et les Latins. Toute la partie méridionale de l'Italie fut appelée la Grande-Grèce; les Romains apprirent des premiers les arts, les sciences, et les termes qui leur sont propres; ainsi la langue latine reçut de la grecque la meilleure partie de ses richesses. Mais l'une et l'autre étoient sorties de la même source primitive, et formées des mêmes racines. Les ornemens qu'elles ont successivement reçus, n'ont pu leur faire perdre entièrement leur ressemblance originaire; nous voyons, en les comparant, qu'elles portent encore toutes les marques d'une extraction commune.

Quelques historiens latins ont démêlé, du moins confusément, l'origine de leur langue, lorsqu'ils ont dit qu'elle étoit composée en partie de termes grecs, en partie de mots barbares. Ils appelèrent de ce nom odieux tout ce qui ne venoit pas de la Grèce. Comme ils avoient reçu toute leur érudition de cette nation policée avant eux, leurs grammairiens ont tourné toute leur attention vers le grec, pour trouver les étymologies de leur langue, et lorsqu'ils ne rencontrent pas un mot grec pour expliquer le terme latin, ils sont désorientés. Ils ne savoient pas que le langage qu'ils nommoient barbare, avoit servi de fonds pour le grec aussi bien que pour le latin; et sans l'histoire sainte, l'origine et l'affinité des langues seroient encore un mystère pour nous.

§. IV.

Origine du françois; s'il est emprunté du latin.

A mesure que nous avançons dans l'histoire des langues, le chaos devroit se débrouiller; au contraire il devient plus obscur. L'origine du françois est l'article qui nous intéresse davantage; et c'est malheureusement celui sur lequel on trouve des préjugés plus forts à combattre, et des autorités plus respectables à contredire. Nos écrivains ont fidèlement copié les préventions des Latins sur la naissance du langage; ceux-ci rapportoient tout au grec, ceux-là veulent tout ramener au latin; c'est-à-dire, que si les Romains n'étoient pas venus apprendre à parler aux Gaulois, on ne sait plus quel jargon nous aurions aujourd'hui.

Commençons par restituer aux Latins ce qu'ils nous ont donné, nous revendiquerons ensuite ce qui nous appartient; et nous ferons ainsi justice à tout le monde.

Entre les obligations que nous avons aux Latins, je mets au premier rang la religion; c'est à l'Église romaine que nous en sommes redevables, ce sont des prédicateurs latins qui l'ont établie; le grand nombre des termes qui ont rapport à la religion dans notre langue sont empruntés du latin. Nous avons appris d'eux les sciences, les beaux-arts, et les expressions qui leur sont propres, comme ils les avoient puisés eux-mêmes chez les Grecs.

Pour les arts mécaniques, nos pères les ont connus sans eux, le langage propre aux artisans n'a rien de commun avec le latin. Les Romains ne nous ont enseigné ni l'art militaire, ni la navigation; aussi nos termes de guerre et de marine sont fort différens de ceux dont ils se servoient. Ils ne nous ont pas communiqué les termes simples, les liaisons du discours, les mots qui expriment les choses de premier besoin, ou les usages communs de la vie; la plupart de ces termes sont plus courts en françois qu'en latin, et les Gaulois s'en servoient avant que de connoître l'Italie et ses habitans. C'est cependant ce qui fait le fonds principal de toutes les langues.

La syntaxe de la nôtre n'a aucun rapport avec la construction latine; et cet article seul suffit pour nous rendre suspecte la généalogie que l'on donne communément du françois. C'est la syntaxe qui fait le caractère distinctif des langues, et il est à présumer qu'elles doivent le grand nombre de leurs termes à la même source d'où elles ont tiré leur construction.

On suppose que pendant cinq siècles ou environ que les Gaules demeurèrent sous la domination romaine, le latin absorba tout-à-fait l'ancien langage des peuples, et que jusqu'aux paysans les plus grossiers, tout le monde apprit à parler latin. Je n'opposerai point à cette prétention les monumens de l'histoire, comme a déjà fait M. Bullet mon maître, dans ses Mémoires sur la langue celtique; je me bornerai à une preuve de fait. Depuis environ huit cents ans que le françois a commencé à se former et qu'on le parle dans les Gaules, il n'a pas empêché les patois de subsister toujours dans les provinces, et il y a encore plusieurs contrées en France où l'on peut trouver des gens qui ne savent pas quatre phrases de françois. Donc ces patois subsistoient de même, lorsque les personnes polies parloient latin; donc le latin n'a pas fait dans cinq cents ans, ce que le françois n'a encore pu faire dans huit ou neuf siècles; donc ces paysans parlent encore aujourd'hui le même jargon dont leurs pères se servoient avant les conquêtes des Romains et des Francs.

Quand nos grammairiens nous donnent l'étymologie d'un mot françois, s'ils en trouvent un semblable en latin, ce terme, disent-ils, est tiré du latin. Avant que de l'assurer, il faudroit savoir si ce même terme n'existe dans aucun des patois qui se parlent en France; s'il s'y trouve, il n'est pas probable que nos ancêtres soient allés le chercher en Italie, tandis qu'ils pouvoient le prendre chez eux.

Nous avons vu que les colonies qui ont peuplé l'Italie sont un détachement de celles qui sont venues habiter les Gaules; ces colonies sans doute avoient un langage commun, c'est ce qui a servi de fonds à la langue des Latins comme à celle des Gaulois. Il seroit fort surprenant que ces deux langues n'eussent pas des termes semblables. Puisque les pères ont parlé le même jargon, il est naturel que les enfans puissent encore s'entendre en quelque chose, sans rien emprunter les uns des autres.

Il n'y a pas plus de justesse dans la prétention de ceux qui font venir dans les Gaules des Grecs et des Phéniciens, pour servir de précepteurs à nos ancêtres; tel nom de ville, de port, de montagne, se retrouve dans le grec et dans l'hébreu ; donc ce sont des Grecs ou des Carthaginois qui les ont nommés. Il seroit singulier que ces peuples eussent pris la peine de venir instruire les habitans des Cévennes, des Vosges et du mont Jura. Cependant les patois de ces bons montagnards ont des termes grecs et hébreux; et, ce qu'il y a de plus admirable, la construction de leurs phrases est souvent hébraïque et semble copiée d'après les écrivains sacrés; mais ce phénomène ne peut surpredre que ceux qui ont oublié l'histoire du genre humain et de la propagation des langues.

Sommes-nous suffisamment instruits, lorsque nous avons appris de nos étymologistes que tel mot françois est emprunté du latin, tel autre du grec, celui-ci de l'espagnol, celui-là du teuton ou de l'alemand? Mais les Latins ou les Allemands de qui l'ont-ils reçu? Ne semble-t-il pas que nos aïeux ne subsistoient que d'emprunts, tandis que les autres peuples étoient riches de leur propre fonds? J'aimerois mieux savoir que le mot en question se trouve dans le patois d'Auvergne ou de Picardie; j'en conclurois du moins que c'est un terme ancien parmi nous, et déjà usité chez nos ancêtres. Je serai bien aise d'apprendre s'il nous est encore commun avec les Latins et avec d'autres nations, mais je ne puis souffrir qu'on nous l'envoie mendier ailleurs, tandis que nous l'avons chez nous.

La question de l'origine du françois, si long-temps agitée, est donc à proprement parler une affaire de calcul. Y a-t-il dans cette langue un plus grand nombre de termes tirés des patois, qu'il n'y en a de dérivés du latin? Si la pluralité se trouve dans les patois, leur construction étant plus semblable au françois que celui-ci au latin, la cause est jugée en faveur des patois; ils sont la vraie source de notre langue. Jusqu'à ce que la supputation ait été faite, le procès demeure indécis, et nous devons nous borner à dire, comme les Romains, que notre langage est formé en partie d'une langue polie, et en partie d'un jargon barbare. Mais ce jargon même a été bâti sur le même fonds que les langues les plus élégantes de l'univers, sur les monosyllabes dont se servoient les aïeux du genre humain.

Lorsqu'il m'échappe de dire, dans le cours de cet ouvrage, qu'un terme françois ou latin est dérivé du grec ou de l'hébreu, on comprend en quel sens; c'est-à-dire que leur racine est la même.

Avant que de finir, je prie le lecteur de faire attention que l'ordre que j'ai suivi dans les migrations des peuples est exactement parallèle à la succession des empires. Les premiers ont commencé dans la Chaldée et au voisinage, où étoit le berceau du genre humain; ils ont fait place à la monarchie des Grecs, sous Alexandre et ses successeurs; celle-ci s'est fondue dans l'empire romain, des débris duquel se sont formés les divers états de l'Occident; et les sciences ont suivi la même progression.

§. V.

De la différence des langues.

Un point qui me paroît peu éclairci, et qu'il n'est pas facile de résoudre, c'est de savoir en quoi consiste la différence des langues. Toutes ont été formées des mêmes matériaux, toutes ont entre elles quelque affinité, les unes plus, les autres moins, toutes aussi ont quelque chose de particulier. A quoi doit-on se fixer, pour décider si deux langues sont différentes, ou seulement deux dialectes de la même langue? L'hébreu, par exemple, le syriaque, le chaldéen, sont regardés comme trois dialectes, et non point comme trois langues distinguées; le grec, au contraire, et l'hébreu sont considérés comme deux langages divers. S'ils ont les mêmes racines, comme je le soutiens, à quoi tient-il qu'on ne range le grec parmi les dialectes de l'hébreu?

Cette question, qui paroît peut-être frivole, est dans le fond très sérieuse. Si on pouvoit la décider par des principes clairs, nous prendrions mieux le sens de plusieurs auteurs, dont quelques-uns nous disent que tel et tel peuple avoient la même langue, tandis que d'autres soutiennent qu'ils en avoient de différentes. César, par exemple, assure que les habitans des trois parties des Gaules avoient des lois, des mœurs, des langages divers : doit-on supposer qu'il y avoit effectivement trois langues dans les Gaules, ou seulement quelque différence dans les dialectes?

Si nous supposons que deux peuples ont une langue différente, lorsqu'ils ne peuvent s'entendre l'un l'autre, il faudra multiplier les langues à l'infini. Les Juifs, accoutumés à parler chaldéen à Babylone, n'entendirent plus, à leur retour en Judée, les livres saints écrits en hébreu; il fallut faire pour eux les paraphrases chaldaïques. On a fait de même pour les Syriens une version syriaque de la Bible. Pour citer des exemples présens, un Picard n'entend point le langage d'un Gascon, et ni l'un ni l'autre ne comprennent rien au jargon d'un Auvergnat ou d'un Bourguignon. Il faudra donc admettre autant de langues, qu'il y a de patois en France.

Des écrivains très habiles nous disent d'autre part que l'italien, l'espagnol, le françois, sont trois dialectes du latin; qu'un homme qui sait médiocrement cette langue, peut avec une attention commune entendre les trois autres; tout cela est-il vrai ou faux?

On sent bien que la ressemblance ou la diversité des langues est susceptible de plus et de moins, et qu'il est impossible d'assigner un point fixe qui constitue l'une ou l'autre. 1°. Pour supposer l'identité de deux langues, il ne suffit pas qu'elles aient les mêmes racines; il n'y auroit, selon mon système, qu'une seule langue dans l'univers; 2°. ce n'est pas assez qu'elles aient plusieurs termes composés qui leur soient communs, toutes en ont quelques-uns; mais il faut que ces termes soient en très grand nombre; 3°. il n'importe que ces termes soient prononcés différemment, quoique la diversité de prononciation suffise pour que deux peuples ne s'entendent plus; 4°. c'est surtout à la syntaxe des langues qu'il faut s'arrêter pour prononcer sur leur diversion; et par cette raison, il me paroît que la syntaxe latine étant très différente de la françoise, on ne doit point regarder le françois comme un dialecte du latin; 5°. quoiqu'il soit vrai qu'un françois qui sait le latin, peut aisément entendre l'italien, ce n'est pas une raison de prendre celui-ci pour un dialecte du latin. La facilité qu'a un françois d'entendre le premier, vient principalement de la ressemblance qu'il y a entre la construction italienne et la construction françoise. Mais un Anglois qui auroit d'abord appris le françois et l'italien, n'en seroit pas beaucoup plus avancé pour entendre les bons auteurs latins.

Sur ces principes, on peut conclure que l'hébreu, le grec, le latin, le françois, sont quatre langues très différentes; que si, malgré cette différence, il se trouve encore beaucoup de rapport entre elles, et si elles ont les mêmes racines, il en doit être de même de toutes les autres langues de l'univers. Qu'au contraire l'hébreu, le chaldéen, le syriaque, ne sont que trois idiômes ou dialectes, comme tout le monde en convient. Que de même entre le langage des trois parties des Gaules, au temps de César, il n'y avoit d'autre différence que celle qui subsiste encore aujourd'hui entre les divers patois des provinces.

HUITIÈME DISSERTATION.

SUR L'USAGE QU'ON PEUT FAIRE DES RACINES DES LANGUES ET DE LEUR COMPARAISON POUR EXPLIQUER L'ANCIENNE GÉOGRAPHIE, LA MYTHOLOGIE, ET LE TEXTE HÉBREU DE L'ÉCRITURE SAINTE.

§. I.

On ne peut découvrir les vraies étymologies des noms propres que par comparaison.

QUAND on auroit réussi à développer les vraies racines des langues et l'artifice de leur composition, l'on n'auroit pas grand sujet de s'applaudir de ce travail, si c'étoit un objet de pure curiosité. On a indiqué en général dans la première dissertation les utilités que l'on peut tirer de cet ouvrage; mais personne n'est obligé de les croire, à moins que l'on n'en donne quelque exemple. On croit avoir montré dans la sixième, §. 4, que l'on peut par la nouvelle méthode trouver des étymologies plus justes des termes hébreux que celles que l'on a données jusqu'à présent; et c'est déjà quelque chose. Il s'agit de faire voir encore que son utilité est égale dans les autres langues. Le lecteur remarquera que l'on cherche les étymologies des noms par comparaison; qu'en expliquant un terme hébreu, on donne par-là même le sens de ceux qui lui correspondent dans les autres langues; que c'est leur analogie qui sert de preuve. Il est bon de rappeler ici le principe sur lequel on s'est fondé.

Pour nommer un objet, dans tous les temps et dans tous les pays, les hommes ont fait attention à ses qualités les plus sensibles et les plus frappantes. Tous les peuples, ayant les mêmes organes, ont dû être affectés partout de même, être touchés des mêmes rapports ; par conséquent, dans toutes les langues, on a dû donner à tel objet un nom qui exprimât la même ou les mêmes qualités, qui signifiât la même chose. Les noms divers du même objet, dans les différentes langues, doivent donc être ordinairement la traduction ou l'équivalent les uns des autres. Aussi, on a fait voir que les Hébreux, les Grecs, les Latins, les François, pour désigner le *ciel*, se sont arrêtés tous à l'idée d'élévation, que les noms différens qu'ils lui ont donnés expriment également ce qui est au-dessus de nous : et c'est la première idée qui se présente à l'esprit. Par ce rapport d'analogies, l'on se croit en droit de rejeter les étymologies que des écrivains très habiles ont données de ces mêmes noms, parce que n'étant fixés par aucune règle, ils les ont données à l'aventure. On va le montrer, non plus pour les termes hébreux, mais pour les noms grecs.

Οὐρανός, *le ciel*, n'est point dérivé de οὐρὰ, *la lumière*, puisqu'il signifie aussi *le palais de la bouche ;* mais il vient de ραν, *élévation*, parce que le ciel est au-dessus de nous, comme le palais est au-dessus de la bouche. Voilà certainement le seul rapport qui ait pu leur faire donner le même nom ; il n'étoit pas plus mal de dire en grec *le ciel de la bouche*, que de dire en françois *le ciel d'un lit*. La version syriaque du ps. 22 a conservé la même allusion, verset 16, *Adhæsit lingua mea cœlis palati mei*. Οὐρανὸς ne vient pas non plus de ὄρος, *terminus*, ni de ῥάω, *video*, pour la même raison.

Ὀλυμπὸς, autre nom du ciel, ne vient point de ὅλος λαμπρὸς, *totus fulgens*, comme on l'explique ordinairement; ni de ὀλλύω ποῦς, *perdens pedes*, comme le veut Scaliger, parce que le mont Olympe fatigue les pieds de ceux qui y montent; ni de עלמים בו (holamim bo), *immortales in eo*, comme le prétend le Clerc, parce qu'il est la demeure des immortels. Sa racine est *lop, lup*, élévation. La preuve, c'est que Ὀλυμπὸς est aussi le nom de cinq montagnes connues des géographes; l'une dans la Thessalie; l'autre dans l'Élide, où étoit la ville d'Olympie; la troisième dans l'île de Cypre; la quatrième dans la Mysie; la cinquième dans l'Éthiopie, sur le bord de la mer Rouge. Or ce nom ne peut convenir au ciel et à cinq montagnes qu'à cause de leur rapport général d'élévation. Le Clerc a donc eu tort d'imaginer que le mont Olympe dans la Thessalie avoit tiré son nom de la fable; c'est au contraire l'équivoque du nom *Olympe*, montagne et ciel, qui a donné lieu à la demeure fabuleuse des Dieux sur le mont Olympe, et à toutes les rêveries d'Homère.

§. II.

Application de cette méthode à la géographie.

On comprend par cet exemple, comment l'on doit expliquer les anciens noms des lieux. Leur étymologie ne doit point être tirée de la fable, et rarement de l'histoire, parce que les lieux ont été nommés avant la plupart des événemens, vrais ou faux, dont on croit qu'ils ont été la scène; et rarement un fait historique a pu faire oublier le nom déjà usité d'un lieu, pour lui en substituer un nouveau. Il faut convenir qu'un grand nombre de villes ont porté les noms de leurs fondateurs, mais alors leur fondation est une époque connue dans l'histoire. Cela n'est arrivé qu'à celles qui ont été créées tout à coup, ou rebâties par des souverains ou des conquérans, non pas à celles qui se sont formées par des accroissemens insensibles. Pour les montagnes, les mers, les lacs, les rivières, les îles, les provinces, les royaumes, ils ont ordinairement tiré leurs noms de leurs qualités, ou génériques ou particulières; les montagnes, de l'idée générale de hauteur; les lacs et les fleuves, du terme générique d'eau ou de courant; les villes, du mot commun d'habitation ou d'enceinte, ou des collines, des rivières, des forêts, près desquelles elles étoient assises.

Les différens lieux ont sans doute été nommés par leurs premiers habitans. Or, comment pouvoit s'y prendre une famille de colons, nouvellement arrivée dans une contrée, pour désigner les différentes parties de son domaine? Ici c'est l'habitation, la demeure; là, c'est la plaine ou la campagne; d'un côté le ruisseau ou la rivière; de l'autre la montagne, le rocher, ou la forêt; plus loin le marais, ou le vallon, etc. C'est ainsi que les villageois dressent encore aujourd'hui la topographie de leur territoire, et toutes les nations ont fait de même. Ces noms simples et communs, imposés d'abord par les pères, furent conservés par leurs enfans et se perpétuèrent; voilà pourquoi l'on trouve tant de noms de lieux ou identiques ou synonymes, c'est que les lieux se ressemblent. Lorsque plusieurs familles, fixées dans un même continent, eurent établi un commerce entre elles, et que l'on put passer d'une contrée dans une autre, on les distingua de même par leurs propriétés. Un canton se nomma le pays gras et fertile; l'autre le pays des forêts et des broussailles; celui-ci le pays montueux ou pierreux; celui-là le pays bas ou aquatique, etc. Quand il fut question de désigner des pays lointains dont on n'avoit pas une connoissance détaillée, il fallut les caractériser par les points cardinaux qu'indiquoit le cours du soleil : ainsi l'on distingua les terres de l'Orient et celles du Couchant; les régions du Midi ou de la chaleur, et celles du froid ou de la bise. Les habitans des campagnes se servent encore de la même méthode pour distinguer et limiter leurs héritages.

Faute d'avoir réfléchi sur ce procédé enseigné par la nature, les Grecs, et les Latins leurs copistes, ne nous ont débité que des rêveries sur l'ancienne géographie; et les savans modernes, quoique beaucoup plus sensés, ont envisagé souvent les noms de lieux comme s'ils avoient été donnés sur une mappemonde par des géographes occupés à arpenter l'univers. Parce qu'ils ont trouvé une signification à ces noms dans l'hébreu, ils les ont attribués à des Phéniciens, comme si les autres nations n'avoient pas eu l'esprit de désigner leurs propres habitations : ce n'étoit pas assez de chercher les racines des noms dans l'hébreu, il falloit les montrer encore dans la langue du pays où les lieux sont situés. Il est naturel sans doute de puiser l'étymologie du nom d'une ville de la Grèce dans la langue grecque, d'un fleuve d'Italie dans la langue latine, d'une montagne des Gaules dans l'ancienne langue des Gaulois. Il falloit se mettre à la place des premiers habitans, pour sentir comment ils ont envisagé les objets pour les distinguer. Il falloit enfin comparer les noms dans les diverses langues, comme l'on tâche ici de le faire, et comme on va l'essayer dans quelques exemples. Les noms propres ayant moins changé que les noms appellatifs, ils doivent avoir mieux conservé la structure de l'ancien langage, et mieux faire sentir la signification des racines.

EUROPE.

Si nous demandons aux Grecs pourquoi l'on a nommé Europe le pays que nous habitons, leur réponse est toute prête; c'est à cause d'Europe, fille d'Agénor, roi de Phénicie. Il seroit à propos de nous apprendre d'abord quelle relation il y avoit entre l'Europe et cette aventurière, et comment l'Europe avoit pu manquer de nom jusqu'à elle.

Les Hébreux nommoient cette partie du monde כתים (kitthim, kethim), de *ket*, *couverture*, *obscurité*, d'où est formé le grec κεύθω, *cacher*, et σκοτός, *ténèbres*. Ils l'appeloient donc le pays du soir ou de la nuit; et, par la même analogie, du verbe ἐρέφω ou ἐρέπω, *couvrir*, *obscurcir*, les Grecs formèrent Εὐρώπη, *l'Occident*. Aujourd'hui encore les Européens sont nommés les Occidentaux à l'égard des Asiatiques. Les Grecs transmirent ce nom aux Latins, qui apprirent d'eux la géographie, et nous l'avons reçu de ces derniers.

Hésiode, dans sa Théogonie, parle d'une nymphe Europe, fille de l'Océan et de Thétys. Cela signifie sans doute que l'Europe est le pays environné par l'Océan et la Méditerranée; ce qui est très vrai. On a vu, sixième dissertation, §. 3, que les mêmes racines, qui dans les langues expriment *fils* et *fille*, signifient aussi *ce qui touche*, *ce qui avoisine*, *ce qui lie* et *environne*, et l'équivoque du terme a donné lieu à la fable. Thétys, chez les anciens Grecs, étoit sûrement la Méditerranée, puisque c'est la seule mer qu'ils ont pu connoître d'abord.

Bochart a dérivé le nom des Européens de הר אף (hour op), *visages blancs*; mais cette épithète n'auroit pas pu les distinguer des Asiatiques, qui n'ont pas le visage noir.

ASIE.

En suivant toujours la même analogie, les Grecs et les Latins ont nommé Ἀσία, *Asie*, les pays orientaux à notre égard, et en particulier l'Asie mineure, qui est à l'orient de la Grèce. Or, dans toutes les langues, *orient* est synonyme de *levant*, et analogue au verbe *lever*, *élever*; c'est le lieu où le soleil se lève, d'où il monte sur notre horizon. Tous les termes qui le signifient sont dérivés des racines qui expriment *élévation*, *hauteur*; קדם (kedem) en hébreu, ἀνατόλαι en grec, *oriens* en latin, *levant* en françois. Ασία est donc le même terme que הַשִּׂיא (hissia) *lever* ou *élever* en hébreu, *hausser* en françois; ἄζον, *haut*, *élevé* en grec; *ausus* de *audeo* en latin, *qui s'élève par son courage*.

Les Grecs, à leur ordinaire, font venir le nom d'Asie, d'une nymphe *Asia*, fille de l'Océan et de Théthys, fable uniquement fondée sur ce que l'Asie, aussi bien que l'Europe, touche l'Océan d'un côté, et la Méditerranée de l'autre.

Bochart le tire de חצי (hatsi) *milieu*, parce que l'Asie est située entre l'Europe et l'Afrique. Cette étymologie conviendroit, si ce nom eût été donné par un géographe instruit de la situation des trois parties du monde; mais les anciens Grecs n'en savoient pas tant.

AFRIQUE.

L'Afrique a reçu ce nom des Latins; et *Africa* dans leur langue est le même terme que *apricus*, exposé au soleil, et *apricari*, se chauffer au soleil, comme l'ont remarqué Servius et Isidore. La racine est *ric*, *fric*, le feu ou la chaleur, qui se retrouve dans le chaldéen חרך (harac), *brûler*; dans l'hébreu ברק (baraq), *un éclair*; dans le grec φρυκτὸς, dans le latin *frictus*, rôti au feu ; dans le françois *fricasser*, et mieux encore dans le patois *fricot*.

On pourroit supposer que *Africa* vient de *afer*, qui est plus simple ; or, *afer* signifie *rouge* et *brûlé* ; sa racine est *phar, far*, d'où sont formés l'hébreu חפר (chafar), *rougir, avoir honte* ; le grec πῦρ et πορφύρα ; le latin *purpura* et *pyra* ; le françois *pourpre*, qui signifie la couleur de feu, et une maladie qui fait paroître des taches rouges sur la peau ; enfin le patois *porpureau*, qui signifie la petite vérole.

Les Hébreux nommoient les Africains לובים (lubim, loubim) de *loub*, le feu, la chaleur, la soif ; c'est l'idée de Virgile : *at nos sitientes ibimus Afros*. Les Grecs les appeloient Λιϐύοι, et le vent d'Afrique λίψ ; c'est le même nom que l'hébreu. Nos paysans appellent encore aujourd'hui les pays méridionaux, *les pays chauds*.

Bochart a rejeté cette étymologie pour dériver *Africa* de פריק (pheriq), *un épi*, à cause de l'abondance du bled qui croît en Afrique. Mais cette fertilité ne suffisoit pas pour la distinguer de la Sicile, qui peut le lui disputer sur cet article.

Les grammairiens latins ont dit que *Africa* étoit formé de α privatif, et φρίκη, *froid, tremblement*, parce qu'on ne tremble jamais de froid en Afrique. Cette étymologie est tirée. On sait d'ailleurs que le sommet du mont Atlas est toujours couvert de neige, qu'il en sort des fleuves dont l'eau est d'un froid mortel, et que le Nil ne croît en Égypte que par la fonte des neiges qui couvrent les montagnes d'Éthiopie. On peut donc trembler de froid en Afrique.

ÉGYPTE.

Les Hébreux appeloient l'Égypte מצר, מצרים (metsar, mitsraïm) du nom d'un des fils de Cham; qu'est-ce que ce nom signifie? Les Grecs la nommoient Αἴγυπτος, à cause, disoient-ils, d'un certain roi Ægyptus; telle est leur méthode. Des savans modernes ont tiré ce nom de Κόπτος, *Coptus*, ville de la Thébaïde. Mais il seroit bien singulier qu'une ville eût donné son nom à un royaume dont elle n'étoit point la capitale, et où il y en avoit d'autres plus considérables. L'Egypte existoit sans doute et avoit un nom avant que Coptos fût bâtie; d'ailleurs pourquoi cette ville étoit-elle ainsi appelée?

Metsar a pour racine *tsar, tser*, serrer, environner, fermer; *gup, cup, cop*, ont le même sens. Si donc celui des fils de Cham qui s'est allé établir le long du Nil, est le premier qui se soit avisé de faire des fossés et des levées de terre pour s'enfermer, et faire écouler les eaux du Nil après leur crue, c'est avec raison qu'on lui a donné le nom de *Metsar, le faiseur de levées et de fortifications*, et à son pays celui de *Mitsraïm, les levées, les fortifications, le pays environné de fossés*. C'est encore avec justesse qu'on l'a traduit en grec par Αἴγυπτος qui en est l'équivalent, et qui répond au verbe chaldéen הגיף (heghip) *fermer, environner*. Par conséquent Κόπτος a signifié de même *la ville environnée et fermée*, comme κῆπος signifie *un jardin* ou *un enclos*. Par ce moyen nous n'avons plus besoin du roi Ægyptus, ni des rêveries des Grecs.

Cette étymologie est confirmée par la Vulgate, qui traduit מצור (matsor), 4 Reg. 19, 24; Is. 19, 6, et 37, 25, par *aquæ clausæ*, et *rivi aggerum*; l'Egypte pouvoit-elle être mieux caractérisée que par ce nom? Il paroît que *ma* est ici le singulier de מים (maïm) *les eaux*, et *tsor*, l'adjectif *serré* ou *fermé*. On se souvient encore que la fameuse bataille de la *Massoure* en Egypte, sous St. Louis, se donna dans un terrain environné d'eau; c'est l'ancien nom hébreu.

L'Egypte est appelée *Terra Cham*, ps. 105, 23; or *cham*, *chom*, en hébreu, peut encore exprimer enceinte ou clôture, puisque חמה (chomah) signifie *mur, enceinte, maison*; c'est toujours le même sens.

Enfin elle se trouve nommée ἀερία, selon Etienne de Bysance; c'est la racine *ar*, *er*, qui exprime de même *serrer, fermer*, comme on le voit dans αἴρω, *necto, arceo*, etc. Une preuve de cette signification, c'est que ce même nom a été aussi donné, selon Pline, à l'île de Thasos et à l'île de Crète, parce qu'il exprime *un terrain environné d'eau*.

LA MER ROUGE.

La mer d'Arabie étoit appelée par les Hébreux la mer des joncs et des herbes, ים סוף (jam suph) parce qu'ils y croissent en si grande abondance, qu'en plusieurs endroits les vaisseaux ont peine à s'en débarrasser, ce qui rend la navigation périlleuse. Les Septante et les anciens auteurs grecs traduisirent ce nom par ἐρυθραία θαλάσσα, du mot ἐρυθρὸς, espèce de lierre ou d'arbrisseau, qui s'attache comme les herbes marines et qui leur ressemble, dont le nom est dérivé de ρυθὴρ, *bride*, *lien;* la version étoit fidèle. Mais les Latins confondant ce terme avec ἐρυθρὸς, *rouge*, traduisirent *mare rubrum*, la mer Rouge; et les voyageurs, aussi bien que les grammairiens, ont cherché fort inutilement cette prétendue rougeur de la mer d'Arabie.

Il est bon de remarquer que *suph*, φύκος, βρύον, *alga*, *l'algue marine*, ou *les joncs*, sont tous des noms formés de racines qui expriment *un lien*, *une corde*, parce qu'avant l'invention du lin et du chanvre, on s'est servi d'herbes, et surtout d'herbes aquatiques pour faire les cordes et les liens. C'est pour la même raison que les noms divers qui expriment *le lin* en hébreu et dans les autres langues, sont tous synonymes de *lier* ou *attacher*.

Bochart a cru que le nom ἐρυθραία venoit d'Esaü ou Edom, dont le nom se traduit en grec par ἐρυθρὸς; on sent bien que cette allusion est sans fondement.

CHANANÉENS, PHÉNICIENS.

De tous les noms des anciens peuples, il n'en est peut-être aucun de plus célèbre, ni dont l'origine soit plus obscure que celui des Phéniciens. Les uns ont dit, selon la méthode des Grecs, qu'il venoit d'un certain Phénix, fils de Neptune et de la nymphe Libye; fable fondée sur ce que les premiers Phéniciens qui abordèrent en Occident, y vinrent de Libye ou de Carthage, montés sur des vaisseaux. Les autres, que Phénicien signifie *rouge*, parce que ces peuples habitoient les bords de la mer Rouge, pure équivoque dont je viens de montrer la source. Certains ont prétendu que ce nom faisoit allusion à la couleur de pourpre dont on faisoit grand commerce à Tyr; quelques-uns l'ont rapporté aux palmiers appelés φοίνικες. Bochart l'a expliqué par בן ענק (ben anak) *fils des géans* ou *des héros*. Toutes ces étymologies sont purement arbitraires.

Il est incontestable, et le même Bochart l'a très bien prouvé, que les Phéniciens sont la postérité de Chanaan, et le même peuple qui est appelé Chananéens dans l'Écriture sainte; il est étonnant que cet habile homme n'ait pas aperçu que ces deux noms expriment la même chose, que l'un est la traduction de l'autre. כנען (chenâan) signifie *un marchand, un négociant;* or, *Pœni, Phœni, Phœnices*, qui a pour racine פן (pen, phen) *de l'argent, le trafic, l'usure*, ne donne pas une autre idée. פנינים (pheninim) en hébreu, signifie *des richesses* ou *des bijoux;* ἄφενος, ἄφνος, a le même sens en grec. *Pœni, Phœni*, est évidemment en latin le même terme que *fœnus*, le profit, l'usure, et que notre vieux mot *fenin*, argent, dont nous avons formé *finance, financer, financier*. Un Phénicien ou un Chananéen est donc un négociant. Personne n'ignore que les peuples de la Syrie et de la Palestine furent les premiers qui s'adonnèrent au commerce. Dès le temps de Jacob, c'est-à-dire vers l'an 2300 du monde, nous voyons les enfans d'Ismaël porter en Égypte des drogues et des parfums. Cette inclination s'est conservée parmi les descendans de Chanaan, surtout chez les Carthaginois, qui en étoient une colonie, et elle se soutient encore aujourd'hui chez les Juifs.

Bochart prétend que ces peuples ne voulurent point conserver le nom de Chananéens, à cause de la malédiction portée contre Chanaan leur père; mais ce fait est certainement faux, puisque du temps de Jésus-Christ on le leur donnoit encore, témoin la Chananée dont il est parlé, Matth. 15, 22, qui venoit des environs de Tyr et de Sidon. Il est vrai que les Grecs et les Latins ne connoissoient point ce nom, parce qu'il étoit syriaque; mais ils lui substituoient celui de Phéniciens qui exprimoit la même chose dans leur langue. Or, ni chez les uns, ni chez les autres, le nom de marchand ou négociant n'étoit une injure.

§. III.

Application des mêmes principes à la mythologie.

Personne n'ignore les divers systèmes imaginés par les savans pour découvrir l'origine de l'idolâtrie et des fables du paganisme, ni les difficultés qu'on y a opposées. Les uns ont prétendu que toute la mythologie n'étoit autre chose que l'histoire sainte défigurée et corrompue, que les Grecs et les Latins avoient adoré sous les noms de leurs dieux les ancêtres du peuple juif. Mais on a peine à comprendre comment les Grecs ont pu avoir connoissance d'Abraham ou de Moïse, dans un temps où les nations avoient peu de commerce entre elles, où, bornées à satisfaire les besoins de la vie, elles s'informoient peu de ce qui se passoit ailleurs. Qu'importoit aux habitans de l'Ionie ou du Péloponèse de savoir ce qu'on faisoit dans la Palestine? Quand ils l'auroient appris par hasard, quel eût été le motif de leur vénération pour des personnages étrangers? S'ils eussent choisi ces hommes respectables pour les objets de leur culte, ils les eussent honorés sans doute sous les mêmes noms, sous lesquels on les leur eût fait connoître.

D'autres ont imaginé que l'écriture hiéroglyphique ou symbolique des Egyptiens avoit donné lieu à l'idolâtrie de ce peuple, et qu'il l'avoit communiquée aux autres nations. Si cela étoit, il leur eût transmis en même temps le culte qu'il rendoit aux animaux et aux productions de la nature; et c'est ce qui n'est point arrivé. Dans le temps où les Sages de la Grèce allèrent voyager en Egypte, les Grecs avoient déjà une religion, et aucun monument ne nous apprend qu'ils en aient changé.

Plusieurs pensent que les fables grecques sont l'histoire de la Grèce même, embellie ou plutôt altérée; que par ignorance et par grossiéreté les enfans changèrent bientôt en culte religieux le respect et la reconnoissance qu'ils conservoient pour leurs pères, pour les fondateurs des villes et des états, pour les inventeurs des arts et des sciences : que les poètes, habitués à personnifier toutes choses, augmentèrent l'erreur en créant de nouveaux êtres que l'on s'accoutuma insensiblement à regarder comme des personnages réels; que les équivoques et l'oubli de l'ancien langage ont fait transformer en aventures romanesques des histoires très simples et très communes; qu'enfin les usages purement civils, dont on avoit perdu de vue le véritable objet, devinrent des cérémonies mystiques; que les passions attentives à profiter des erreurs populaires joignirent bientôt le libertinage à la superstition, et achevèrent ainsi l'ouvrage monstrueux que l'ignorance avoit commencé.

Ce système, mieux lié que les autres, trouveroit peut-être plus de partisans, si on n'y avoit pas mêlé des accessoires capables de le décréditer. Comme on trouvoit dans l'hébreu l'étymologie de plusieurs noms des dieux, on a fait revenir encore les Phéniciens sur la scène; l'on a supposé que c'étoient eux qui, par des narrations entendues de travers, avoient donné lieu à l'erreur.

Si on eût commencé par montrer que le grec et l'hébreu ont les mêmes racines, le ministère des Phéniciens devenoit inutile, et on eût trouvé dans le grec même, l'explication des fables grecques.

Je ne suis point en état de disputer d'érudition avec les deux plus illustres partisans de cette opinion, Bochart et le Clerc; mais il me semble que l'on peut simplifier leurs idées, ne pas tirer les étymologies de si loin, et à l'aide de leurs lumières, approcher un peu plus près de la vérité.

Je ne prétends cependant pas, en suivant le même système, renoncer entièrement aux deux autres. La mythologie ayant été un ouvrage d'ignorance et de fantaisie, formé en plusieurs temps et en différens lieux, diverses causes y ont contribué, et sans doute qu'il faut les rassembler toutes pour rendre raison de toutes les fables. Les partisans de la première opinion en ont expliqué quelques-unes assez heureusement; ceux qui tiennent pour l'écriture égyptienne ont donné de même quelques dénouemens fort ingénieux; on peut profiter des uns et des autres. Les Grecs ont pu apprendre quelques fables des Egyptiens ou des Phéniciens; pour le fond de leur mythologie, c'est autre chose. Je penche à croire que les équivoques du langage et l'ignorance des opérations de la nature ont été le principe le plus fécond des extravagances du paganisme, et que l'on en peut retrouver le germe dans les opinions et les usages qui subsistent encore aujourd'hui parmi les peuples de la campagne.

D'abord il me paroît que l'équivoque du nom de *Dieu* dans toutes les langues, a été une des sources de l'idolâtrie. Ce nom, comme l'a très bien remarqué le Clerc, n'a signifié dans son origine qu'*une nature supérieure, élevée au-dessus de nous; un être respectable, à qui l'on doit de l'honneur.* אדון, אל, אלוה (adon, el, eloah), en hébreu; Θεὸς, Ζεὺς, Διὸς, en grec; *Deus, numen*, en latin; *Dieu* en françois; *Duë, Dei, Dey, Diou*, dans les patois, n'expriment rien autre chose que *supérieur, élevé en dignité*. Dans l'impossibilité où étoient les hommes de connoître et de caractériser la Divinité en elle-même, pouvoient-ils mieux la désigner qu'en l'appelant *l'Être supérieur, l'Être souverain?*

Je dois la preuve de cette étymologie; et cette discussion, quoique peu agréable, est absolument nécessaire. *Adon* a certainement pour racine, *don, den, dun, élevé* ou *élévation*, au propre et au figuré. Δεινός, en grec, *grand* ou *terrible;* δυνατὸς, *grand, puissant, capable, honorable. Idoneus*, en latin, *digne* ou *capable;* en ancien françois, *dun, dune,* élévation, et *don,* titre d'honneur.

El, al, en hébreu, est le même que *altus* en latin; ἅλλομαι, en grec, *bondir, sauter, s'élever par des sauts;* ἄλθω, *augmenter, faire croître, élever, nourrir,* comme *alo; altier,* en françois, *superbe,* sont tous dérivés de cette racine.

Celle du mot *eloha* est *lo, lou,* d'où est venu notre verbe *louer,* synonyme à *exalter,* et ἀλύω, en grec, *s'élever, s'enorgueillir;* λ α, λι sont augmentatifs en composition grecque; λιαν, *fort* ou *beaucoup;* κλείω, *honorer, rendre célèbre;* les Latins l'ont conservé dans *inclytus; lie,* en patois bourguignon, *grand, excellent; chère lie,* grande chère, excellente chère.

Θεὸς, *Dieu,* en grec a le même sens, puisque τίω signifie *honorer;* Θύα, Θυία, *cèdre* ou *pin,* arbres fort élevés. *Ta* lui est équivalent dans les langues orientales; *Phtà,* nom de Dieu en cophte, et תו (thau) en hébreu signifie quelque chose d'élevé, d'exposé à la vue pour servir de signe, *un poteau.* Il avoit encore le même sens en latin, où *Tata* signifioit père, et dans le moyen âge, ç'a été un nom de dignité. Nous le retrouvons aussi dans les Gaules; *tayon,* en picard et en vieux françois signifie *grand-père,* et dans le style des eaux et forêts, *tayon* est un vieux chêne.

Dey, Duë, Dieu, Deus, Dius, Divus, sont originairement le même mot que Θεὸς, par le changement facile du *t* en *d*; ils expriment tous *grandeur*, *élévation*, et par analogie *quantité*, די (deï) en Arabie est le chef de l'état; le *Dey* d'Alger; די (daï, deï), en hébreu et en chaldéen, *quantité et abondance*. *Doge* à Venise et à Gênes est le chef de la république; δέ est augmentatif en composition grecque et latine; *dais* en françois est un pavillon élevé pour servir de couverture.

Ζεὺς, autre nom synonyme à *Deus*, est encore le même en changeant le *d* en *dz*; ζα est augmentatif en grec; ἄω *souffler*, ζαὴς, *qui souffle impétueusement* : il est analogue à notre adverbe *sus* et *çà*; on sait que le *z* est une lettre étrangère aux Latins et aux Gaulois.

Au lieu de Ζεὺς et Διὸς, les Romains disoient *jou*, *joupiter*, *jou-pater*, *jovis*. On sent l'affinité des deux syllabes *zou* et *jou*. Ce dernier signifie encore *élévation* en françois et dans les patois; *être à jou*, c'est *être perché* ou *élevé*, d'où est venu *jucher*; *jou*, en vieux gaulois, *sapin*, arbre fort élevé; *joue* est une élévation sur le visage, et *jouir*, c'est être le maître : aussi *jou* chez les Latins désignoit encore le ciel; *sub Jove*, sous le ciel, à la belle étoile. On dit qu'il en est encore ainsi chez les Chinois, où le même terme signifie le *ciel*, et *le Dieu du ciel*. Cette racine n'est point inconnue aux Orientaux; j'y rapporterois volontiers יה (jah) l'un des noms de Dieu, quoiqu'on lui attribue communément une autre origine. Je ne parlerai pas de *numen*, on sait bien qu'il ne signifie rien autre chose que *puissance*; mais j'observerai en passant qu'il n'est pas étonnant que les noms אל et יה se trouvent en hébreu dans une infinité de noms propres ; c'est que dans leur origine ce sont deux syllabes augmentatives.

Il est certain par ce détail que toutes les nations se sont accordées à caractériser la Divinité par l'idée d'élévation, de grandeur, de puissance, de supériorité. Mais comme ces qualités pouvoient convenir aux hommes dans un degré inférieur, on a malheureusement donné à plusieurs d'entre eux un titre qu'on auroit dû réserver pour le seul Être suprême, et les sentimens de respect que l'on avoit pour eux ont ainsi dégénéré en culte religieux.

On a donc attribué le nom de Dieu d'abord aux ancêtres, dans le même sens que les Latins les nommoient *majores*; ensuite aux rois dont on reconnoissoit par-là l'autorité, et de là est venue la multitude de ceux que l'on nommoit *Zeus*, ou *Jupiter*. On l'a donné aux juges, aux savans, qui avoient enseigné quelque chose d'utile, comme nous leur donnons encore aujourd'hui la qualité de *maître*.

On a nommé de même les esprits ou intelligences à qui l'on attribuoit les phénomènes de la nature dont on ne connoissoit pas le principe, parce qu'on regardoit ces esprits comme des êtres plus puissans que nous. Un homme épouvanté par le bruit et les effets du tonnerre, dont il ne comprend pas la cause, n'a d'autre ressource pour calmer son imagination effrayée que d'attribuer ce météore à un esprit puissant qui en est l'auteur ; et voilà Jupiter armé de la foudre. C'est ainsi que le peuple se figure encore aujourd'hui que les orages sont suscités par des démons ou par des sorciers. Un laboureur frappé des merveilles de la végétation, et qui n'en conçoit pas le mécanisme, se persuade qu'elle est l'ouvrage d'une intelligence bienfaisante qui y préside ; de là sont nés Cérès, Pomone et Bacchus. Celui-ci, à la vue d'une fontaine, d'une rivière dont la source ne tarit jamais, incertain d'où peuvent venir ces eaux dont il ne voit pas l'origine, cherche à soulager sa peine, en supposant qu'un génie les fournit par un pouvoir supérieur, et cette créance enfanta les dieux des fleuves et des eaux. Celui-là, maîtrisé par une passion qui l'emporte malgré lui et qui le tyrannise, en accuse un esprit malfaisant plus puissant que lui, comme le peuple attribue au diable tout ce qui lui arrive de sinistre ; voilà comme ont été créés Vénus, Plutus, Mars, Némésis, etc.

Dès qu'une fois l'on a eu commencé d'établir ces divinités factices et commodes, elles ne coûtoient rien à multiplier ; l'on n'y a pas épargné la peine, et on leur a donné des noms qui expriment leurs caractères et leurs fonctions. On en verra bientôt un exemple [1].

[1] C'est une idée aussi ancienne que le monde et universellement répandue, que la matière ne se meut point d'elle-même, qu'il faut un esprit pour lui donner le branle, surtout pour produire des mouvemens réguliers. Lorsque des peuples sauvages ou peu habiles dans les arts ont vu pour la première fois une montre, ils n'ont pas manqué de supposer qu'une intelligence renfermée dans cette machine en faisoit jouer les ressorts et en régloit la marche ; pour peu qu'on eût voulu aider leur admiration, ils se seroient prosternés devant une horloge. La même persuasion a fait croire aux peuples encore grossiers que les différentes parties de la nature où ils remarquoient des phénomènes constans et réguliers, étoient animées ou conduites par autant d'intelligences différentes ; encore une fois, que l'inertie soit

Les premières colonies qui vinrent peupler la Grèce, apportoient avec elles la créance d'une Divinité suprême et unique, aussi bien que l'habitude de lui faire des offrandes et des sacrifices, et de lui demander des bienfaits. Ces usages une fois établis ne se perdent plus, parce que le sentiment continuel du besoin les entretient et les perpétue. Mais lorsque l'imagination fut frappée de la présence d'un esprit ou intelligence particulière qui présidoit à telle partie de la nature, on perdit de vue l'Auteur unique de l'univers, pour ne plus faire attention qu'à ce Dieu particulier dont on avoit besoin pour le moment présent. Ainsi les fêtes et les sacrifices de la moisson et des vendanges ne furent plus célébrés à la gloire du seul Dieu créateur de toutes choses, mais à l'honneur de Cérès et de Bacchus. C'est la pente invincible du peuple grossier de particulariser les objets de son culte, et jusque dans la plus spirituelle de toutes les religions, l'on a une peine infinie à le garantir de cet écueil. L'esprit humain ne s'accoutume point à l'idée d'un être immense, infini, qui suffit à tout ; l'imagination fatiguée du poids de cette majesté qu'elle ne comprend point, cherche à se mettre à son aise, veut en partager les attributs et les fonctions. Telle est sans doute l'origine de l'adoration des anges, que les anciens Pères de l'Eglise ont reprochée aux premiers hommes.

On alla plus loin. Il y avoit eu des hommes

---

essentielle à la matière, c'est une idée puisée dans la nature ; les matérialistes, avec toutes leurs subtilités, ne viendront jamais à bout de l'arracher du sein de l'humanité.

célèbres, à qui l'on avoit donné le même nom qu'à certaines divinités, à cause de quelque art qu'ils avoient inventé ou enseigné, de quelque exploit par lequel ils s'étoient signalés. Il étoit tout simple que l'on appelât Cérès ou boulangère une femme qui avoit montré à préparer le blé et à faire le pain ; et Bacchus, ou donneur de liqueur, celui qui avoit introduit l'usage du vin. Bientôt l'identité du nom fit confondre ce personnage avec l'intelligence ou divinité particulière que l'on croyoit présider à la moisson et aux vendanges, et l'on attribua à cette divinité toutes les aventures d'une ou de plusieurs personnes, qui souvent avoient vécu en différens temps et en différens lieux. De là, il a résulté un assemblage monstrueux d'histoires qui se contredisent, et que les poètes ont habillées comme il leur a plu [1] ; les mythologues eux-mêmes, pour débrouiller ce chaos, ont été forcés de reconnoître qu'il y avoit eu plusieurs Jupiter, plusieurs Bacchus, plusieurs Vénus, etc., et cela est vrai.

Il n'y a qu'à jeter un coup d'œil sur la théogonie d'Hésiode, on verra qu'il commence par un reste de tradition informe de l'histoire de la création ;

---

[1] Les contradictions des historiens et des mythologues ne peuvent surprendre, dès que l'on sait que l'origine des fables n'est autre que l'histoire naturelle et civile grossièrement expliquée. On conçoit pourquoi Diodore de Sicile retrouvoit en Egypte le fond de la plupart des fables grecques. C'est que les phénomènes de la nature et les usages primitifs de la vie ont été les mêmes en Egypte et dans la Grèce ; il n'est pas étonnant qu'ils aient occasionné les mêmes équivoques et les mêmes contes chez des peuples divers. De là étoit venu ce préjugé des Romains qui croyoient voir les dieux de Rome dans les divinités gauloises, et le culte d'Isis chez les Germains.

qu'ensuite personnifiant le ciel, la terre, toutes les parties de la nature, il mêle leur généalogie à celle des premiers chefs de colonie qui ont peuplé la Grèce, et que cette confusion ridicule de dieux et de héros, d'êtres imaginaires et de personnages réels, n'est qu'une rapsodie sans suite et sans raison, dont on peut expliquer des morceaux détachés, mais dont on ne concevra jamais l'ensemble.

Les Métamorphoses d'Ovide ne sont fondées que sur l'équivoque des noms des personnages qu'il met sur la scène. Ce sont des hommes changés en bêtes ou en arbres, parce qu'ils en portent les noms. Un roi devient loup parce qu'il s'appelle Lycaon, une tisserande est changée en araignée parce qu'elle s'appelle Arachné, c'est-à-dire *faiseuse de toile*, comme l'insecte à qui l'on a donné le même nom pour la même raison, et ainsi des autres.

Une preuve toujours subsistante que les fables doivent leur origine à l'ignorance des phénomènes de la nature, et aux équivoques du langage, c'est l'opinion qui règne parmi les peuples de la campagne sur les feux nocturnes ou exhalaisons enflammées, dont ils ne comprennent pas la cause. Ces feux, très communs dans les pays marécageux, se nomment dans quelques patois *clar* ou *clà*, c'est-à-dire *clarté*, et par corruption *cula*. Cette prononciation vicieuse ayant fait perdre de vue le vrai sens du mot, et le peuple se figurant qu'une clarté en l'air ne peut être produite que par un esprit, *Cula* est ainsi devenu un personnage.

Cula, dit-on, se tient la nuit auprès des eaux et

des marais, pour égarer et faire périr ceux qui sont assez imprudens pour s'approcher de lui. Si on veut s'enfuir alors, il court après le fuyard, et ne le quitte point qu'il ne l'ait conduit au bord du précipice. Pour s'en débarrasser, ajoute-t-on, il faut ramasser une pierre et la jeter dans l'eau; alors *Cula* saute après la pierre et fait un éclat de rire, croyant avoir noyé sa proie. Le plus sûr, c'est de s'en éloigner d'abord le plus qu'on peut.

Il est aisé de distinguer ce qu'il y a de physique et de vrai dans cette narration, d'avec ce qu'une imagination effrayée y ajoute de fabuleux, et qui varie sans doute dans les anciennes provinces où ce phénomène est aperçu. On voit que les ignorans se ressemblent partout, et envisagent les choses de même. C'est ici un échantillon du canevas sur lequel ont été bâties les anciennes fables. Si *Cula* étoit tombé entre les mains des Grecs, ils en auroient tiré bon parti; ils lui auroient donné des ancêtres, des aventures, une postérité; au lieu qu'il n'est connu parmi nous que des bergers et des valets d'écurie, il tiendroit une place honorable parmi les dieux du paganisme.

Le peuple pense de même de la conduite singulière des somnambules. Comme il ne peut pas se persuader que des hommes endormis soient capables d'agir, il aime mieux attribuer leurs actions aux lutins, aux esprits follets, aux revenans; et de là sont nées tant d'histoires que l'on en fait dans tous les pays du monde.

Il est bon d'ajouter ici un exemple de la manière

dont les équivoques du langage ont donné lieu à des pratiques superstitieuses. Autrefois, pour vouer ou destiner une offrande à un saint que l'on invoquoit dans quelque maladie, on disoit, par exemple, *ployer une offrande à saint Blaise; ployer* dans ce sens est le primitif des mots françois *emploi*, *employer*. Le peuple dit encore *s'employer à quelque chose*, pour *s'y adonner, s'y appliquer*. De bonnes femmelettes, prenant le terme de *ployer* dans sa signification propre, se sont imaginées que pour vouer une offrande, il falloit faire la cérémonie de plier la pièce de monnoie que l'on destinoit à cet usage ; et je l'ai vu pratiquer ainsi fort sérieusement.

Sur ces principes on va tenter l'explication de quelques fables. Si on se rencontre en quelque chose avec ceux qui ont traité les mêmes matières, c'est sans avoir eu intention de les copier.

BACCHUS.

Il seroit inutile de vouloir concilier les différentes généalogies de ce dieu fameux ; les auteurs varient là-dessus ; aussi ne paroissent-elles fondées que sur une explication équivoque de la manière dont il faut cultiver la vigne. Bacchus est, dit-on, fils de Jupiter et de Sémélé, c'est-à-dire que le vin est fils du ciel et des montagnes, parce qu'on plante la vigne sur les hauteurs : *Bacchus amat colles;* et qu'elle a besoin, pour fructifier, des influences du ciel. *Sémélé* est composé de deux racines, *sem* et *mel*, qui toutes deux signifient *hauteur*. Sémélé pendant sa grossesse ayant voulu voir Jupiter dans l'éclat de sa gloire et avec sa foudre, en fut consumée, et Bacchus naquit avant terme. Cela signifie que dans les pays chauds la vigne plantée sur les montagnes étoit souvent desséchée par les chaleurs excessives, et qu'alors elle ne pouvoit pas mûrir. Jupiter mit cet enfant dans sa cuisse, où il demeura le reste des neuf mois, et après sa naissance il fut élevé par le secours des Hyades, des Heures et des Nymphes. Le terme μηρὸς, *la cuisse*, peut signifier *ce qui est couvert*. Dans toutes les langues, les parties du corps depuis la ceinture en bas, sont nommées les parties cachées. Μηρὸς peut être la même racine que ἀμαυρὸς, *obscur*, et signifier *couverture* et *ombrage*. Toute cette fable nous fait donc entendre que pour préserver le raisin de la sécheresse, on s'avisa de le mettre à l'ombre, et de planter la vigne sous des arbres; qu'étant ainsi à couvert, elle mûrit avec le secours des Hyades, ou de la pluie; des Heures, c'est-à-dire du temps; et des Nymphes, ou de la culture que lui donnent les femmes.

Le nom de *Bacchus* a été donné d'abord au vin; בק, בך (bac, baq), en hébreu, *liqueur;* בכה, בקק (bacah, baqaq), *couler, répandre, arroser*. Βακέω a signifié en grec *s'enivrer*, et βακίας, *un lieu humide, un bourbier*. Ensuite on l'a donné par analogie aux divers personnages qui ont enseigné à cultiver la vigne et à faire le vin, enfin à l'intelligence que l'on a supposée présider à cette production de la nature, et on a confondu les différentes aventures des vignerons fameux, pour en composer l'histoire fabuleuse de Bacchus.

Les Grecs le nommoient encore Ιαχχὸς, de אח (ach, och), *eau*, ou *liqueur*; ὄχος et ὀχετος signifient *ruisseau*, courant d'eau, et *houache*, en françois, terme de marine, est synonyme à *aiguade*. Διονυσὸς, autre nom de Bacchus, est expliqué par quelques grammairiens Δί οἰνύσος, *le dieu du vin;* il peut être encore dérivé de διαίνω, *mouiller, humecter, arroser*. Ληναῖος vient de ληνὸς, *la cuve du pressoir;* et λυαῖος de λούω, *laver*. Βρομιος a le même sens, puisque *abromius* est le même qu'*abstemius*, qui ne boit point de vin ; *liber pater* en latin est le *père des liqueurs;* λείβω et *libo* signifient *verser, répandre, faire couler*, λιβηρὸς, *goutte, distillation*. *Liber* est donc celui qui fait couler le vin sous le pressoir. Tous ces noms reviennent au même.

Avec le secours de ces étymologies il n'est pas difficile de trouver l'origine des Orgies ou Bacchanales; leur nom Οργια est le même que l'hébreu ערג (hôrg), *crier, faire du bruit*, et ἠρύγω dans Hésychius, *rugio, crier fort, hurler*. C'étoient donc les fêtes des vendanges et les folies des gens ivres ; et, pour en retrouver la copie, il n'y a qu'à jeter les yeux sur les fêtes de villages. Dans les Bacchanales on crioit, on chantoit, on dansoit, on couroit les rues toute la nuit, souvent on se battoit, c'est encore aujourd'hui la même chose. De jeunes paysans pleins de vin ont la fureur de chanter et de danser; ils crient à pleine tête ἴω, ἰοῦ, comme on faisoit en Grèce et à Rome ; c'est ce que l'on appelle dans quelques endroits *hucher*, dans d'autres *hupper*. Εὐῖος, εὐῖε, εὐαν, qui embarrassent les grammairiens, sont dérivés de θω, *pleuvoir* ou *faire pleuvoir* ; *evoe Bacche* est une invocation au dieu prétendu de faire couler le vin en abondance ; σαβοῖ, cri des Bacchantes, fait allusion à סבא (saba) *boire, s'enivrer* ; c'étoient les cris de gens ivres. On représentoit Bacchus avec un échalas environné d'un cep de vigne et de raisins, que l'on nommoit en grec θύρσος, nouveau symbole qui fut ensuite transformé en lance guerrière ; et les prétendues conquêtes du dieu ne sont autre chose que les progrès qu'a faits successivement chez les peuples divers l'art de cultiver les vignes et de faire le vin.

Lorsque les Grecs et les Latins eurent la tête remplie des contes de leurs poètes et des aventures de leurs héros, ils mêlèrent à cette fête d'autres symboles qui avoient rapport à ces événemens vrais ou faux, et qui donnoient un air d'importance à la cérémonie. On appela tout cela des mystères, pour leur concilier du respect ; mais rien n'étoit moins mystérieux ni moins respectable, puisque ce n'étoit originairement qu'une fête où l'on s'enivroit.

On remarquera que ces mystères prétendus sont nés dans les lieux où il y avoit abondance de vin, et ont parcouru successivement les pays où l'on a planté des vignes. La raison en est claire ; les peuples du Nord, abreuvés d'eau glacée, n'avoient garde de faire les fêtes des vendanges qu'ils ne connoissoient pas, ni de copier les extravagances de l'ivresse. Il falloit avoir bien bu pour en être capable, et joindre la réalité à la figure. Mais les usages se perpétuent : on immoloit des boucs dans les fêtes de Bacchus ;

c'est encore la coutume du peuple dans plusieurs provinces de manger du bouc pendant les vendanges, et on n'en mange que pendant ce temps-là.

CÉRÈS ET SES MYSTÈRES.

Je fais grand cas de l'érudition que le Clerc a répandue dans sa dissertation sur Cérès et ses mystères, tom. 6 de sa *Bibliothèque univ.* ; mais il semble qu'il tire d'un peu loin ses étymologies, et qu'il reste encore bien des choses à éclaircir dans cette fable. Je n'en examinerai que les principales circonstances.

1° Cérès est, selon lui, Dio, reine de Sicile, qui apprit d'abord aux Siciliens, et ensuite aux Grecs, l'agriculture. Elle fut ainsi nommée de l'hébreu די (di), *abondance*, parce que Dio la fit régner, et les Grecs prononcèrent Δήω, Δη; Δημήτηρ, *la mère* ou *la reine Dio*. Mais tous les auteurs conviennent qu'elle étoit nommée chez les Siciliens Σίτω, qui signifie le *blé* et le *pain* : le latin *Ceres*, même mot que גרש (gherès) *blé moulu*, en est la traduction. D'où je conclus que Δήω ou Δή vient de δαίω, *donner à manger, nourrir ;* qu'il signifie *nourricière*, et exprime la fonction de Cérès; qu'il est ainsi l'équivalent des deux autres noms. J'en conclus encore que les Latins n'ont point reçu des Grecs l'agriculture ni le culte de Cérès, parce qu'ils en auroient emprunté les noms, s'ils en avoient appris ces usages.

2° Les poètes ont dit que Cérès étoit fille de Saturne et de la Terre, c'est-à-dire que l'agriculture est fille du temps, parce qu'il a fallu du temps pour l'apprendre. Tous les peuples ont commencé par être chasseurs, pêcheurs et pasteurs, avant que de s'appliquer au labourage.

3° Qu'une reine, ou plutôt une femme âgée et respectable de Sicile, voyageant en Grèce, ait enseigné l'agriculture ou l'art de faire le pain aux Grecs encore errans et nomades, et appelés pour cette raison Ελληνες; qu'ils lui aient érigé des autels pour ce bienfait, la chose est possible. Cependant, selon l'ordre des migrations du genre humain, la Grèce a été habitée bien plus tôt que la Sicile, et l'agriculture a dû y être plus tôt connue. D'ailleurs j'ai peine à croire que ce soit pour honorer la mémoire de Dio que l'on ait institué les fêtes d'Eleusis et leurs mystères, comme le prétend le Clerc. Ils faisoient, dit-on, allusion aux différentes aventures de Cérès ou de Dio; ne seroit-ce pas plutôt l'histoire de ces aventures qui a été forgée à l'occasion des différentes cérémonies dont on ne devinoit plus l'origine.

Les fêtes d'Eleusis ne sont vraisemblablement dans leur institution que les réjouissances qui se font encore partout après la moisson. Dans les villages on fait dans chaque famille un petit régal le dernier jour de la récolte, et en finissant chaque espèce de travail. Ce festin est plus ou moins gai et somptueux à proportion que l'année est plus ou moins abondante. Dans quelques provinces on appelle cet usage *prendre le chat*, dans d'autres, *tuer le chien*, et il seroit difficile de trouver l'origine de ces façons de parler. Une preuve que ceci se rapporte aux fêtes grecques de Cérès, c'est qu'on les célébroit quatre fois l'année, relativement aux quatre espèces de travaux que l'on venoit de finir; la 1re au mois d'août, après la récolte du blé ; la 2e au mois de septembre, après avoir battu les semences ; la 3e au mois d'octobre, après avoir labouré et semé ; la 4e au mois de décembre, quand on avoit achevé de battre les grains. Les laboureurs suivent encore fidèlement le même calendrier, sans avoir ouï parler de Dio ni de ses aventures.

Il n'y a qu'à jeter les yeux sur l'espèce de triomphe d'un jeune laboureur qui amène dans sa grange la dernière voiture de sa moisson. Le char est décoré d'un bouquet de fleurs champêtres; souvent on en fait encore un chaperon aux bœufs et une aigrette aux chevaux; bien entendu que le conducteur n'oublie pas d'en mettre une cocarde sur son chapeau. La troupe de moissonneurs, garçons et filles, forme le cortége, emportant sur leurs épaules les faux, les rateaux, les fourches, instrumens de leur travail. On rentre ainsi gaiement et quelquefois en chantant et en dansant, souvent de nuit, quand on a fini tard. Voilà le premier germe de la pompeuse procession d'Athènes à Eleusis.

4° Le Clerc ne veut point que la figure que l'on portoit dans les mystères de Cérès, et que l'on nommoit Ιαχχὸ, fût Bacchus; mais la fête n'eût pas été complète sans lui. Jamais on ne s'est avisé de boire de l'eau dans les repas de réjouissance, partout où l'on a pu avoir du vin. Il n'est pas plus étonnant de voir promener la figure de Bacchus dans les fêtes de Cérès, que de voir porter le van de Cérès dans les Bacchanales, *Mystica vannus Iacchi;* c'est parce que les travaux de ces deux divinités sont mêlés ensemble, et occupent les mêmes personnes.

5° Ce que dit le Clerc sur l'enlèvement prétendu de Proserpine est fort ingénieux, mais il me paroît qu'on peut l'expliquer plus simplement. Pluton ou Plutus, dieu de l'argent et des richesses, est un nom formé de לט (lut, plut), *couvert, caché,* non-seulement parce que l'or et l'argent sont cachés dans les entrailles de la terre, mais encore parce qu'on les cache soigneusement; c'est l'étymologie du mot *trésor.* Les anciens ont supposé qu'un génie ou dieu particulier y présidoit, comme le peuple croit encore aujourd'hui que les trésors enfouis sont gardés par des esprits. Le nom de Pluton fut aussi donné à Aidonée, roi des Molosses en Epire, qui s'appliquoit à fouiller les mines. On dit qu'il enleva Proserpine, c'est-à-dire qu'il enlevoit les trésors cachés. Le nom *Perephatta* composé de *per* augmentatif, et *reph, couvert, caché ;* celui de Περσεφόνη formé de même de *per* et *saphan, sépheon, caché* ou *trésor ;* celui de *Proserpine,* qui n'a fait que changer la prononciation du précédent, font aisément découvrir l'équivoque.

6° Proserpine étoit fille de Cérès, c'est-à-dire que les trésors et l'art de fouiller les mines sont venus à la suite de l'agriculture, et que c'est en labourant que l'on a découvert les premiers métaux. Cérès a cherché sa fille par toute la terre, parce qu'on porte du blé partout pour avoir de l'argent; mais elle ne la trouva que dans les enfers, parce qu'il faut fouiller très bas pour trouver des mines abondantes.

Il faut nécessairement recourir à cette explication allégorique, parce que l'histoire prise à la lettre, comme l'entend le Clerc, ne s'accorde point avec les mœurs des siècles où elle seroit arrivée. 1° L'on suppose Pluton occupé à fouiller les mines dans un temps où l'agriculture n'étoit pas encore connue dans la Grèce : or je ne crois pas que nulle part la métallurgie ait précédé le labourage. 2° L'on suppose de même la navigation en usage et le commerce établi entre la Grèce et la Sicile, tandis que les Grecs ne savoient pas encore faire du pain. 3° Comme je l'ai déjà remarqué, selon l'ordre des migrations des peuples, la Grèce a dû être habitée et cultivée long-temps avant la Sicile. 4° L'on imagine un roi assez fou dans ces siècles barbares pour aller enlever une fille d'outre-mer, et une mère assez bonne pour courir après ; cela sent les siècles de chevalerie. C'est un conte forgé par les Grecs, devenus galans et aventuriers, sur l'équivoque des termes que je viens d'expliquer. Ils ne commencèrent à imaginer leurs dieux libertins et querelleurs, que quand ils le furent devenus eux-mêmes ; ils leur attribuèrent leurs mœurs, tout comme nos divers romans nous retracent le génie des siècles où ils ont été composés. 5° Toute cette allégorie répond exactement à l'explication que les savans ont donnée des mystères d'Eleusis ; ils ne renfermoient, dit-on, que des leçons sur les travaux et les besoins de la vie, et sur la conduite des mœurs. L'histoire de Cérès étoit sans doute de même trempe que ses mystères; elle doit donc être expliquée de même.

APOLLON, PAN, ET LES LUPERCALES.

Pour peu que l'on fasse attention aux mœurs des habitans de la campagne, on comprend que toute l'histoire d'Apollon n'est qu'un commentaire sur les usages de la vie pastorale. Un berger du roi Admète, dans la Thessalie, s'amusoit à jouer du chalumeau ou de la flûte, comme font tous les bergers. Il apprit comme eux à connoître quelques herbes pour panser son bétail malade; bientôt il osa traiter les hommes, et réussit à guérir des plaies ou des maladies. C'est par la même méthode que se forment la plupart des médecins dans les campagnes; telle est l'université où ils prennent leurs grades. Dans des temps d'ignorance, il n'en fallut pas davantage pour être regardé comme un habile musicien, comme un médecin d'importance, et même comme un peu sorcier. C'est encore l'opinion que le peuple se forme de tous les bergers; il leur suppose ordinairement des secrets magiques pour guérir le bétail, ou pour l'empoisonner. Quand on a vu la confiance aveugle et l'admiration du peuple pour les charlatans qui l'amusent, pour ceux qui s'érigent en médecins, ou pour un mauvais joueur de vielle, on sent combien il fut aisé autrefois de se faire une grande réputation par ces divers talens.

Les Hébreux, selon le génie de leur langue, auroient appelé le personnage dont nous parlons, le père des musiciens et des poètes; *ipse fuit pater ca-*

nentium cithara et organo, comme ils le dirent de Jubal, Gen. 3. Les Grecs, plus pompeux dans leurs expressions, le nommèrent le dieu de la musique, de la médecine et de la divination. On appelle le berger merveilleux Ἀπόλλων, de פל (pol, phol), *souffle, parole, chanson;* Φοῖϐος, de אב, הב (houb, phoub), *souffle, esprit, l'homme inspiré, le chantre, le flûteur.* Et comme φοῖϐος, tiré de אב, הב (hob, phob), *feu, lumière,* signifie aussi le soleil, Apollon fut dans la suite confondu avec le soleil. On le nomma encore Πύθων, de פת (put, phut), *souffler* ou *parler.* Πύθων signifie aussi *un serpent;* on bâtit sur cette équivoque l'histoire des jeux pythiens, en mémoire du serpent Python qu'Apollon avoit tué. Enfin πύθων, *le souffle,* exprime encore par analogie *odeur, puanteur, pourriture;* là-dessus Ovide raconte fort sérieusement que le serpent Python étoit né de la pourriture de la terre échauffée par le soleil après le déluge, comme les rats et les grenouilles naissent en Egypte du limon que le Nil a laissé. Cette opinion, fondée sur une ignorance grossière des opérations de la nature, subsiste encore parmi le peuple; il croit de la meilleure foi du monde que ces animaux et la plupart des insectes naissent de l'humidité de la terre.

Les jeux Pythiens, dans leur origine, ne sont autre chose que les danses et les gambades de jeunes bergers qui folâtrent. La lutte en étoit un des principaux exercices; et c'est encore un amusement commun aux bergers. Les jours de fête, dans les villages, la jeunesse s'assemble et s'exerce à différentes espèces de jeux; ceux qui ne peuvent plus y prendre part à cause de leur âge, s'amusent encore à les regarder; c'est le spectacle des campagnes. Voilà le berceau de tous ces jeux si fameux dans la Grèce, qui devinrent dans la suite une école militaire, et un des principaux objets de l'attention du gouvernement.

Apollon fut encore nommé Παιῶν, de פעה (paha, phaha), *siffler* ou *souffler*, et par contraction Πᾶν. C'est toujours à cause de son talent de jouer du chalumeau; voilà pourquoi on nommoit παιάν toute espèce de chanson ou de musique. Nouveau sujet pour les Grecs de forger un dieu *Pan*, protecteur des bergers, amoureux d'une nymphe Syrinx, c'est-à-dire qui aimoit son chalumeau; fort respecté en Arcadie, pays des pâturages, et en l'honneur duquel on célébroit les Lupercales.

Tite-Live nous apprend que cette espèce de fête avoit été apportée en Italie par Evandre, arcadien; mais il ne paroît pas qu'il en ait connu la source. C'étoit, dit-il, pour honorer Pan le Louvier, ou le tueur de loups: *Lycœum Pana venerantes;* et les acteurs de cette fête étoient nommés *luperci*, nom formé de *lupus*, et *arceo*, chasseurs ou preneurs de loups. Sans aller chercher cet usage en Arcadie, il n'est pas étonnant qu'en Italie comme ailleurs les bergers aient fait une fête, toutes les fois qu'ils tuoient un loup. Chez tous les peuples qui nourrissent des troupeaux, la mort d'un de ces animaux est toujours un événement considérable et l'occasion d'une fête. Celui qui l'a tué a grand soin d'en empailler la peau, de la porter en triomphe dans les environs, et tous ceux qui sont intéressés à la destruction de l'ennemi commun ne manquent pas de payer un tribut au vainqueur. Les enfans, toujours curieux et coureurs, sont fort exacts à lui faire cortége, en jetant des cris et faisant des huées; le porteur de loup, pour se débarrasser de cette suite importune, les épouvante, fait semblant de les frapper avec la peau qu'il porte : voilà l'origine de toutes les folies que l'on faisoit à Rome dans les Lupercales.

Cette fête étoit une des plus anciennes institutions des Romains, antérieure à celle de Bacchus et de Cérès; il en devoit être de même chez les Grecs. Tous les peuples ont commencé par être nomades et pasteurs avant que d'être sédentaires; il est donc naturel que les usages de la vie pastorale soient plus anciens partout que ceux de l'agriculture.

Il faut remarquer que les Latins nommèrent le dieu Pan *Faunus*, par un simple changement de prononciation; ils lui associèrent les Satyres, nom tiré du grec σατύρος, *poil hérissé*, qui fut d'abord donné aux boucs. Ensuite les voyageurs qui virent pour la première fois des singes dans les forêts de l'Afrique ou des Indes, les prirent bonnement pour ces Faunes et ces Sylvains dont ils avoient ouï parler toute leur vie sans les connoître. Les Latins appelèrent encore Pan *Incubus* (le cauchemar), persuadés, comme le peuple l'est aujourd'hui, que cette incommodité nocturne est produite par un lutin ou esprit follet. Telle est l'origine du nom *inuus*, qu'ils lui donnèrent de *nou*, *nu*, *serrement*, *géne*, *oppression*, qui est la racine de notre verbe *nouer*.

VULCAIN.

Les Hébreux nommèrent celui des fils de Lamech qui fut le premier forgeron תובל־קין (Tubalcaïn), nom formé de תו (thu) démonstratif, בל (bal), *souffler*; קין (caïn) le feu. C'est évidemment le même nom que *Vulcanus* chez les Latins, en supprimant la première syllabe, qui tient lieu d'article. Le mot *Volcan*, dont nous nous servons pour exprimer les feux qui sortent des montagnes, est emprunté du latin, parce qu'il n'y avoit point de volcans dans les Gaules; le premier dont on y entendit parler est le mont Etna. Les Grecs avoient appelé l'inventeur de la métallurgie Ηφαιστος, de אף (aph, eph), *souffler*, αἴστ, ἑστία, *le feu*.

Il n'est pas nécessaire de supposer que le fils de Lamech est le personnage révéré des Grecs et des Latins, sous les noms de Ηφαιστος et *Vulcanus*, *souffleur de feu*; il se peut très bien faire qu'ils n'en aient jamais entendu parler; mais les uns et les autres ont célébré sous le même titre celui qui avoit inventé l'art de travailler les métaux, et une preuve qu'ils n'ont pas emprunté ce culte les uns des autres, c'est que les noms sont différens.

Il est très probable que le mont Etna, dans les différentes éruptions de son volcan, a vomi des métaux fondus, et que c'est ce qui a donné aux habitans de la Sicile la première idée de la métallurgie. Ainsi le premier forgeron ayant commencé à travailler auprès de cette montagne, il a été naturel de dire dans la suite que le mont Etna étoit la forge ou l'atelier de Vulcain; et quand on eut accordé les honneurs divins à cet ouvrier célèbre, on lui bâtit un temple magnifique sur le penchant de la montagne.

Les forgerons qui aidoient Vulcain furent nommés Κύκλωπες, et ce nom me paroît être le même que l'hébreu כילפה (kelappah, klapah), *un marteau*, dont on trouve le pluriel, ps. 74, 6. Il signifie donc *malleatores*, des marteleurs, des forgerons, et il a la même racine que le verbe κολάπτω, *frapper*. Cette étymologie doit paroître plus naturelle que celle qu'a donnée Bochart, qui a été suivi par le Clerc : Κύκλωπες, est formé, selon eux, de היק־לוב (chek-loub) *sinus Lilybæus;* ils disent que l'on a voulu désigner par-là les habitans du cap de Lilybée, aujourd'hui *cap Coco*, qui furent les premiers colons de la Sicile, et les premiers ouvriers en fer. Mais c'est sans aucun fondement qu'on les place dans ce coin de l'île fort éloigné du mont Etna; il est beaucoup plus probable que la première colonie est venue d'Italie en Sicile par le détroit de Messine, qui est l'extrémité opposée au cap de Lilybée.

Hésiode raconte que les Cyclopes étoient enfans du Ciel et de la Terre, c'est-à-dire que les siècles postérieurs ne connoissoient plus leur origine; ou ils furent nommés enfans de la terre, parce qu'ils demeuroient dans la terre qu'ils creusoient pour en tirer les mines de fer. Ils ajoutent qu'ils étoient nommés Κύκλωπες, de κύκλος, *rond* ou *cercle*, et ὤψ, *œil*, parce qu'ils n'avoient qu'un œil rond au milieu du front. Voilà comme les Grecs étoient instruits des élémens de leur langue, et comme ils ont bâti des fables sur les plus grossières équivoques. Vulcain, dit-on, étoit boiteux. On l'a imaginé en confondant *cyclops*, forgeron, avec *cloppus*, boiteux, écloppé. Quoique fort laid et mal bâti il épousa Vénus. Ce mariage si mal assorti n'a d'autre fondement qu'une nouvelle confusion du nom Κυπρίς, Vénus, avec κυπρὸς, *le cuivre*, *l'airain*. Il signifie que Vulcain travailloit le cuivre; et ce fait est conforme à l'histoire, qui nous apprend que l'airain a été connu et mis en œuvre avant le fer.

Dans la suite, Vulcain découvrit le commerce que Vénus avoit avec Mars, et le rendit public, après les avoir enchaînés l'un et l'autre. On a voulu dire que Vulcain avoit découvert le secret d'unir étroitement κυπρος, le cuivre, avec ἀρὴς, le fer; qu'il apprit aux hommes le secret de les souder, et de rendre cette soudure inaltérable. On sait bien que les chimistes appellent encore aujourd'hui le fer *Mars*, et le cuivre *Vénus*; parce que leurs noms sont les mêmes en grec.

§. IV.

Usage de la même méthode pour expliquer le texte hébreu de l'Écriture.

Le principal objet que je me suis proposé en recherchant les racines primitives de l'hébreu, a été de découvrir le sens de plusieurs termes ou expressions de l'Ecriture sainte, qui ne paroissent point encore suffisamment éclaircis. Il m'a paru qu'on pourroit y réussir en comparant l'hébreu aux autres langues. Les racines étant partout les mêmes, elles doivent avoir chez les Hébreux à peu près le même sens que chez les autres peuples. Je vais tâcher de le montrer par quelques exemples.

תהו ובהו (thohu vebohu), INANE ET VACUUM. *Gen.* 1, 2.

Moyse commence l'histoire de la création, en disant que Dieu créa le ciel et la terre, et que la terre étoit alors *thohu vebohu ;* ces mots ont été traduits par la Vulgate, par Aquila, et par Théodotion, *inanis et vacua,* par le paraphraste Chaldéen *vacua et vasta,* par les Septante *invisibilis et inornata.*

Sans faire aucune attention aux rêveries des rabbins et de leurs copistes, je me borne à prouver que la traduction de la Vulgate est littérale et fidèle.

Thohu et *bohu* sont exactement les mêmes que les noms françois *tuyau* et *boyau,* qui expriment tous deux quelque chose de creux ou de vide. Leur prononciation se ressemble encore plus dans les patois où l'on prononce *tué* et *boué.* Le synonyme de boyau est *tripe,* et celui-ci n'est autre que τρύπη, en grec, *un trou, un creux.* Tous ces termes ne sont pas fort nobles dans notre langue ; c'est peut-être notre faute.

Pour comprendre que c'est véritablement l'idée que Moyse a voulu nous donner, il suffit de considérer qu'il dit au même verset que la terre étoit environnée des eaux, qu'elle ne présentoit par conséquent dans toute sa surface qu'un abîme semblable à l'Océan. Abîme se dit en hébreu תהום (théhom), formé de *thé*, démonstratif ou augmentatif, et *hom*, même racine que *imus* en latin, *bas* et *profond*; c'est toujours le même sens que *inane* et *vacuum*.

On sait que χάος, dont les Grecs se sont servis pour exprimer le premier état du monde, est dérivé de χαίω, *être ouvert* ou *vide*, ce qui revient encore au même. Par conséquent Ovide l'a mal rendu par *rudis indigestaque moles* : *inane* et *moles* sont des idées contraires; il s'est ainsi rapproché du sens des Septante, *invisibilis et inornata*.

Bohu en hébreu est encore analogue à notre substantif *baye*, ouverture, lieu où la mer rentre dans les terres; on l'appelle autrement *sinus*, sein, lieu creux. *Bayes* signifie aussi des ouvertures dans la charpente d'un vaisseau; c'est la racine de l'adjectif *béant*, gueule *béante*, gouffre *béant*, ouvert et profond. Ma preuve, c'est que *bohu* s'écrit et se prononce בהיא (bahaïa), en chaldéen et en syriaque. Nous pouvons y reconnoître notre verbe *bâiller*, prononcé à la parisienne *bâyer*. C'est sans doute l'origine du nom *Baïæ, sinus Baianus*, golfe célèbre en Italie.

Pour le mot *thohu*, il ressemble encore beaucoup au françois *étui*, au grec αἰθυία, *plongeon;* à τηύσιος, *vide, inutile;* je n'ai encore pu le découvrir en latin.

עברי (Hibri), *Hebræus*.

Les critiques ont disputé autrefois sur l'origine de ce nom donné à Abraham, Gen. 14, 13, et qui est demeuré à sa postérité. Les uns ont prétendu qu'il venoit du patriarche Héber dont Abraham descendoit à la sixième génération. Mais on ne voit pas pourquoi l'on auroit fait allusion à Héber plutôt qu'à tout autre des ancêtres d'Abraham ; les Chananéens qui le nommèrent *hébreu*, n'avoient peut-être jamais entendu parler d'Héber qui vivoit dans la Chaldée. D'autres en plus grand nombre prétendent qu'il vient du verbe עבר (habar) *passer*, *traverser*, parce que Abraham avoit traversé l'Euphrate pour venir en Palestine ; et comme עבר (héber) signifie *au-delà*, il fut appelé *Hibri*, l'homme d'au-delà du fleuve. Mais l'histoire sainte nous dit que ce fut Tharé qui quitta Ur de Chaldée pour venir à Haran, où il demeura et mourut, et qu'Abraham son fils, vint dans la terre de Chanaan. Or Haran étoit en-deçà de l'Euphrate et voisin de la Palestine, il est fort incertain si Ur étoit au-delà. Il n'est donc pas à présumer que les Chananéens aient pensé à ce fleuve pour nommer Abraham.

Toute difficulté disparoît, si l'on fait attention que le même terme qui signifie *passer* et *traverser* signifie aussi *voyager* ; et que le nom de voyageur se confond souvent avec celui d'étranger ; c'est ainsi que le peuple appelle un étranger ou un voyageur, *un passant*. Or il n'est pas étonnant que les Chananéens aient appelé Abraham voyageur ou étranger, parce qu'il l'étoit effectivement à leur égard. Ils ont encore pu lui donner le nom de *passant*, parce qu'il n'avoit point parmi eux de demeure fixe, et qu'il n'habitoit que sous des tentes.

On sentira mieux la justesse de cette étymologie,

si on veut faire attention que la racine de *Habar* et *Hibri*, est la même que celle du Chaldéen ברברא (barbera), qui est le βαρβαρος des Grecs, *barbarus* des Latins. Ce terme a signifié dans son origine *étranger, champétre*, et par analogie, *rustre, sauvage, cruel, sanguinaire*. Voilà pourquoi les Grecs et les Latins l'ont toujours pris en mauvaise part.

כרוב, Cherub.

Chérub, pluriel *Chérubim*, est un des termes hébreux les plus obscurs ; ordinairement les versions ne le traduisent point, de sorte qu'il est fort incertain comment on le doit entendre dans les divers passages où il est employé.

Gen. 3, 24. Il est dit que Dieu, après avoir chassé Adam du paradis terrestre, plaça à l'entrée *Chérubim*, et un tourbillon de feu et de flammes pour en défendre l'accès.

Ps. 17, 10. On lit en parlant de Dieu: *Ascendit super Cherubim et volavit, volavit super pennas ventorum.*

Dans l'Exode, ch. 25, 18 et 20, il est rapporté que Moyse fit faire sur le couvercle de l'arche d'alliance deux chérubins d'or qui étendoient leurs ailes pour la couvrir, et se regardoient en face.

Dans les livres des Rois et des Paralipomènes, il est parlé de même de chérubins en sculpture placés en divers endroits du temple ; et, dans un de ces passages, il est dit qu'ils étoient faits *in similitudinem hominis stantis*.

Ézech. c. 41, 8. Il est fait mention de chérubins

à deux faces, dont l'une étoit une face humaine, l'autre une face de lion.

Dans le même prophète, l'animal qui est dit ch. 1, 10, avoir une face de bœuf, est appelé ch. 18, 4, *facies cherub*.

Le même, ch. 28, 14, appelle le roi de Tyr, *Cherub extentus et protegens;* d'autres croient mieux traduire *Cherub unctio tegentis* : on est bien instruit après avoir lu une pareille version.

Je m'abstiendrai de rapporter les divers sentimens des interprètes anciens et modernes, juifs et autres ; je ferois un gros volume. Je me borne à examiner le terme dont il s'agit selon l'analogie de la grammaire.

Je me range d'abord à l'avis de ceux qui ont expliqué *Cherubim* du ps. 17 par *nubes : ascendit super nubes et volavit, volavit super pennas ventorum*. *Cherub*, dans ce sens, est le même que l'hébreu ערב (harab) *obscurcir*, le grec κρυϐαζω, *abscondo*, et κρύϐδην, *absconditè* : רב (rab, rob), racine de ces différens mots, se retrouve en françois dans *robe*, habit, couverture ; et ce terme convient pour exprimer les *nuées*, de même que *nubes* en latin est analogue à *nubo*, voiler, couvrir.

Il me paroît avoir la même signification dans le passage de la Genèse. Dieu, pour défendre l'entrée du paradis, y mit une nuée obscure, semblable à une fumée épaisse, mêlée de tourbillons de flammes, comme il en sortiroit d'un volcan; tel est le sens des termes de la Vulgate, *flammeum gladium atque versatilem*, une flamme pointue comme une épée et qui tourbillonne. On remarquera que dans le prophète Osée, c. 13, 13, ארובה (aroubbah), qui a la même racine que *chérub*, est traduit dans la Vulgate par *fumarium*; voilà pourquoi j'entends *cherub* d'une nuée semblable à une fumée épaisse.

Dans les phrases de l'Exode et les autres où il est question des Chérubins de l'arche et du temple, je pense que *cherub* signifie en général une image, une statue, une sculpture, qui représente tantôt une figure humaine, tantôt un animal, quelquefois l'un et l'autre. Alors il me paroît analogue au mot hébreu עקרב (hakrob), qui signifie *pointe*, *saillant*, *tranchant*, par conséquent le ciseau du sculpteur; et au verbe כרב (carab), qui en syriaque et en arabe signifie *labourer*. Il me seroit aisé de montrer que dans toutes les langues les termes de sculpter, ciseler, graver et labourer sont tous analogues, et formés de racines synonymes. L'on doit faire attention que notre verbe *graver* a pour racine *rav*, ou *rab*, comme *hakrob*, *cherub*, *careb*, comme γράφω, et *scribo*; qu'ainsi *Cherubim* dans plusieurs endroits peut se traduire à la lettre *des gravures* ou *des sculptures*.

Il est à présumer que les chérubins à face humaine avec des ailes représentoient des anges; *Cherub* en ce sens peut avoir pour racine רב (rub), *tête*, et par analogie *visage*, comme nous disons *une belle tête*, pour une belle figure humaine, et ce sens est relatif aux deux suivans. Il n'en étoit pas de même des Chérubins qui avoient la figure d'animaux, c'étoient des symboles allégoriques ou des fantaisies de sculpteur.

Dans le passage d'Ezéchiel où un bœuf est appelé *chérub*, il a pour racine *rob*, *rub*, *gros*, *grand*, *fort ;* c'est par ces qualités que le bœuf est caractérisé dans toutes les langues. Il a pour termes analogues en grec κόρυμβος, qui signifie quelque chose d'élevé, et οχρίβας, un lieu haut; en latin *robur*, *robuste* en françois.

Lorsque le roi de Tyr est nommé *chérub*, c'est par analogie au sens précédent. *Rab*, *rob*, *rub*, ne signifient pas seulement grandeur et force ; mais encore élévation, supériorité, autorité. Il est synonyme à *maître*, dans les deux sens que nous donnons à ce terme en françois ; de là le mot רב (rab), *maître*, *docteur*, *rabbin*. Il peut donc se traduire par *princeps unctus* ou *constitutus*, dans le passage cité. C'est le même que βραβεὺς en grec, juge et maître; *probus* et *probè* en latin; *brave* en françois, qui exprime non-seulement le courage; mais encore le mérite et la vertu.

Selon la traduction de la Vulgate, il pourroit avoir rapport au premier sens que j'ai donné à *cherub* : *nubes extenta et protegens*. Le même terme, qui est ici rendu par *extentus*, peut encore signifier *unctus*, comme je l'ai traduit : *princeps unctus*. On sait assez que dans le style ordinaire de l'Ecriture sainte, l'onction est le symbole par lequel les rois étoient établis.

אגג, Agag. *Num.* 24, 7.

Dans la prophétie de Balaam, où la Vulgate et les Septante ont pris *Agag* pour un nom d'homme, il me semble qu'on peut l'entendre autrement, et supposer que c'est le substantif *ague, aigue*, de l'eau, qui est commun à plusieurs patois, et dont nous avons fait *aiguière*, et *aiguade*. Αἴγες, en grec, signifioit les flots de la mer chez les Doriens, et en changeant l'esprit doux en sifflement nous avons en françois *vagues*, qui signifie la même chose.

Agag exprime donc de *l'eau*, et la racine est répétée pour expliquer beaucoup d'eau, *aquæ*, au pluriel. Ce sens s'accorde très bien avec ce qui précède et ce qui suit, et il diminue l'embarras qu'ont eu les interprètes pour expliquer cette prophétie, lorsqu'ils ont voulu l'entendre d'Agag, roi des Amalécites. Ainsi je traduirois avec la Vulgate : *Israel ut valles nemorosæ, ut horti juxta fluvios irrigui....; quasi cedri propè aquas. Fluet aqua de situlâ ejus, et semen illius erit in aquas multas; tolletur ex* AQUIS *regnum ejus, et exaltabitur ditio ejus. Deus eduxit illum de Ægypto*, etc.

Cette figure empruntée des eaux, jointe à la sortie d'Egypte, me fait penser que le prophète a voulu faire allusion au passage miraculeux de la mer Rouge. Mais, indépendamment de ce rapport, la parabole se soutient, et présente toujours la même image.

תף (top), TAMBOUR; הצוצרה (hatsotserah), TROMPETTE.

Je joins ici l'explication de ces deux noms pour rendre la matière un peu moins sérieuse. תף (top) en hébreu est *un tambour*; תפה (topeth), *l'action de battre du tambour*; je ne prononce point *toph* ni *tophet*, comme les rabbins, parce que cette prononciation défigure l'image. On a peint par ces mots le bruit que faisoit cet instrument dans son origine, lorsqu'on se contentoit de frapper simplement dessus. Le même monosyllabe exprime encore dans les patois l'action de battre : *tip*, *top*, c'est battre avec violence; donner une *tape*, c'est donner un coup; de là est venu le grec τύπτω, *frapper*. Τυμπάνον, adopté par les Latins, a joint à la racine τυπ, la syllabe παν, qui signifie la même chose. Comme l'art de battre du tambour s'est perfectionné, et qu'avec deux baguettes on est parvenu à y faire des roulemens continus, notre substantif *tambour* a aussi perfectionné l'image; *tam* exprime le frappement, et *bour*, le roulement.

Il faut sans doute rapporter à la même source les mots *tarare pon pon*, qui servent de refrain à plusieurs chansons fort gaies; c'est la peinture du bruit des instrumens militaires : *tarare* est le même que *taratantara* dans Ennius, pour exprimer le son de la trompette, et *pon pon* le bruit du tambour ou des tymbales.

Hatsotserah, *trompette*, dans le prophète Osée, c. 5, 8, me paroît devoir être prononcé *hattotterah*, pour faire toujours la même image. J'ai montré ailleurs que ט et צ, *t* et *ts*, se mettent souvent l'un pour l'autre (voyez ci-devant page 45).

Quand le peuple méprise ce qu'on lui dit, il répond *tarare pon pon*, pour marquer qu'il regarde le discours qu'on lui tient comme un son inarticulé d'instrumens qui n'exprime rien. C'est l'équivalent de cette autre réponse : *chansons que tout cela*; ou de celle-ci : *dis toujours fanfare*.

NOM DES LETTRES DE L'ALPHABET.

Une curiosité qui me paroît bien naturelle, est de rechercher l'origine des noms que les Hébreux ou plutôt les Chaldéens ont donnés aux lettres de l'Alphabet, et qui ont passé chez les autres nations. Il en est plusieurs dont les grammairiens n'ont encore donné aucune étymologie; d'autres qu'ils ont mal expliquées; telle lettre, disent-ils, est ainsi nommée à cause du son qu'elle fait; *sic dicta est à sono*, comme si le son se peignoit sur le papier.

Je suis convaincu que les noms des lettres ont été tirés, non de leur son, mais de leur figure, et que la plupart sont encore reconnoissables en françois. Je vais en donner un simple catalogue, en attendant que je prouve toutes ces étymologies dans mon dictionnaire, et je marquerai d'une étoile les noms qui subsistent encore dans notre langue.

א *Aleph*, une agraffe.
ב *Beth*, une boîte, un coffre, quelque chose de creux ou de profond.
ג *Ghimel*, lettre bossue, comme *camelus*, *chamel* en vieux françois, animal bossu.
ד *Daleth*, une hache, *dolabra*, une doloire*.
ה *Hé*, une haie*, deux pieux attachés par une traverse.
ו *Vau*, prononcez *ouaou*, une houe*, un hoyau.
ז *Zaïn, Dzaïn*, un pieu ou une massue.
ח *Heth*, une hutte*, une chaumière.
ט *Teth*, un tetton*.
י *Iod*, un clou, un crochet.
כ *Caph*, lettre courbe ou cave*.
ל *Lamed*, une broche.

מ Mem, *mamma**, une mamelle.
נ Nun, un tenon, un crochet double.
ס Samech, une ceinture.
ע Haïn, un haim * en patois, un hameçon.
פ Pé où *phé*, un visage.
צ Tsadé, une fleur, une plante.
ק Coph ou *cop*, un couperet*, un instrument propre à couper.
ר Resch ou *ress*, une crosse *.
ש Schin, un trident.
ת Thau, une potence, *crux*, *patibulum*.

PROSPECTUS

DU DICTIONNAIRE DES RACINES, OU MOTS PRIMITIFS DES LANGUES.

On a pu déjà comprendre par les exemples qui ont été donnés dans les dissertations précédentes, quelle est la méthode que l'on se propose de suivre dans le dictionnaire des racines. Il doit renfermer tous les mots simples et monosyllabes que l'on suppose être les vrais élémens des langues, avec leurs principaux dérivés dans les quatre dont on fait le parallèle. On en remarquera d'abord les divers sens ; on fera sentir, autant qu'il sera possible, l'analogie de leurs significations, et pourquoi ils en ont de si opposées. On observera ensuite les variétés de prononciation, les inflexions diverses que le même monosyllabe a reçues, en suivant toujours le mécanisme dont on a tracé ci-devant les règles. On montrera que chez les Hébreux et chez nous, en Grèce et en Italie, l'esprit et la langue ont suivi constamment la même route.

On ne s'oblige cependant point de montrer les racines de tous les mots qui composent les quatre langues dont on parle, ni d'en décomposer tous les termes, mais seulement ceux de l'hébreu, qui est la plus bornée et la moins abondante. Réduire exactement quatre langues à leurs racines, seroit une opération infinie, qui passe de beaucoup mes forces, et qui ne peut être exécutée que dans autant de dictionnaires différens. Pourvu que je puisse indiquer tous les termes primitifs et décomposer l'hébreu, il sera facile d'analyser de même les trois autres langues, et il seroit à souhaiter que cette besogne fût déjà faite. Schrévelius a tâché de le faire pour le grec, dans son lexique ou manuel ; mais parce qu'il ne suivoit pas une route certaine, la plupart de ses étymologies ont besoin d'être réformées. Les grammairiens latins ont tenté la même opération pour leur langue ; c'est dommage qu'ils n'aient pas eu les connoissances nécessaires pour y réussir. Par ce qui a été dit sur l'origine du françois dans la dissertation septième, on conçoit que pour en faire l'analyse, il faut attendre que nous ayons des dictionnaires exacts de tous les patois de nos provinces.

On a déjà indiqué dans la 1re Dissertation, §. 7, les principales utilités que l'on peut tirer d'un recueil des mots primitifs : il n'est pas nécessaire de les répéter ; mais on prie le lecteur de considérer que la méthode à laquelle on s'attache pour découvrir les racines et les étymologies, est nécessairement la seule véritable ; que si elle ne nous conduit pas à la vérité, aucune autre n'y parviendra jamais. Deux fils servent à la diriger ; d'un côté, la marche de l'esprit, c'est-à-dire les analogies et la manière dont les hommes ont dû envisager les objets, de l'autre le mécanisme de la langue et de la prononciation. On ne se flatte point d'avoir trouvé le vrai, à moins que l'on n'aperçoive les mêmes rapports dans quatre langues; il seroit difficile que le hasard pût former ce concert; ou c'est un signe de vérité, ou il faut renoncer pour jamais à ce genre d'étude.

Mais quand on seroit assez heureux pour rencontrer juste partout, ce qui n'est pas possible, le genre que l'on traite ici n'est guère capable de plaire à l'imagination ni d'amuser les lecteurs. Un dictionnaire qui ne renferme que des termes isolés, n'est consulté que dans le besoin. L'ambition d'être lu doit engager un écrivain à présenter quelque chose de plus ; on aura donc attention de mêler au détail des racines et de leurs dérivés un grand nombre de remarques.

1° On tâchera de faire observer l'analogie du langage avec les mœurs et les usages des peuples.

2° On recherchera soigneusement les étymologies géographiques; on examinera la plupart de celles qu'a données Bochart, non pas simplement pour les copier, encore moins pour avoir le plaisir de les contredire, mais pour les rectifier lorsqu'il sera nécessaire, avec tous les égards qui sont dûs à ce savant homme.

3° On n'omettra point les notes capables d'éclaircir la mythologie; on se propose de fondre dans cet ouvrage toutes celles de le Clerc sur Hésiode, d'y en ajouter un grand nombre qu'il n'a pas faites, et de le réfuter, lorsqu'on croira devoir le faire. On prendra la même liberté à l'égard des réflexions de M. Fourmont sur l'histoire des anciens peuples, et de plusieurs excellens mémoires de l'Académie des Inscriptions et belles-lettres, en conservant toujours pour les habiles écrivains qui sont nos maîtres, le respect et la reconnoissance que nous leur devons.

4° La principale étude sera d'expliquer les termes hébreux, et d'indiquer de nouveaux sens dans un grand nombre de passages de l'Ecriture sainte. Loin de montrer, en les proposant, du mépris et de l'indifférence pour notre version Vulgate, on espère au contraire de la venger, sans affectation et sans dispute, d'une infinité de reproches que lui ont faits des auteurs prévenus, et de l'oubli que plusieurs autres ont affecté pour elle. Souvent ils n'ont pas daigné rapporter dans les dictionnaires le sens qu'elle a donné à certains mots, quoique ce sens soit pour le moins aussi probable que celui qu'ils ont suivi, et quelquefois mieux fondé. L'on a supposé trop légèrement des fautes de copistes dans les exemplaires : article sur lequel un critique ne sauroit être trop réservé. Il en est souvent de même des corrections de la Massore ; leurs auteurs ne les ont proposées que parce qu'ils n'entendoient pas le vrai sens de l'original, ni du mot qu'ils vouloient corriger. On se flatte de prouver tous ces faits.

5° Par le détail que l'on fera des différentes significations des racines, on verra l'origine des divers sens que les versions ou les commentateurs ont donnés au même terme, et les raisons de grammaire sur lesquelles ils se sont fondés.

Ce projet, quoiqu'envisagé sous un coup d'œil assez favorable, ne m'aveugle point ; je sens tout ce qui me manque pour l'exécuter avec succès. J'y entrevois même des inconvéniens inévitables, et la bonne foi me défend de les dissimuler. En reconnoissant ingénument les défauts de mon travail, j'ôterai peut-être aux censeurs de profession l'envie d'y en supposer d'imaginaires.

On m'objectera d'abord qu'il est fort inutile de rechercher tous les sens que peut avoir un même terme ; c'est autoriser les versions les plus défectueuses, multiplier les doutes au lieu de les dissiper, et, pour vouloir obliger tout le monde, c'est ne plus obliger personne.

Cela seroit, si l'on n'avoit soin d'indiquer en même temps le sens qui paroîtra le meilleur. Dans le cas même où plusieurs significations sont également probables, il est de l'équité de les justifier toutes : si un terme étoit réellement inexplicable, ce seroit toujours rendre service à la vérité que de montrer pourquoi il l'est. Ce seroit un moyen de réprimer les censures indiscrètes et l'affectation de blâmer les traducteurs ; ce qui ne me paroît pas un médiocre avantage.

Quand même je rendrois par-là l'hébreu plus obscur, pourroit-on me blâmer de montrer le vrai, en faisant voir toutes les racines auxquelles le même mot peut se rapporter ? Les esprits vifs et dogmatiques en concluront qu'il est donc impossible d'expliquer sûrement l'hébreu. Je ne conviens point de cette impossibilité ; mais je soutiens que l'on ne peut mieux en acquérir l'intelligence qu'en le comparant avec les autres langues. Si, avec cette comparaison, c'est encore une opération difficile et souvent incertaine, elle le seroit bien davantage, si on renonçoit à ce nouveau secours.

Si donc quelqu'un exige que l'on dissipe tous les

nuages, que l'on donne des démonstrations dans un genre où l'on ne peut avoir que des vraisemblances, il faut renoncer à l'entreprise, suivre avec la multitude le préjugé et la routine, écouter des rabbins qui devinent et souvent extravaguent, consulter des commentateurs qui se copient, au lieu de chercher le vrai dans sa source.

L'obscurité de l'hébreu et celle de toutes les autres langues est venue, comme on l'a déjà observé, de ce que les peuples ont donné le même nom à différens objets, surtout les noms génériques aux différentes espèces. Il y auroit souvent de la témérité à prononcer hardiment sur la signification d'un tel nom. Les interprètes ont conjecturé, et ils ont varié dans leurs conjectures, parce que l'évidence seule peut ramener tous les esprits à la même opinion. Pour en donner un exemple, le héron est nommé dans nos quatre langues *l'oiseau élevé sur ses jambes*, *le grand oiseau*, et celui qui l'a vu pour la première fois ne pouvoit pas mieux le désigner. Il ne pouvoit pas deviner non plus qu'il y a cinquante autres espèces d'oiseaux à qui ce même nom convient : le plus habile naturaliste pourroit à peine les caractériser tous par des noms particuliers ; comment exigeroit-on cette exactitude d'un ignorant, tels qu'étoient certainement les premiers hommes ? Voilà donc une source inévitable d'équivoques, et toutes les fois que l'on trouve les noms שלך et הסידה dans le texte hébreu, on peut aussi bien les entendre de l'autruche, de la cigogne, du butor, du courlis, que du héron, parce qu'ils se ressemblent tous par la hauteur de leurs jambes.

Que peut faire un critique dans ces circonstances ? Il a beau consulter les rabbins ; il ne les trouvera point d'accord, et quand ils le seroient par hasard, leur avis ne prouveroit rien. Par quelle voie le vrai sens d'un mot leur seroit-il parvenu ? On est donc réduit à des conjectures ; ce que je dis ici des oiseaux, on peut le dire de presque tous les animaux dont il est parlé dans le texte sacré, et à proportion de tous les autres noms hébreux.

L'on ne manquera pas de se récrier sur le petit nombre des racines primitives que le dictionnaire doit renfermer. On pourroit d'abord justifier cette pauvreté excessive de la première langue par le petit nombre d'idées que l'on a trouvées à certains peuples sauvages, qui, à ce que l'on dit, ne savoient compter que jusqu'à trois ; mais il y en a une raison plus satisfaisante. Le procédé ordinaire de la nature est simple et fécond ; pour faire les plus beaux ouvrages, elle emploie peu de matériaux. Si avec vingt-deux lettres l'on a pu former des langues riches, abondantes, variées, pourquoi, avec peu d'idées primitives, ne pourroit-on pas produire le même effet, nommer tous les objets, développer toutes nos pensées et nos sentimens ?

Mais, dira-t-on, avec de prétendues analogies, on peut trouver tout ce que l'on veut ; entre vingt rapports que peut avoir un objet, on choisit au hasard celui qui est le plus favorable. D'ailleurs, en changeant les lettres à son gré, les mots les plus disparates deviennent les mêmes ; il est aisé de donner ainsi des étymologies, en défigurant les langues comme on le juge à propos. Les anciens les donnoient à l'aventure ; fera-t-on mieux, en suivant des règles arbitraires, et que l'on tourne comme on veut ?

Ma réponse sera courte ; si quelqu'un est prévenu de cette idée, je l'invite à en faire l'épreuve. Je le prie de choisir telle étymologie qui se trouvera la première dans les dictionnaires communs, et d'essayer s'il pourra la vérifier dans les quatre langues. Je ne crains pas qu'il fasse deux fois la même tentative.

Peut-être sera-t-on rebuté d'une méthode toujours uniforme de montrer la dérivation des sens ; des allusions simples qu'il faudra répéter à chacune des racines. Mais cette uniformité même doit paroître une preuve sensible de vérité ; c'est le train de la nature, il se ressemble partout. Le système que l'on suit ici n'étant bâti que sur des comparaisons et des rapports, il faut sans cesse rapprocher les termes et les idées pour en faire sentir le vrai. Tous les efforts que l'on pourra faire pour varier les expressions, ne suffiront jamais pour éviter la monotonie.

Il y auroit un moyen de la prévenir, en dissertant continuellement, tantôt pour réfuter, tantôt pour applaudir ; ici pour discuter une prononciation, là pour éclaircir un fait ; dans un article pour étaler du rabbinage, dans un autre pour confronter les versions. Il est aisé de faire parade d'érudition à peu de frais. Mais on feroit des volumes immenses, et il y en a déjà trop : malgré toute l'envie que l'on a d'abréger, l'ouvrage ne paroîtra peut-être que trop long.

L'on demandera enfin, pourquoi écrire en françois ? Le latin, qui est la langue des savans, conviendroit mieux à un ouvrage qui semble fait pour eux seuls ; il pourroit en faciliter le débit, en le mettant plus à portée des étrangers. Je conviens de cet avantage ; mais outre l'inclination qui nous porte à composer dans notre propre langue, j'aime mieux parler un françois supportable qu'un latin barbare. Ou mon travail aura du succès, ou il demurera dans l'oubli. Dans le premier cas, j'aime assez notre langue pour souhaiter que les étrangers la lisent dans un ouvrage qui leur semblera utile ; dans le second, il n'est pas nécessaire que l'on sache ailleurs qu'en France que j'ai fait un méchant livre.

Une autre raison m'a fait prendre ce parti. Comme je prétends que pour comprendre la structure des langues anciennes, il faut les comparer avec les modernes, je ne pouvois mieux faire cette comparaison qu'avec la langue qui nous est la plus familière. Si cette pratique est utile, les étrangers feront chacun pour leur langue ce que j'ai cru devoir faire pour la nôtre. Je ne lui donne la préférence que pour notre commodité ; je laisse volontiers à chaque nation la satisfaction de croire que son langage est préférable à celui de ses voisins.

Mais quel travers de citer les patois, ces jargons informes et grossiers qu'une personne bien élevée n'oseroit parler, qu'il est de la bienséance d'ignorer ! On se déshonoreroit si on vouloit en faire mention dans le monde poli : n'est-il pas encore plus indécent de les introduire parmi les savans ?

Ces patois si méprisés sont cependant des langages humains; ceux qui les parlent sont des êtres raisonnables, comme les Grecs et les Latins; ils ont du bon sens, souvent de l'esprit et de l'éloquence, comme les citoyens d'Athènes ou de Rome; il ne manque à ces jargons, pour acquérir de la considération et devenir à la mode, que d'avoir servi à faire des ouvrages utiles ou amusans. L'indifférence que nous affectons pour eux est une des raisons principales du peu de connoissance que nous avons des origines de notre langue. Ce n'est pas ma faute, si les langues orientales ont plus de rapport avec eux qu'avec les langues savantes et cultivées, on ne doit pas me savoir mauvais gré d'avoir aperçu et développé ce rapport. Le Glossaire de Ducange est un livre savant, utile, précieux; que renferme-t-il autre chose que des patois et des langages barbares latinisés?

Ceux dont j'ai le plus de connoissance sont le dijonnois ou bourguignon, le lorrain, et ceux des différentes parties de la Franche-Comté. Je présume que ceux de nos provinces méridionales pourroient fournir des observations utiles, je n'omettrai rien pour m'en procurer du moins une légère teinture.

Les dictionnaires dont je me sers pour faire le parallèle des langues sont, pour l'hébreu, ceux de Forster, de Robertson, l'abrégé de Pagnin, et le père Giraudeau; pour le grec, *Lexicon Leimarium*, parce qu'il fait grand usage de celui d'Hésychius; pour le françois, le dictionnaire de Furetière.

J'aurois pu faire grand usage des divers glossaires du P. Thomassin et de l'harmonie des langues de

Guichard; mais pour n'être point séduit par le poids de l'autorité, je me fais une loi de ne copier personne, et de chercher les racines des langues, comme si j'étois le premier qui eusse entrepris ce travail. Par la même raison, je m'abstiendrai de consulter le recueil des mots de la langue primitive, que M. Bullet a mis à la fin des Mémoires sur la langue celtique. C'est lui qui m'a indiqué le principe que les racines des langues sont monosyllabes, et qui a conduit mes premiers pas dans la vaste carrière où je suis entré; si dans quelques étymologies je me trouve peu d'accord avec mon maître, c'est que nous voyageons l'un et l'autre en pays de liberté.

Une explication plus longue de ma méthode seroit inutile, si je n'en donnois un exemple. Je vais donc placer ici un échantillon du dictionnaire des racines dans l'état imparfait où il est encore. Je prie le lecteur de ne pas juger de ce qu'il peut être dans la suite, par ce qu'il est actuellement. Le travail n'est qu'ébauché, et il faut plusieurs années pour le conduire à sa perfection.

PREMIÈRE SYLLABE DE L'ALPHABET.

אב.

ab, eb, ib, ob, ub.

1° אב signifie dans toutes les langues *hauteur*, *élévation*, et par analogie *grandeur*, *grosseur*, *rondeur*. De là sont formés en hébreu אבות, Job. 32. 19, Vulg. *lagunculas*, *des bouteilles*, *des outres*, *des vases à mettre le vin*, tous instrumens gros et ronds. תלאובת (thlaoubath), Os. 13, 5, que plusieurs traduisent *locus montuosus*, est formé de תל (thal) *élévation*, et אוב (ob), qui signifie la même chose; c'est un pléonasme ordinaire dans les langues. אבבא (abba), en chaldéen, est un *coq*, c'est-à-dire un animal qui se dresse, qui marche fièrement. Les divers noms qu'on lui a donnés גבר et שכוי (gabar, schakouï) en hébreu, ἀλέκτωρ en grec, *gallus* en latin, *coq* en françois, *jau*, *gao*, *poū*, dans les patois, font tous la même allusion à la hauteur, à la fierté. C'est même un proverbe dans les provinces : *il se dresse comme un pou*, c'est-à-dire comme un coq.

Cette racine a fait en grec ὕβος, *bosse* et *bossu*, Ἄβος, *Abus* ou *Aba*, montagne d'Arménie à la source de l'Euphrate, ainsi nommée du nom général de hauteur. C'est le même que נבו (nabou), autre nom de montagne en hébreu, avec un *n* paragogique, et ces deux syllabes réunies ont formé *Abnoba*, autre montagne à la source du Danube. En ajoutant *m*, qui se glisse facilement devant le *b*, lettre de même organe, on a composé ἄμβη, ἄμβων, *sommet de*

אב.

montagne ou *lieu élevé ;* θρίαμβος, *grande supériorité, grande victoire,* à cause de θρι qui est augmentatif; en doublant la consonne de la racine, nous avons βουβὼν, *tumeur, grosseur :* de là vient la syllabe *bob, bub,* dans plusieurs dérivés de *bos, bovis,* qui signifie un gros animal.

En latin *obba* et *ambo,* est un vase à gros ventre, comme אבות (aboth) dans Job. *Umbo* est le dessus d'un bouclier ou d'une montagne ; *ab* et *ob*, prépositions, sont souvent augmentatives en composition, comme *abedo, abnego, absumo, obbibo, obdormio.* Les anciens Latins disoient *haba* pour *faba,* une fève, un gros légume; *fève* a changé le *b* en *v* : *ova*, des œufs, de même; ils se disoient ὤβεα chez les Argiens; ainsi *ovare, triompher,* est analogue à ἄμβων et θρίαμβος du grec, par la même mécanique.

Jubé, en françois, signifie une tribune, un lieu élevé dans une église; l'aspiration initiale de la racine y est changée en *J* consonne. Nos grammairiens ont dit qu'il étoit ainsi nommé de la formule *Jube, Domine, benedicere,* qui commence les leçons de matine; mais les patois nous font sentir la fausseté de cette allusion ; ils appellent un jubé *jechou,* du verbe *jucher, élever* ou *percher,* et c'est précisément la traduction de ἄμβων qui est son nom en grec. *Bombe,* gros boulet, a doublé la consonne comme βουβὼν, et *bombé* signifie élevé en voûte; *bobine* a fait de même, aussi bien que βεμβέω, *tourner.*

Je prie le lecteur de remarquer tous ces change-

אב.

mens de lettres; ils continueront constamment de même dans toutes les dérivations suivantes. On peut les retrouver en hébreu, comme ailleurs; ainsi אב dans ce premier sens est relatif aux syllabes הב et עב, qui ont une aspiration plus forte, et aux racines אף, הה, עף, où le ב est changé en ף qui est de même organe.

2° אב, *élévation* au propre, signifie la même chose au figuré, c'est-à-dire *prééminence, supériorité, autorité*. אב, en hébreu, *père*, et au pluriel *ancêtres*, auteur, maître, seigneur ou docteur, roi, prince, etc. בית אב (bith ab), 1. Paral. 24, 6, famille principale. Dans le premier âge du monde, les pères étoient les seuls souverains dans leur famille, c'est la première origine du gouvernement parmi les hommes : ils pouvoient seuls instruire leurs descendans. L'identité des noms de père, de roi, de docteur, est donc un monument des anciennes mœurs. Nous en retrouvons encore des vestiges dans les patois, où l'on appelle un père *sirot*, diminutif de *sire*, seigneur. En latin *avi*, les aïeux, se nommoient autrement *majores*; nous disons aussi *grand-père*, *grand-mère*, pour père et mère anciens; et *mes auteurs*, pour mes aïeux.

Il est clair que ce nom *avus* est le même que l'hébreu *ab*, par le changement du *b* en *v*. Les Grecs au contraire disoient ἀπφὺς ou ἄππας, par une prononciation plus dure; et en doublant la consonne, πάππας et πάππος. Ces deux derniers ont passé en

אָב.

latin, en françois et dans la plupart des autres langues; et c'est un des premiers mots que les enfans prononcent.

Aba, selon Calepin, est le nom que les jeunes gens donnoient aux vieillards; il signifie *pater ;* par conséquent Βαυβὼ, nourrice de Cérès, peut exprimer *vieille*, ou *mère*. Dans *abavus* et *abavia*, *ab* est augmentatif; il répond au grec ἐπὶ dans ἐπίπαππος, *bisaïeul* ou *trisaïeul*, et ἐπιτήτη, *grand'tante* : c'est toujours la même allusion. *Jubeo*, commander, exercer la supériorité, a changé l'aspiration douce en *j* consonne, comme *jubé* de l'article précédent.

Le mot françois *abbé*, emprunté du syriaque *abba*, nous a rendu cette racine familière; mais nous aurions peine à la reconnoître dans *aïeul* et *aïeux*, sans le latin *avus*. Nous verrons souvent le *v* changé en *i*, ou au contraire; ainsi *lævis* répond au grec λεῖος, *clavis*, à κλείς, etc., comme *avus* au françois *aïeux*.

3° Par analogie à 1° *élévation*, אָב signifie *les cris, l'élévation de la voix*. Ce sens peut encore avoir rapport à l'article 12° ci-après; parce que le souffle, les sifflemens et les cris aigus se ressemblent. אֲבוֹי (aboui) Prov. 23, 29, *cris de douleur, regrets, soupirs*; יָבַב (iabab), *crier, hurler*, avec un י (i) au lieu d'aspiration; אִבּוּ (ibou) en chaldéen, est le *hibou*, le *chat-huant*; oiseau qui jette un cri lugubre pendant la nuit; il est singulier que ce nom se soit conservé en françois. C'est le *bubo* des Latins

אב.

avec la double consonne : aussi ἀβα signifie *clameur* en grec, αἰβοῖ, *cris* de douleur ou d'admiration, comme en hébreu ; ἰβύω, dans Hésychius, *crier* ou *hurler* ; βομβὸς, *bruit, son, tonnerre*.

Ιαμβος a signifié d'abord *des huées, des moqueries* ; ἰαμβίζω, *maledico*. On a donné ensuite ce nom à la poésie mordante, à la satyre et aux vers dont elle étoit composée. Les Grecs ni les Latins n'ont pas connu l'origine de ce mot, puisqu'ils l'ont tiré de la fable. Il vient, disent-ils, d'une certaine Iambé, fille de Pan et d'Echo : pure équivoque qui signifie que la voix est fille de la bouche et du gosier ; פן (pan, pen) *la bouche*, הך (hac, hec) *le gosier*.

4° Par une autre relation à 1° *rondeur*, אב signifie ce qui entoure, ce qui environne, un lien, ce qui ressemble à un lien, ce qui fait les effets du lien, ce qui arrête, ce qui serre, ce qui unit, liaison, union, arrêt. On peut très bien rapporter à ce sens אב, *plante, herbe*, et ses dérivés, surtout אב, *racine*, parce que les racines des herbes ressemblent à des fils ou à des liens, et parce qu'avant l'invention du lin ou du chanvre, les cordes ou les liens se faisoient avec des herbes ou des arbrisseaux pliants ; il en est plusieurs qui servent encore à cet usage. On verra que cette allusion s'est conservée dans toutes les langues. Les syllabes הב, חב, עב, הר, חר, (ab, chab, hâb, har, char), etc., ont encore le même sens.

De là κανναβις, *cannabum*, le chanvre, sont

אב.

composés de *can, canna* (roseau, tuyau), et *ab*, lien ; c'est le roseau dont on fait le fil et les liens. Une preuve que *ab* chez les Latins avoit cette signification, c'est qu'on lit dans plusieurs auteurs *ambi*, des esclaves; *ambio* signifie encore environner comme un lien. *Havir* a exprimé autrefois en françois *prendre* ou *serrer;* on disoit *havi de froid*, pour saisi de froid, serré par le froid. C'est de là que viennent nos termes *habit, habiller,* c'est-à-dire environner, couvrir.

De là encore les prépositions *ab, ob* désignent encore souvent liaison, proximité, réunion ; *prope ab urbe. Ob* signifie *propter* et *simul,* marques de rapport ; et les anciens le mettoient pour *ad,* autre liaison, *obire* pour *adire.* Ωβή, en grec, *tribu, famille,* plusieurs personnes réunies ; comme *ambo* en latin, deux ensemble ; ἑβάω en Laconie signifioit *s'arrêter, cesser, se reposer;* βαυβάω, *dormir* ou *endormir;* nouvelle allusion à אב, lien, arrêt ; elle reviendra dans toutes les racines de même sens ; et on l'a déjà vu, quatrième dissertation, § 3.

5° Par la même analogie, אב signifie liaison, attache, au figuré, c'est-à-dire attachement, inclination, volonté, désir ; אבה (abah), *désir, volonté, souhait;* אבה (abah), *vouloir, consentir, être d'accord, uni de sentiment;* אבי (abi), Job. 34, 36, Vulg. *utinam!* signe de désir ; תאב (thaab), *désirer;* יאב (ïab), ps. 119, 31, *desiderabam;* אביונה (abiounah), *désir, concupiscence.*

אב.

Je ne connois point encore de termes grecs qui aient ce sens, mais on ne peut oublier le latin *ambio*, désirer, rechercher, souhaiter; ni le françois, *envi*, *envie*, *envier*, où le *b* est changé en *v*. Cette même signification reviendra dans les syllabes הב, חב, יב, (hab, chab, jab), etc.

6° Dans le même sens אב exprime ce qui nous plaît et nous attache, ce qui est bon, agréable, désirable. Ainsi en chaldéen טאב (téeb), *être bon, doux, agréable*, peut être formé de ט augmentatif, et אב. טיבא (tiba) en syriaque, *bonté, douceur, plaisir, béatitude*. L'hébreu a fait par contraction טב (tob) *bon, bien;* et טוב (taouab), *être bon*. On peut supposer au contraire que טב est la racine, que טאב en a été dérivé par l'addition de l'aspiration au milieu pour alonger la syllabe; et c'est ainsi que nous l'avons envisagé, 5° dissertation, § 2. Ces deux opinions sont indifférentes, parce que אב et טב sont synonymes.

Le grec ἄπφα, mot de tendresse entre frère et sœur, vient de cette racine par la prononciation que nous avons remarquée dans ἀπφὺς, art. 2. On lit dans quelques auteurs latins, *abo*, *abare*, caresser, témoigner de l'amitié.

7° Par une autre allusion à 4° *lien*, אב signifie un autre effet du lien, serrement, gêne, incommodité, misère, pauvreté : ces idées sont toujours réunies dans les diverses langues. Le peuple appelle encore un homme qui est dans le besoin, *un homme serré*, un

אב.

homme à l'étroit; angustiæ, chez les Latins, signifioit un lieu étroit, le chagrin et la disette. On dit aussi d'un homme malade qu'il est *arrêté;* c'est toujours le même rapport. De là viennent en hébreu אביון (ébioun), *pauvre, misérable, mendiant;* אבי (abi), interjection qui marque la douleur; כאב (caab), *douleur, tourment;* כאב, דאב (caab, daab), *souffrir, être malade* ou *languissant;* de là encore le nom איוב (aioub), *Job*, c'est-à-dire pauvre ou souffrant.

Αβιος en grec signifie *pauvre* et *languissant*, comme *ebion* en hébreu, et on lit dans quelques auteurs *hebeo, hebeonis*, dans le même sens. *Hebes* en approche encore; *have* en françois exprime pâle et languissant, et le mot enfantin *bobo* signifie mal, douleur.

Cette signification de אב, contraire aux précédentes, leur est cependant analogue, par rapport à l'idée primitive de lien, idée intermédiaire qui rapproche les deux opposés. Voyez la première dissertation, § 9.

אב, signifiant pauvreté, est encore analogue à 9°, ci-après, *vide, manquement, défaut;* et on pourra faire les mêmes observations sur toutes les racines qui désignent un lien.

8° Dans un sens contraire aux précédens, אב signifie *séparation, sortie, éloignement, aversion;* אבע dans la version syriaque du ps. 45, 2, *eructavit*, pousser dehors, faire sortir; איב (aïb), en-

אב.

nemi; איבה (aïbah), *inimitié, aversion;* היב (haïb), היבא (hiba) en chaldéen, *méchant*, qui inspire de l'aversion. C'est la signification de *ab* en latin, dans *abigo, abeo, ablego;* φόβος, en grec, *la fuite, l'éloignement,* φοβέω. *mettre en fuite,* ont changé l'aspiration en sifflement. Le françois en a substitué un autre dans *gibier,* synonyme à *chasse,* et *giboyer,* qui veut dire *chasser.* Nous verrons à l'art. du ב, que dans toutes les langues il se met pour les sifflemens et les aspirations; אב dans ce sens s'est conservé aussi simple dans *hober,* vieux mot qui signifie *bouger, s'éloigner; ne hobez point de là*; il est fort usité en Picardie.

9° Par relation au précédent, אב signifie *creux, vide, profond.* Ce sens est directement contraire à l'art. 1° *élévation,* mais il est analogue à *séparation* et *sortie; vider la maison,* c'est sortir de la maison. *Viduus* en latin exprime aussi la privation; *viduus pharetrā,* dans Horace; voilà pourquoi nous avons dit à l'art. 7°, que אביון (ebioun), *pauvre,* peut se rapporter ici. Il en est de même de אובבא (abouba), en chaldéen, *flûte, tuyau,* et אבות (aboth), *vases, bouteilles,* tous instrumens creux. L'on a eu soin d'avertir, 1re Dissertation, §. 8, qu'un même mot peut se rapporter à plusieurs racines. Nous retrouverons ce même sens à חב et אף (chab et aph).

Υϐ en grec a dû signifier *vide,* puisque ὑϐάζω, dans Suidas, signifie *vomo,* vomir; c'est rejeter et se vider; ὑϐ en dorien, signifioit *dessous,* comme *sub*

אָב.

en latin ; ὑϐϐάλλω, pour ὑποϐάλλω. Or le dessous, le bas, la profondeur, le vide, sont des idées analogues ; on en verra mille exemples.

Bibo en latin, avec la double consonne, signifie *vider*, *rendre vide* ; il a le même rapport avec אָב, בב (ib, bib), *creux* ou *vase*, que *potare* avec notre substantif *pot*, et πύω avec *pinte* et *pinter*. *Abdomen*, le bas-ventre, est composé de *ab* et *dom*, deux syllabes qui signifient *creux*, *profond*, pléonasme ordinaire. *Abbée*, en françois, est l'ouverture par où l'eau passe pour tomber sous la roue d'un moulin. *Pipe*, mesure creuse ou tuyau, est le même mot que *bibo*, par la substitution des consonnes de même organe.

10° Par analogie à 8°, *sortie*, אָב signifie *ce qui sort de terre*, *fruit*, *production en général* ; אָב, *plante*, *arbre*, *fleur*, *germe*, *herbe*, *verdure* ; אביב, (abib), *un épi sur pied* ; Exod. 13, 4, il signifie le mois du printemps, de la verdure, des premiers fruits ; אבא (aba), en syriaque, *un fruit* ; הבבא, (habba), *une fleur* ; אבב (abab), en chaldéen, *produire du fruit*.

Ἥϐη, en grec, *la jeunesse*, *les jeunes gens*, *tout ce qui est jeune* ; il se dit des animaux et des plantes ; ἄϐος, *jeune*, *tendre* ou *mûr* ; ἡϐάω, ἐφηϐάω, *croître*, *grandir* ; βαϐάζω, βαμϐαίνω, *bégayer* comme les enfans.

Les mots latins *pubes*, *pubeo*, *pubesco*, ont changé l'aspiration grecque en consonne labiale ana-

אב.

logue au sifflement. Le patois *bobe*, petit garçon, a seulement doublé la consonne radicale, et les Allemands disent *pueb*, comme en latin. Le françois *babouin* et *babiole*, fait encore allusion aux enfans.

Ce dernier sens de אב nous donne lieu de douter si dans plusieurs noms propres hébreux, il signifie *pater*, comme le croient les grammairiens. Il n'est pas probable que David ait nommé son troisième fils אבשלום, Absalom, *pater pacis*, mais plutôt *filius pacis*, ou *fructus pacis*; אב pourroit même être seulement particule augmentative, par rapport à l'art. 1°, et Absalom signifieroit *magna pax*.

11° אב employé, comme on vient de le voir, pour désigner la verdure, et par analogie la jeunesse et les enfans, a servi conséquemment à désigner la *petitesse*, qui est le sens opposé à l'art. 1°; et cette opposition est sensible dans ἥβη, *jeunesse*, et par conséquent *petitesse*, comparé à ἡβάω, *croître*, devenir grand. Voilà comment les racines ont reçu insensiblement les deux sens contraires. Voyez première Dissertation, §. 9. Cette idée de petitesse se fait surtout sentir dans βαβάζω, βαμβαίνω, *babouin*, qui nous rappellent le *bambino* des Italiens ; et une preuve que ce sens n'est pas le plus ancien, c'est que אב ne l'a point dans les langues orientales.

12° אב signifie *le souffle*; c'est la même racine que אב et אף (av et aph) qui sont peintures du souffle, comme on l'a vu dans la quatrième Dissertation, §. 2, parce que ces consonnes sont de même or-

אב.

gane ; אב *mauvais esprit, devin, homme inspiré par un génie, magicien ;* אבות (aboth), *des soufflets, ou des esprits follets ;* אבובא (aboubà), *flûte*, instrument à vent, peut encore s'y rapporter. Par cette signification l'on explique fort naturellement אבות אבה (aboth abah), Job. 9, 26. Ce n'est point *naves desiderii*, ni *naves pomorum*, comme on l'entend ordinairement ; mais *naves venti*, *naves afflatœ*, des vaisseaux poussés par le vent.

Le grec, en changeant l'aspiration douce de *ob*, *oub*, en sifflement, a formé Φοῖϐος, nom d'Apollon, le dieu des devins et de la magie ; φοιϐάζω, φοιϐαύω, *deviner, prédire*. Ἀϐὰς, ἀϐης, dans Hésychius, signifient un *fol*. Or ce terme fait allusion au souffle ou au vent, comme notre substantif *folie* est analogue à *follis*, un soufflet. Par la même analogie nous disons une *tête pleine de vent*, pour une tête folle, et nous appelons *esprit follet*, une exhalaison qui voltige.

On reconnoît aisément le chaldéen *abbouba* dans le terme d'Horace *ambubaiœ*, des joueuses de flûte. *Bombus*, en doublant la consonne, est le souffle, ou le son de la trompette, et un vent malhonnête. On peut rapporter à la même racine le françois *bibus*, terme de mépris ; elle a pris un sifflement plus fort dans *fifre*, emprunté de l'allemand *pfeiff*, et on apercevra le même changement, en confrontant les syllabes אב, חב, נב, הב, חו, אף, הף, חף, עף, ab, chab, nab, hab, chav, aph, haph, chaph, âph, qui toutes signifient la même chose.

אב.

13° אב signifie *le feu*, par analogie avec l'article précédent, et avec le suivant; parce que l'air, le feu, et l'eau, ont été réprésentés par le souffle. (Voyez première Dissertation, §. 9.) Ainsi תלאובת (thla-oubeth), Osée, 13, 5, est entendu par quelques-uns de la chaleur ou de la sécheresse, qui sont les effets du feu; c'est le sens de la Vulgate qui a traduit *solitudinis*, une terre dévastée par la chaleur : אב en chaldéen, le mois de juillet, le mois des grandes chaleurs.

Αβος exprime de même en grec *sec* ou *brûlé*; et Φοῖβος est *le soleil* et *la lumière*. On lit dans les auteurs latins du moyen âge *ebo*, *ebonis*, le soleil; et de la même racine s'est formé le mot françois *havir*, dessécher la viande au feu.

אב, dans ce sens, est encore le même que חב, אף, עף, par le changement ordinaire.

14° אב signifie *de l'eau*, dans le nom syriaque דאיב (daïb), *fluens*, au lieu duquel les Chaldéens disent par contraction דוב (doub), et les Hébreux זוב (zoub).

Aussi είβω en grec exprime de même *fluo*; είβιμος, *fluens* ou *stillans*, κατείβω, *effundo*. βομβός, en doublant la consonne, est une rivière de Cilicie, selon Pline. *Abus*, dans Ptolomée, est un fleuve d'Angleterre, appelé aujourd'hui *Humber*. Cette prononciation moderne nous fait comprendre : 1° que ὄμ-βρος, *imber*, de la pluie; et *hibernus*, viennent de *ob*, *ib*, comme *Humber* de *Abus*; 2° que ces noms de rivières ne sont autre chose que le terme général

אב.

d'eau, comme il a été dit huitième Dissertation, §. 2. Ainsi *Aube*, rivière de France, ne signifie point *alba*, et son eau n'est pas plus blanche que celle des autres rivières ; mais c'est le même nom que *Abus*.

Uveo, *uvèsco*, être humide, *uvidus*, ont changé le *b* en *v*. La même chose est arrivée dans *hive*, *ave*, *ove*, noms patois qui désignent de l'eau ; dans *hiver*, *hiverner*, etc. ; l'hiver est le temps pluvieux. Voyez la sixième Dissertation, §. 4.

Ce changement est le même en hébreu, où אב, חו, אף, ont le même sens. Ce monosyllabe a conservé toute sa simplicité dans le françois *ebe*, le reflux de la mer, la décrescence du flot, et il a été latinisé par quelques auteurs qui ont dit *ebba*. Il peut encore avoir rapport à 8° et à 9°, *éloignement* et *vide*.

L'équivoque du nom אב, *liqueur*, et אב, *jeunesse*, a fait dire aux mythologues qu'Hébé donnoit à boire aux dieux. Hébé est fille de Jupiter et de Junon, c'est-à-dire que la pluie est fille du ciel et de l'air ; on conçoit cela sans effort.

Il est bon de remarquer que אב, *eau*, *liqueur*, est encore analogue à אב, *profondeur*, art. 9°, parce que l'eau ne se trouve que dans les lieux bas et profonds ; ces deux sens sont presque toujours réunis dans les racines.

Voilà donc quatorze significations attachées à la même syllabe, qui ont entre elles une liaison évidente et qui reviennent dans le même ordre, avec les

אב.

mêmes variétés de prononciation dans quatre langues. Cette conformité paroît démontrer le principe sur lequel porte le système que l'on a tâché de développer dans les dissertations précédentes ; que les vraies racines du langage sont monosyllabes ; qu'elles sont les mêmes dans toutes les langues ; que tous les peuples ont suivi et suivent en parlant le même fil dans leurs idées, et les mêmes règles dans leur prononciation; que c'est à ces mots simples et primitifs qu'il faut s'attacher pour trouver les vraies étymologies, pour comprendre la structure intime et le génie des langues, et qu'en suivant cette nouvelle route, on peut faire d'utiles découvertes en plusieurs genres.

Mais si l'examen d'une seule racine suffit pour en convaincre un esprit droit et non prévenu, il est à présumer qu'un Dictionnaire, où seront rassemblés environ trois cents monosyllabes, selon la même méthode, mettra cette vérité dans un plus grand jour, et pourra mériter l'attention des savans.

FIN.

ESSAI

DE

GRAMMAIRE GÉNÉRALE.

FAUTES IMPORTANTES A CORRIGER.

Page 257, ligne 16, de diverses, *lisez* des diverses.
— 261, — 32, comprendre, *lisez* surprendre.
— 267, — 23, au de la, *lisez* au terme de la.
— 291, — 32 et 33, qui aie....et qui aie, *lisez* qui ait.
— 294, — 11, senti, *lisez* sentie.
— 301, — 15, damande, *lisez* demande.
— 314, — 27, pourquoi que, *supprimez* que.
— 525, — 9, poronm, *lisez* pronom.

ESSAI
DE
GRAMMAIRE GÉNÉRALE,

D'APRÈS LES PRINCIPES ÉTABLIS PAR BERGIER.

———→∞←———

> Puisque les mots sont les signes des idées, l'histoire du langage renferme l'histoire de toute philosophie.

Parmi tous les écrivains qui ont traité de la grammaire générale, aucun, jusqu'à ce jour, n'a présenté de système complet, absolu, applicable à toutes les grammaires particulières, qui trouvât dans celles-ci sa perpétuelle confirmation, et dont elles ne fussent que des corollaires plus ou moins diversifiés. On a raisonné longuement sur les parties du discours; on a rendu compte de leurs fonctions et de leurs propriétés; on a montré, dans le dernier détail, le jeu et la mécanique des langues : mais on n'a pas également réussi à débrouiller la généalogie de diverses espèces de mots, ni à suivre le fil qui les unit; on n'a pas expliqué d'une manière satisfaisante par quelles imperceptibles transitions le langage, des élémens les plus simples, s'est progressivement élevé jusqu'à l'étonnante richesse et à l'infinie variété où il est aujourd'hui parvenu, et dont il n'a même fait que dégénérer sans cesse depuis les siècles de Platon et d'Homère. En deux mots, on a très bien répondu au *pourquoi*, mais on n'a pas su dire le *comment*.

De si médiocres succès, après de si constans efforts, tiennent surtout à deux causes. L'un, philosophe raisonneur plutôt que philologue érudit, construisoit son plan sur des abstractions au lieu de l'établir sur des faits, mettoit partout l'imagination à la place de l'étude, et donnoit ses spéculations pour la vérité. L'autre, grammairien à la vaste érudition, possédoit une multitude de langues et jouissoit de l'inestimable avantage de pouvoir comparer d'immenses matériaux; mais il manquoit de ce génie qui sait rassembler les rayons épars de lumière, aperçoit l'ordre dans la confusion, et saisit l'unité dans le chaos. Chacun enfin, confondant, agitant ensemble des principes métaphysiques et des faits grammaticaux, s'efforçoit d'extraire, de cet indigeste mélange, les éternelles lois du langage, et ne réussissoit qu'à fabriquer de prétendues règles générales qui ne pouvoient convenir à tous les cas particuliers, que la raison et l'expérience démentoient, qui se contredisoient et se réfutoient elles-mêmes.

Parmi tant d'hommes vraiment habiles, pour ne citer que les plus illustres, CONDILLAC pose en principe « qu'une expres-
» sion qui paroît simple, parce qu'elle est formée d'un seul
» mot, est composée lorsqu'elle équivaut à plusieurs élé-
» mens. » En conséquence il exclut des parties du discours le pronom, l'adverbe, et la conjonction. Il dit ailleurs : « Il
» ne faut que des substantifs pour nommer tous les objets ;
» il ne faut que des adjectifs pour exprimer toutes les qualités ;
» il ne faut que des prépositions pour indiquer tous les rap-
» ports ; enfin il ne faut que le seul verbe *être*, pour pro-
» noncer tous nos jugemens. » Et de ces principes si clairs, et en apparence si certains, Condillac conclut que les seules parties d'oraison sont le nom, l'adjectif, la préposition et l'adverbe. Mais la préposition n'est pas plus simple que la conjonction, et, comme celle-ci, peut toujours être ramenée à un nom ou à plusieurs élémens : donc il falloit, d'après le premier principe, retrancher la préposition des parties du discours. Quant au verbe *être*, je ferai voir qu'il est d'une origine toute récente, qu'il est né des conjugaisons bien loin d'en être le père, que la *proposition* peut très bien se passer de lui, en un mot qu'il est, de tous les signes de la pensée, le dernier venu et le moins nécessaire.

Condillac range l'article et les pronoms parmi les adjectifs, *parce qu'ils modifient* ; mais pourquoi en excepter *je* et *tu*, dont il fait des substantifs ? Est-ce qu'ils ne modifient pas le verbe absolument comme *il, elle* ? D'ailleurs cette réforme, très bonne en grammaire générale, ne sauroit être admise en grammaire françoise. Il est trop évident, en effet, que *le*, *la*, *ce*, *cet*, *qui*, *que*, *il*, *elle*, ne modifient pas comme *grand*, *rouge*, *carré*, etc., et qu'il faudroit au moins établir pour ceux-là une sous-division parmi les adjectifs. Autant valoit les laisser à la place qui leur avoit été assignée.

Ce grammairien, ordinairement si profond et si judicieux, trouve très fausses les dénominations que l'on a données aux temps des verbes. Qu'il ait tort ou raison, ce n'est pas ce que j'examine : mais, après avoir montré l'insuffisance de ces dénominations, il étoit du devoir d'un grammairien d'en proposer de meilleures. Sait-on de quelle manière Condillac imagine d'y suppléer? « Le verbe *faire* varie dans tous ses temps » et dans tous ses modes. Or, pourquoi ses variations ne ser- » viroient-elles pas de dénominations aux autres verbes? » Pourquoi ne diroit-on pas le passé *je fis* du verbe *aimer* » est *j'aimai*; le futur *je ferai* est *j'aimerai*? » C'étoit bien la peine de critiquer si amèrement les grammairiens ses devanciers, pour ensuite nous donner comme une découverte une idée puérile, renouvelée des rabbins! Nous voilà donc revenus à *phál*, *niphál* et *hithphaël*! Pour couronner l'ouvrage, il ne manqueroit plus que d'y joindre *scheva*, *mappik* et *athnac*.

Au surplus, un philosophe qui, après avoir démontré que sans la parole et les signes, la pensée ne peut se former, conclut de là que l'homme, avant d'avoir eu la pensée, a inventé le langage, ne promettoit pas de suivre en grammaire une marche plus sûre, et d'être plus conséquent.

Court de Gébelin, avec vingt fois autant d'érudition qu'il en falloit pour produire un chef-d'œuvre, ne nous a pas même donné un bon ouvrage. Il n'avoit pas l'étoffe d'un parfait grammairien. Dans son livre, je ne parle que de sa *Grammaire universelle*, mal conçu, sans méthode et prodigieusement diffus, on rencontre à chaque page, à travers un pathos risible et des déclamations sentimentales, des principes outrés, des étymologies affectées et tirées de loin, des contradictions sans nombre. Nulle profondeur dans les vues, nulle liaison dans les idées et dans les faits, nulle justesse dans les déductions, nulle sûreté dans la doctrine. Sans cesse il confond, avec les notions subséquentes de la grammaire particulière, les principes universels de la grammaire générale. Ainsi, après avoir démontré, par l'étymologie et l'analyse, que tous les mots viennent des noms, qu'ils sont ou qu'ils ont tous été des noms, au lieu de tirer cette conséquence si simple, que la grammaire universelle ne reconnoît que deux espèces de mots, substantifs et attributifs, il n'en persiste pas moins à soutenir que les dix parties du discours ont toujours et nécessairement existé dans toutes les langues ; que c'est le rôle que joue le mot, et non pas sa signification originelle, qui doit décider s'il constitue ou non une nouvelle partie d'oraison. Il va jusqu'à dire, que si l'on en jugeoit autrement, *il faudroit reconnoître que les Chinois n'ont presqu'aucune de nos parties du discours.* N'est-ce pas avouer son foible, et donner gain de cause contre soi? Pour conserver entier ce nombre sacré de dix espèces de mots, il donne des articles au latin, des verbes à l'hébreu, et cinq ou six espèces nouvelles au chinois.

Suivant Court de Gébelin, tout dans le langage est soumis à la nécessité, la parole, les mots et jusqu'à la prononciation. Le monosyllabe *gour*, dont il donne la nombreuse famille, exprime toute idée de cercle, de tour, d'enceinte : c'est parce que « la langue, pour prononcer ce son, parcourt tout le » circuit de l'instrument vocal ; car, en commençant à le » prononcer, elle appuie contre le bas de la mâchoire infé- » rieure, et partant ainsi de l'extrémité extérieure de l'in- » strument vocal, elle s'élève vers le palais pour se replier » vers l'extrémité intérieure de cet instrument, ou vers le » fond de la bouche, ensorte qu'elle décrit un demi-cercle. »

C'est avec de pareilles idées, propres seulement à jeter la défaveur sur toute étude grammaticale et étymologique, que cet écrivain, d'ailleurs si savant, si consciencieux, si passionné pour la gloire et l'avancement de la science, si estimable à tant d'égards, s'attira les critiques malignes de gens qui n'étoient point aptes à le juger, et le ridicule attaché à son nom. Il avoit le malheur de prendre ses longues citations pour des raisonnemens, et la masse de ses connoissances pour une démonstration. C'est ainsi qu'après avoir ramené toutes les langues à une langue primitive, formée d'élémens simples et très peu nombreux, après avoir expliqué la formation du son et le mécanisme de la voix, il crut avoir trouvé l'origine du langage.

Quelques années avant Condillac et Court de Gébelin, un prêtre des montagnes du Doubs consacroit les loisirs du presbytère à des études approfondies sur les langues, et faisoit part au public de ses intéressantes découvertes. Mais, soit que la science grammaticale de l'époque ne s'accommodât pas de résultats qui n'alloient à rien moins qu'au renversement de toutes les doctrines reçues, soit que les aigles d'alors, surpris et jaloux de se voir dépasser par un obscur rival, s'entendissent pour étouffer le labeur du curé grammairien, les *Elémens primitifs des langues* furent décriés dans le Journal des savans, et l'Auteur critiqué amèrement. Malgré ce dénigrement injuste, l'Europe savante accueillit avec transport l'essai de Bergier, qui trouva dans Court de Gébelin lui-même, l'homme le plus capable d'apprécier son ouvrage, un sincère et zélé défenseur. Celui-ci n'avoit garde de dédaigner les secours que lui fournissoient les recherches de l'ecclésiastique franc-comtois pour son grand ouvrage du *Monde primitif*; aussi y trouve-t-on répandue presque toute la substance du livre de Bergier, et le nom de l'auteur toujours cité avec éloge. Et je ne crains pas de le dire, il y a plus de science, plus de philosophie dans le petit volume des *Elémens* que dans l'énorme Grammaire de Court de Gébelin; car il sera toujours plus aisé d'étaler, à l'aide de vingt grammaires et dictionnaires, de longues familles des mots; de coudre des phrases pompeuses sur *l'excellence* du verbe substantif, de s'extasier sur les beautés du pronom et du participe et sur les admirables perfections de l'interjection, que d'observer la marche secrète et la lente élaboration du langage, que de comprendre la cause cachée de ses variations, de ses métamorphoses et de ses progrès. Le premier est d'un rhéteur, le second d'un vrai philosophe.

Si jamais homme parut réunir au plus haut degré toutes les qualités qui font le parfait grammairien, ce fut Bergier. Connoissance des langues, sagacité dans les recherches, finesse d'observation, clarté de style, simplicité et profondeur pour les définitions, il avoit tout. Si des intérêts sacrés et des luttes plus glorieuses ne l'avoient détourné de ses études linguistiques, peut-être lui devrions-nous aujourd'hui le vrai système de la grammaire universelle, et la science, bornée désormais à de simples applications, n'auroit plus de progrès à espérer.

Lorsque, en parcourant une plaine nous apercevons un cercle de montagnes à l'horizon, nous jugeons aussitôt qu'à une certaine profondeur, sous nos pieds, existe une nappe d'eau. Tel le génie perçant et infatigable de Bergier avoit deviné par la comparaison des langues, que de neuves et importantes découvertes étoient enfouies sous les ruines amoncelées du langage. Espérant faire jaillir la vérité, comme une source pure, des entrailles de la science, il creusa, creusa ; mais il n'atteignit pas le dernier anneau de la chaîne qu'il avoit saisie, et ne fit qu'entrevoir les richesses de ce sol inexploré. La brillante moisson que promet la science du langage à ceux qui la cultivent, ne sera jamais le prix des efforts d'un seul homme ; elle ne demande pas moins que les travaux réunis de tous les linguistes, et peut-être de plusieurs siècles.

Il faut du courage, aujourd'hui, à qui veut s'enfoncer dans les profondeurs de la linguistique, et se livrer à des études ingrates, où rarement le public peut être juge, et qui ne promettent à l'infortuné qui s'égare, que le ridicule et le regret cuisant de sa peine perdue. J'ose descendre à mon tour dans cette mine féconde en catastrophes. J'ai essayé de mettre en corps de doctrine les principes épars dans les *Elémens primitifs* : appuyé sur les faits prouvés par Bergier et sur mes propres observations, je vais, dans un exposé rapide et succinct, présenter l'ensemble de la grammaire générale, l'ordre et l'enchaînement des principales découvertes opérées dans l'art de la parole, et les causes qui les ont amenées ; enfin je proposerai quelques-unes des conséquences qui me semblent résulter des vérités les mieux établies et les plus universellement reconnues de la science.

§. I. Langage.

Le *langage* est une imitation de la nature, réfléchie par la pensée, et rendue par les sons articulés de la voix.

Il ne fut d'abord qu'un recueil de peintures matérielles d'objets matériels.

Mais, par l'analogie qui existe entre la substance et les modifications des corps, et la substance et les modifications de l'esprit, ces mêmes peintures servirent à exprimer métaphoriquement les idées spirituelles et morales. Voilà pourquoi Dieu, l'âme, l'esprit, reçurent des noms qui peignoient la vie, la respiration, le souffle. Le premier langage se composa en partie de symboles, comme la première écriture d'hiéroglyphes.

Enfin le temps, les lois de l'euphonie, les vices de prononciation, le développement progressif du langage et beaucoup d'autres causes, altérèrent peu à peu et finirent par effacer entièrement les traits caractéristiques des noms primitifs, et de là vient que dans nos langues modernes on ne rencontre presque plus d'expressions imitatives, que celles que le besoin fait chaque jour inventer.

Tout ce qui existe est matière ou esprit.

Or, le langage a pour but d'exprimer toutes les idées, 1° des corps et de leurs accidens, 2° de l'âme et de ses opérations.

Donc, sitôt que le langage suffit à représenter l'esprit et la matière, le langage est complet.

§. II. Grammaire.

La *grammaire* est la science qui traite du langage : elle se divise en grammaire *générale*, et grammaire *particulière*.

La grammaire générale traite de l'origine et de la formation du langage, des matériaux qui le composent, et des lois nécessaires et invariables suivant lesquelles ces matériaux se coordonnent entr'eux pour former le discours. La grammaire générale s'occupe encore de la comparaison des langues : quant à l'étude des rapports qui existent entre la langue d'un peuple et ses mœurs, ses lois, son génie, son état philosophique et religieux, elle est plutôt du ressort de la littérature que de la grammaire.

La grammaire particulière est l'art de parler et d'écrire correctement une langue.

La grammaire particulière est donc à la grammaire générale, ce que la description d'une petite partie de la terre est à la connoissance générale du globe, ce que la géographie est à la cosmographie.

§. III. Racines.

Qu'offre le monde à la pensée, le monde intellectuel ainsi que le monde physique? des êtres et des modifications. Tout, dans la nature, est ou substance ou attribut, et le langage n'avoit que deux choses à peindre et à nommer. Donc,

Il y a deux espèces de mots, et il ne sauroit y en avoir que deux, le nom *substantif*, et le nom *attributif*.

Mais lequel, du sujet ou de l'attribut, fut nommé le premier? en d'autres termes, les *racines* des langues sont-elles des substantifs ou des attributifs?

La réponse à cette question présente quelque embarras. L'attribut n'étant qu'un accident du sujet, et la modification dépendant entièrement de la substance, sans laquelle même elle n'est pas, il semble d'abord naturel et logique de penser que les substantifs seuls renferment les vraies racines; et une conséquence de ce principe seroit de réduire encore le nombre des espèces de mots, de telle sorte que tout seroit nom dans le langage. Mais d'un autre côté le sujet n'a pu être représenté que par ses qualités ou modifications; et l'on auroit également droit d'en conclure que celles-ci durent les premières être connues et nommées.

Cette difficulté, toute métaphysique, est nulle en grammaire. L'homme, lorsqu'il cherchoit des expressions à ses idées, n'a pas ainsi séparé, par une distinction subtile, l'attribut du sujet; il n'en savoit pas assez pour cela. Les choses et leurs qualités existoient simultanément pour ses sens, et l'expérience nous apprend qu'il a nommé spontanément les unes et les autres.

Tel individu, il est vrai, aura quelquefois servi de type pour caractériser les individus de même espèce, et son nom sera devenu générateur d'attributifs : mais réciproquement telle qualité, manière d'être, ou façon d'agir, servant à reconnoître un individu, lui aura donné son nom, et l'on aura vu la qualité servir à nommer la substance, comme les sobriquets ont produit les noms de famille. Donc,

Les racines sont tantôt des substantifs, tantôt des attributifs.

§. IV. Genre.

La première chose qui attira les regards de l'homme, quand il tourna les yeux sur lui-même et sur ses semblables, fut sans doute la distinction des sexes, distinction qu'il sentit bientôt le besoin de marquer dans le discours, puisque sans elle il ne pouvoit faire connoître la nature des personnes. Comment s'y prit-il pour introduire cette nouveauté dans son langage? Par quelle analogie d'idées déjà acquises, fut-il conduit naturellement à donner des sexes à ses paroles, et à distinguer les mots en mâles et femelles?

Dans toutes les espèces d'animaux, la femelle est ordinairement l'individu le plus petit, le plus foible, le plus délicat : il étoit naturel de distinguer ce sexe par l'attribut qui le caractérise, et pour cet effet le nom s'alongea d'une terminaison particulière, image des idées de mollesse, de foiblesse, de petitesse. C'étoit une peinture par analogie, et le féminin constitua d'abord dans les noms ce que nous nommons *diminutif*. Dans toutes les langues, la terminaison féminine fut donc plus douce, plus tendre, si l'on peut ainsi dire, que celle du masculin : l'hébreu, le grec, le latin, etc., la font en a, le françois en e muet, et l'on sait combien ces deux terminaisons donnent au style de douceur et de grâce. Qu'on relise, pour s'en convaincre, l'idylle de Théocrite intitulée *Polyphème*.

Les êtres vivans ont deux sexes : il y aura donc deux genres, le *masculin*, et le *féminin*.

Parmi les substances, un très grand nombre, privées de sentiment et de vie, n'ont point de sexe : il étoit inutile par conséquent d'en caractériser les noms par les désinences des genres, et cette règle est fidèlement observée en anglois. Mais l'homme, frappé de certaines analogies entre les attributs des différens sexes, et les propriétés particulières des corps inanimés, essaya de faire passer dans son langage cette comparaison de son esprit. *Dieu*, comme père, créateur et roi, fut fait dans toutes les langues du masculin ; tandis qu'en latin *arbor* et les noms de toutes les espèces d'arbres furent féminins, sans doute à cause de la fructification. L'attribution du genre aux êtres dépourvus de sexe, fut donc une véritable métaphore. Puis, chacun envisageant le même objet sous un point de vue différent, il arriva que le nom qui exprimoit la même idée fut tantôt masculin, tantôt féminin, comme *dies*, qui est des deux genres en latin. *Soleil*, masculin en françois, est féminin en allemand, *die Sonne ;* un grand nombre de langues font *la mort* du masculin : *der Tod*, ὁ θάνατος, מות, *maouth*, en hébreu.

Enfin quelques langues ont une terminaison différente des deux premières, et les noms qui la reçoivent sont dits *neutres ;* ce qui n'étoit point une raison suffisante pour que les grammairiens inventassent le genre neutre, comme si c'étoit avoir un genre que de les exclure tous, ou un sexe, de n'être ni mâle ni femelle. Tel grammairien compte jusqu'à cinq genres en espagnol ; tel autre prétend que le genre neutre fut inventé pour les êtres privés de sexe, comme le genre commun pour les hermaphrodites. Toutes ces visions ne prouvent que le défaut de système.

Je dirai ailleurs ce qui donna lieu à la terminaison neutre.

§. V. Nombre.

La nécessité de marquer la pluralité des objets étoit au moins égale à celle de désigner les sexes ; et l'homme, toujours guidé par son merveilleux talent de saisir des rapports et des analogies entre les objets les plus disparates, n'en fut pas moins bien servi dans cette circonstance difficile. Tous les êtres collectifs, la forêt, le troupeau, le sable ou la poussière, etc., sembloient s'offrir d'eux-mêmes à son imagination, et lui présenter chacun une image pour traduire sa nouvelle idée. Ainsi, du mot ים, *im*, qui signifie *mer*, *eau*, *pluie*, et dont le pluriel

ימים, *imim*, peint le mugissement des vagues, la chute d'une cascade ou de la pluie, joint au nom אדם, *adam*, *homme*, on fit אדמים, *adamim*, comme qui diroit *pluie d'hommes*. Le pluriel dans les noms est donc une phrase elliptique qui renferme une métaphore. Et comme il falloit conserver au pluriel la distinction déjà établie des genres, un monosyllabe masculin marqua le pluriel des noms masculins, et un féminin celui des féminins.

Tout être est un ou plusieurs : il y a donc deux nombres, le *singulier* et le *pluriel*.

Quelques langues y ajoutent le *duel*: mais le duel est moins ce que l'on est convenu d'appeler nombre en grammaire, qu'une forme nouvelle et très rarement usitée du pluriel, et qui s'emploie seulement pour les objets doubles de leur nature, ou que l'on envisage sous quelque rapport de duplicité ou de dualité. Cette terminaison en hébreu est ין, אין, *in*, *aïn*, qui paroît dérivée de עין, *âin*, *œil*: elle a passé dans le grec, δυοιν, κεφαλαιν, λογοιν.

§. VI. Article.

Le genre et le nombre avoient été trouvés par de simples comparaisons, et consistoient dans la juxta-position du nom de l'objet comparé, au de la comparaison. Bientôt de nouvelles vues de l'esprit firent découvrir de nouveaux rapports entre les objets; et c'est à exprimer ces rapports que fut destiné l'immense attirail des articles, pronoms, déclinaisons, conjugaisons, prépositions, etc., etc.

L'interjection n'est pas plus une espèce de mots qu'une partie du discours, et je n'en parlerois pas, si elle ne me fournissoit le moyen de reconnoître l'origine et la formation, par conséquent la nature et l'espèce de toute cette classe de mots, qui, sous les noms de pronoms et d'articles, ont si fort embarrassé les grammairiens.

Dans toutes les langues on se sert pour appeler, pour héler, de cris inarticulés, *ó! ha! hé! hó!* Par suite de cet emploi, ces mêmes voix ou exclamations naturelles servirent encore à demander, à désigner un objet qui ne pouvoit être appelé directement, et à attirer sur lui l'attention de l'auditeur. Je m'explique.

He-adam, *ha-arts*, signifièrent dans l'origine, *ó homme*, *ó terre*. Je suppose que deux hommes étoient à la recherche d'un autre, ou d'un champ : le premier qui découvrit l'objet cherché en aura averti son compagnon par ces mots, *he-adam*, *ha-arts*, c'est-à-dire, voici ce que nous cherchons, *l'homme*, *la terre*. Dans nos campagnes, les bergers se crient de loin, *ó loup! ó!* pour s'avertir du danger, et se mettre en garde ; *ho! bœuf! ho!* pour le faire ramener lorsqu'il s'égare, ou le détourner du dommage ; ces interjections, admonitives, démonstratives même, nous indiquent l'origine de l'article.

Ainsi, lorsque pour appeler une personne que nous ne connoissons pas, nous lui crions *l'homme*, *la femme*, *le*, *la*, ne sont autre chose que des interjections.

Cette interjection, *ha*, *hé*, *ho*, servant tout à la fois à appeler, à marquer le besoin et le désir, à demander, à force de se trouver jointe au nom, en devint l'accompagnement le plus ordinaire et souvent inséparable. De là vient qu'en hébreu *he-adam*, *ha-árts*, signifient, *ó homme*, *ó terre*; *l'homme*, *la terre*; *cet homme*, *cette terre*.

Ha, *he*, *ho*, *hou*, et en changeant l'aspiration en sifflement, *za*, *ze*, *zo*, *zou*, en hébreu, d'abord simples cris, servent donc d'articles et de pronoms démonstratifs : mais toutes ces particules sont les mêmes que le grec, ό, ά, οἱ, αἱ, et le latin, *hi*, *hæ*, *ii*, *eæ*, *ea*. Quant au françois *le*, *la*, il vient d'un dédoublement du latin, *ille*, *illa*; or celui-ci est lettre pour lettre l'hébreu אלה, *alle*, *elle*, *ille*, lequel en définitive est toujours notre premier article ה, *ha*, *he*, précédé d'une préposition augmentative, אל, *al*, *el*. Au reste, on comprendra qu'il ne s'agit pas ici de donner l'étymologie de tous les mots des langues, mais seulement d'expliquer l'apparition de chacun des phénomènes du langage ; dès que l'homme eut trouvé le premier des articles, il ne lui fut pas difficile de le varier, de l'étendre, d'en forger même de nouveaux sur le prototype : en toutes choses, c'est le premier pas qui coûte.

Qui l'auroit cru, que ce monosyllabe, dont le sens est si subtil, si délié, si abstrait, l'article, trouvât son origine dans l'expression grossière et toute matérielle d'une affection de l'âme [1]?

De tous les articles, celui qui s'est toujours montré le plus rebelle à l'analyse est *qui*, *que*. Ne pourrions-nous pas ramener à l'origine commune ce fameux relatif, conjonctif, subjonctif; car il a reçu tous ces noms et d'autres encore? En grec, ὅς, ἥ, ὅ, *qui*, *lequel*, *laquelle*, est le même que, ὁ, ἡ, τὸ, *le*, *la*: dans le principe, ils étoient confondus et s'employoient indifféremment l'un pour l'autre; mais le temps, l'usage, et plus encore les auteurs et les grammairiens, établirent peu à peu entre eux une distinction, ce qui n'empêcha pas le relatif d'être souvent suppléé par l'article. En effet, le relatif n'est point d'une nécessité tellement indispensable, qu'on ne puisse absolument s'en passer; quelques exemples, en nous convainquant de ce fait, nous découvriront qu'il n'est lui-même que l'article, alongé ou défiguré.

Si, au lieu de la phrase accoutumée, *La ville qui étoit assiégée, est détruite*, nous disions, *la ville, celle assiégée, est détruite*, cette locution seroit aussi claire et aussi naturelle que l'autre, seulement elle a vieilli en françois. Mais elle est familière et très élégante en grec : Η πολις, ἡ πολιορκουμένη, ἀπώλετο. Lucien commence ainsi un de ses dialogues : Τὸν γέροντα οἶσθα, τὸν πάνυ γεγηρακότα, *Tu connois ce vieillard, celui devenu si vieux*; au lieu de, ὃς πάνυ γεγήρακε, *qui a tant vieilli*. Ces exemples s'offrent en foule à chaque page, dans tous les auteurs grecs.

La même tournure n'est pas moins fréquente en hébreu : קום לך אל־נינוה העיר הגדולה (qoum, lek al Ninouah, ha-âir, ha-gadolah), *lève-toi, cours à Ninive, la ville, la*

---

[1] Court de Gébelin fait venir l'article indéfini *un*, de εἰν, εἶναι, être; le démonstratif *ce* de ζάω, *vivre*, ou ζέω, *fermenter*; *le*, *la*, est pris d'un mot qui signifie *aile*, *flanc* : parce que les objets qu'il indique *sont de côté et non sous les yeux*. Ces étymologies ne sont-elles pas du nombre de celles que Bergier trouve *trop étudiées et basées sur des rapports éloignés et subtils*. Les premiers hommes n'y mirent pas tant de finesse; et si Court de Gébelin, comme Bergier, avoit vécu parmi les paysans, il auroit compris bien des énigmes qu'il n'a fait que rendre plus obscures par ses explications.

grande, au lieu de, *cette ville qui est si grande*. Il seroit superflu de multiplier les exemples : en hébreu et en grec, le relatif n'est rien que l'article, et il en est souvent de même en allemand.

Le latin, qui nous a donné le relatif, n'en connoît pas non plus l'usage dans nombre de cas où le françois ne peut s'en passer : *Dico Deum esse sanctum, utinam venires ; Je dis que Dieu est saint ; plût à Dieu que vous vinssiez* ; et si dans cette langue le relatif est plus fréquemment employé qu'en grec et en hébreu, c'est au manque d'article qu'il faut l'attribuer.

On sera peut-être surpris d'apprendre que *qui, quæ, quod,* est un mot composé. Cependant rien n'est plus vrai. Dans les explications latines, les professeurs des colléges ne manquent jamais de faire décomposer *qui* en *et ille*, afin de rendre la construction plus facile, en coupant la période. Eh bien ! *qui, quis, cujus, quem, quam,* est effectivement une contraction de *q-is, q-ejus, q-eum, q-eam ;* c'est l'article *is, ejus, eum, eam,* combiné avec la conjonction *que*, dont la racine grecque est τε, devenu par un léger changement de prononciation χε, et enfin *que*. Au lieu de placer la conjonction avant l'article, comme dans *quis, quod*, mettez-la après, et vous aurez *hic, hæc, hujus-ce, huic, hunc,* c'est *qui, quæ, cujus, quem* (prononcez *ki, kæ, kem*) retournés. Le relatif latin lui-même est donc encore l'article, mais uni à une conjonction.

Cette décomposition du relatif latin m'offre un moyen facile d'expliquer la construction du relatif hébreu, d'une manière infiniment plus satisfaisante et plus naturelle qu'on ne l'avoit fait jusqu'ici. Tandis qu'en latin et en françois le relatif se décline, parce qu'il n'est que l'article précédé d'une conjonction, en hébreu, il reste invariable ; c'est-à-dire que la première moitié du mot, la conjonction, indéclinable de sa nature, est toujours séparée de l'article par un mot, ou même par une phrase entière. Cette manière d'employer le relatif a prodigieusement étonné les Latins, et leur a fait commettre, dans les traductions, bien des barbarismes, pour avoir voulu conserver ce qu'ils regardoient comme un idiotisme de la langue sainte.

Non sunt loquelæ neque sermones, quorum non audiantur voces eorum. Il y a littéralement, *q– non audiantur voces-eo-*

rum. Sicut pulvis quem projicit eum ventus; il y a : *q- projicit -eum.* Rapprochez l'article de la conjonction, et vous avez *quorum non audiantur voces, quem projicit ventus.* Le bas peuple, en France, ainsi qu'un grand nombre de patois qui ne connoissent pas l'usage du relatif, imite cette tournure ; *l'enfant que sa mère est morte ; le valet que son maître l'a frappé; l'écolier qu'on lui a donné le prix*, etc. Toutes ces phrases barbares sont de pur hébreu ; ou même c'est le latin et le françois, avant qu'ils eussent réuni la conjonction et l'article.

Qu'est-ce que tous ces mots, *le, la, ce, cet, qui,* etc.? Ce sont des adjectifs, répond un grammairien ; mais non pas tous, reprend un autre ; vous vous trompez, ajoute un troisième ; ces particules forment une espèce à part, une partie d'oraison distincte, et qui doit avoir son nom propre ; je la nommerai *article*.

Pour moi, il me semble que la question : « A quelle espèce » de mots appartiennent *le, la, ce, qui,* etc.? » ressemble beaucoup à celle-ci : Le singulier et le pluriel, le masculin et le féminin sont-ils des parties du discours ? En effet, si, par l'analyse, le relatif se trouve être un démonstratif; si celui-ci à son tour n'est que l'article ; si l'article enfin se ramène à une simple modification du nom, représentative d'une modification de l'idée, ne doit-on pas conclure que tous ces mots, dont la fonction est de montrer, de déterminer, en un mot de modifier, sont comme le genre et le nombre, des accidens du substantif? Je veux porter la vérité de cette définition toute nouvelle jusqu'à la démonstration.

§. VII. Déclinaison.

Un grammairien françois, pour expliquer la nature de l'article, se sert d'une comparaison qu'il trouve aussi juste que frappante : « L'article, dit-il, précède le nom, comme le » licteur marchoit devant le consul. »

Nomina consulibus coeunt, lictoribus arthra!
Jungentur jam gryphes equis, canibusque capellæ.
Virgile.

Si ce grammairien avoit su que dans beaucoup de langues

l'article suit le substantif, à coup sûr il auroit dit : Dans ce cas c'est un page qui porte la queue de sa maîtresse.

De même qu'on dit également en latin, *ille homo*, ou *homo ille*, de même on avoit dit à la naissance des langues, *he-adam*, *ha-arts*,, ou bien *adam-he*, *arts-ha* : voilà les vocatifs grecs et latins, λογ-ε, ἡμερ-α, *domin-e*, *ros-a*. Les substantifs, en quittant leur ancienne patrie, pour venir s'habiller à la romaine et à la grecque, ne firent que jeter derrière eux l'article modificateur, et cette inversion si simple, passant en coutume constante et générale, engendra les déclinaisons.

Dans la plupart des noms grecs et latins, l'article se montre encore pur et sans altération ; il suffit, pour s'en convaincre, de le mettre en regard des déclinaisons.

ὁς λογ-ος.	ἡ κεφαλ-η.	hi	domin-i.	hæ	ros-æ.
οὑ λογ-ου,	ἡς κεφαλ-ης.	horum	domin-orum.	harum	ros-arum.
ᾡ λογ-ῳ,	ᾗ κεφαλ-ῃ.	his	domin-is.	his	ros-is.
ὁν λογ-ον,	ἡν κεφαλ-ην.	hos	domin-os.	has	ros-as.

L'aspiration de l'article a disparu en composition ; elle s'est usée par le frottement.

Hic, *hæc*, fait au génitif singulier *hujus* : cette forme reparoît dans *manús*, venu de *man-uius*, par contraction *man-uis*, *manús*. Si *hujus* a pu être contracté en *ús*, il aura pu l'être aussi en *is* ; ce sera le génitif de la 3ᵉ déclinaison, *reg-is*, *soror-is*.

Huius, est le grec primitif ὁιος, génitif inusité depuis un temps immémorial, mais dont on retrouve les débris dans les diverses déclinaisons grecques. Ainsi, en supprimant, tantôt le ς, on a fait le génitif poétique οιο, puis οο, et par contraction ου ; tantôt un des ο, on a eu ιος, ος ; voilà les deux génitifs grecs λογ-ου, λαμπαδ-ος. Cette dérivation est si vraie, que le génitif féminin a toujours conservé la marque de la contraction, ῆς, ᾶς ; or, si celui-ci est visiblement abrégé de ηης, αας, n'est-il pas clair que le masculin ος, ου, l'est pareillement de οιος, οος, οιο ? Il seroit aisé d'étendre cette analyse à tous les cas.

La langue allemande offre un exemple frappant de cette combinaison du nom et de l'article. Lorsqu'il arrive qu'un substantif et un adjectif sont joints ensemble sans article, l'adjectif, qui dans toute autre circonstance obéit à des lois de concondance différentes, prend ici la terminaison de l'article à tous les cas, comme si le substantif ne pouvoit jamais aller sans lui. Je ne sache pas qu'aucun grammairien ait seulement soupçonné la raison de cette règle singulière. Il y a mieux : c'est que les adjectifs possessifs, relatifs, démonstratifs, ne devant jamais se rencontrer construits avec l'article, se déclinent tous comme lui, ou pour mieux dire avec lui.

Il est si vrai que l'article s'est placé autrefois après le substantif, qu'il arriva ici la même chose que nous avons observée à l'égard du relatif : non content d'énoncer le nom le premier, on le sépara de son article modificateur, lequel, après plusieurs mots d'intervalle, n'arrivoit souvent qu'au bout de la phrase. Ce phénomène, fréquent en hébreu, a embrouillé les traducteurs latins, qui ne faisoient pas dans leur langue la même décomposition. *Dominus in cœlo sedes ejus* est un latin absurde, tandis que l'hébreu qu'il traduit est très raisonnable. Il y a dans l'original *Domin- in cœlo sedes -ejus*. Le nom hébreu n'exprime pas plus le génitif que l'accusatif ou tout autre cas ; ce n'est qu'un squelette qui correspond parfaitement à ce que les Latins et les Grecs appeloient le radical. Traduisons donc chaque mot du texte par son correspondant latin le plus simple possible, et en réunissant le radical et l'article d'après les principes que j'ai indiqués, nous n'aurons plus de peine à former *Domini sedes in cœlo*. Toutes les phrases suivantes s'expliquent de même : *Moyses nescimus quid acciderit ei ; Servus meus fuit spiritus alter cum eo ; Quisque nomen ejus scribes in virga ejus* ; c'est-à-dire, *Moys-i nescimus quid acciderit ; Cum serv-o me-o fuit spiritus alter ; C-ujusque nomen scribes in virgâ ejus*.

Je pourrois accumuler les citations et les exemples, mais je n'apprendrois rien de plus à ceux qui ont l'habitude de lire le grec et l'hébreu, et surtout de comparer les langues. Quant aux autres, qui, sans rien savoir, sans pouvoir faire une seule objection raisonnable, font les difficiles pour paroître profonds, je ne tiens pas à les convaincre. Pour moi, s'il est quelque chose de démontré, c'est que l'article, originairement inséparable du nom, puis se séparant de lui, et dans l'un et l'autre cas marchant devant ou derrière, enclitique ou proclitique, ne signifie rien par lui-même, et n'est qu'un accident du substantif.

Mais d'où viennent au nom, ou si l'on veut à l'article, ces inflexions qu'on a appelées *cas?*

Origine des cas. Les rapports des mots entre eux, ou ce que la grammaire qualifie *régimes*, sont ordinairement marqués par une préposition : *la maison DU père, aller A Rome*. Comme l'article, comme toutes les particules modificatives, ces prépositions furent énoncées tantôt avant, tantôt après le nom qu'elles déterminoient, et cette dernière méthode est suivie constamment, pour les prépositions, dans la langue turque. En latin et en grec, elle n'a lieu que lorsque la préposition est combinée avec le nom ou l'article, et alors elle forme *déclinaison*. Ainsi les deux exemples cités plus haut se rendent en latin par *domus patr-i-s*, *ire Rom-a-m*; les consonnes *s*, *m*, sont deux prépositions, post-posées à l'article. La première est la conjonction hébraïque ש (sch); la seconde est la préposition grecque, εν, εμ, qui marque transition ou passage de l'action du sujet à son régime, et c'est pourquoi les verbes qui gouvernent le cas qu'elle engendre sont nommés *transitifs*. *Patris* ou πατρος revient donc à *s—ho—patr*; *Romam* est le renversement de *em—ha—Rom*. de le père; dans la Rome.

On se tromperoit grossièrement, si l'on prétendoit que la phrase *ire Romam* a le nom à l'accusatif en vertu d'une préposition sous-entendue, et qu'elle est autre chose que celle-ci : *amo Deum*. L'exemple que je rapporterai tout à l'heure d'après l'hébreu, prouve qu'entre tout verbe et son régime, quels qu'ils fussent, on auroit pu intercaler une préposition; en d'autres termes, que tous les verbes, appelés *actifs*, parce qu'ils ont un régime direct, c'est-à-dire non gouverné par une préposition, auroient pu rester neutres, et réciproquement que tout verbe neutre auroit pu être employé activement et avoir un régime direct. La manière dont j'expliquerai le mécanisme du verbe rendra plus claire que le jour la vérité de cette proposition. *Eo Romam* est un reste de l'ancienne méthode d'exprimer la préposition après le nom et l'article ; et c'est plus tard, lorsque la préposition et l'article terminateurs ne servirent plus qu'à marquer les modifications de genre, de nombre et de régime, que sans abandonner l'usage des cas, on reprit la coutume d'exprimer la préposition et l'article avant le substantif. Le latin négligea cette ressource ; mais le grec y revint de bonne heure ; et voilà pourquoi dans cette langue on trouve tout à la fois l'usage des articles et des déclinaisons : superfluité apparente, mais amenée par un luxe indigent.

Dans les accusatifs pluriels *os*, *as*, *es*, on reconnoît la préposition את (eth), prononcée *as*, *es*, *os*, signe ordinaire de l'accusatif en hébreu, et que l'on met toujours avant le régime. ברא אלהים את השמים (bara élohim eth haschamaïm), *Deus creavit cœlos* : l'hébreu exprime d'abord la préposition את, eth, puis l'article ה, ha; et enfin le substantif שמים, schamaïm ; tandis que le latin nous montre l'ordre inverse *cœl-ho-s*.

Donc, la déclinaison gréco-latine n'est rien que la déclinaison hébréo-françoise renversée ; et demander si une langue a ou n'a point de cas, c'est demander si dans cette langue, la préposition et l'article se mettent après ou avant le substantif [1].

[1] Court de Gébelin, *Grammaire universelle* : « Rien de plus simple que les terminaisons auxquelles on eut recours pour distinguer les différens cas ; on ne fit qu'emprunter les articles mêmes dont les noms étoient précédés. *Ho* désignoit l'article masculin actif, et *hon* le même article passif ; on termina donc le cas actif en *o* ou *os*, et le cas passif en *on*, *om*, ou *um*. Ainsi *logos*, *dominos* et puis *dominus*, furent les cas actifs masculins, *logon* et *dominum* furent les cas passifs, tandis qu'un *ó* long, *logó*, *dominó*, fut la terminaison des noms auxquels se rapportoit l'action. » Ce grammairien, comme l'on voit, a entrevu que les cas sont l'article lui-même postposé au nom ; mais enfin il ne le dit pas ; au contraire, il prétend que les cas furent inventés sur le modèle des terminaisons de l'article, par une pure raison d'utilité grammaticale. Tandis que c'est l'article, qui, se séparant de son sujet, en revêtit, pour le mieux représenter en son absence, toutes les diverses modifications. Au reste, ne demandez pas à ce fameux grammairien de vous expliquer comment l'article lui-même acquit la forme ou les inflexions des cas : *on raisonna, on jugea, on trouva bon, on convint*, sera réponse.

De la terminaison neutre. L'article servant à montrer et à désigner les objets, dut quelquefois être employé seul, non pour rappeler aucun substantif précédemment énoncé, mais dans un sens vague et indéfini, comme en françois *ceci*, *cela*. Cette fonction particulière dut lui donner un accent plus fort, plus marqué, plus tonique, enfin une terminaison propre, qui devint sa caractéristique à lui seul. En espagnol, on se sert en pareil cas de l'article *lo*, lequel n'est ni masculin ni féminin, et ne s'emploie jamais avec des substantifs, mais seulement avec des adjectifs abstraits, comme *lo bueno*, le bon, ce qui est bon. Cette nouvelle forme d'article, précisément parce qu'elle ne caractérisoit aucun genre, fut bientôt imitée dans l'article final pour désigner les objets nouveaux et inconnus, ceux qui paroisssoient indéfinissables, incompréhensibles, équivoques ; tels furent les noms το τεκνον, το παιδιον ; *animal*, *numen*, *aurum*, *ferrum*, *templum*, etc. Mais avec le temps cette terminaison, comme les deux anciennes, fut souvent donnée sans méthode et sans choix ; et le hasard eut autant de part que la raison à l'imposition des genres.

§. VIII. Pronom.

Les rapports indiqués par l'article ne furent pas, après ceux de genre et de nombre, les seuls que l'on sentit de bonne heure le besoin d'exprimer : il en étoit d'autres dont chaque mot de la conversation faisoit renaître l'idée, c'étoient ceux des personnes. Ces rapports sont d'une telle importance, que l'on a peine à croire qu'ils n'aient pas été la première pensée de l'homme, dès l'instant même de sa création ; dès qu'il a ouvert la bouche pour parler, il nous semble qu'il a dû dire, *Moi*. Cependant, si l'on y réfléchit, on verra que l'usage des pronoms n'est surtout devenu fréquent et nécessaire que depuis l'invention de l'écriture, qui, dépouillée du ton et du geste dont s'accompagne le langage parlé, ne pouvoit par elle-même faire connoître l'interlocuteur. Dans le dialogue, les acteurs sont en présence ; un signe, un geste, suffit pour indiquer si l'on parle de soi ou d'autrui : l'homme put donc, pendant long-temps, exprimer ses propres idées, ses passions, ses désirs, sa volonté, sans le secours d'une modification nouvelle. Forger un signe qu'il pouvoit si aisément suppléer, lui sembloit une peine inutile.

Le pronom de la troisième personne étoit tout trouvé : c'étoit l'article *ho*, *ha*, avec ses diverses formes. Depuis longtemps il servoit à désigner, déterminer, montrer, ou même à représenter les objets extérieurs ; sa fonction étoit ici toute semblable ; aussi l'hébreu, le grec, le latin n'eurent-ils jamais d'autre pronom pour la troisième personne que l'article et ses dérivés, et cette identité de fonction et d'origine les fait encore très souvent prendre l'un pour l'autre en françois, en espagnol, en italien, etc.

Restoient donc deux déterminateurs à fabriquer pour les deux premières personnes ; ou plutôt, l'article, par sa nature, indiquant la troisième personne, il ne s'agissoit que de le modifier lui-même de manière à ce qu'il désignât tour à tour la seconde et la première. Il avoit revêtu le genre et le nombre ; il falloit encore qu'il devînt personnel.

Thi et *tha* sont deux anciens adverbes dont le premier signifie *ici*, et l'autre *là*. En prononçant le *th* à l'angloise, ces deux monosyllabes nous donnent littéralement le françois *ci* et *çà*. De chacun de ces mots joints à l'article ה, *ha*, *ce*, *cet*, on fit *ha-thi*, je ; *ha-tha*, tu ; comme qui eût dit, celui qui est ici, moi ; celui qui est là, toi [1]. Pour arriver aux deux premières personnes, on prit une espèce de détour ; et la périphrase en style indirect employée à cet effet, devint peu à peu les pronoms *je* et *tu*. Ainsi, en allemand, lorsqu'on adresse la parole à quelqu'un, il est d'usage d'employer la troisième personne du singulier, ou même du pluriel ; c'est un souvenir que cette langue nous a conservé de l'origine des pronoms personnels. Au reste, la figure par laquelle on arriva à l'invention des pronoms est familière à toutes les langues : *Celui qui met la main au plat avec moi*, dit Jésus-Christ à Judas, *me trahira* ; pour, *vous qui mettez*, etc., *vous me trahirez*. Au lieu que nous disons dans la souscription de nos lettres, *Je vous salue*,

---

[1] Notre interjection *holà* traduit mot à mot le pronom hébreu *hath* ou *atha*, toi.

les anciens disoient, *César salue Cicéron. Celui qui a planté l'oreille*, dit Dieu par la bouche du prophète, *n'entendroit pas!*

L'aspiration initiale de *ha-ihi*, *ha-tha*, s'effaça et fut compensée par le redoublement de la consonne, *attha*, toi ; *atthi*, *anthi*, *anchi*, *ani*, moi. *Atthi* et *attha*, en conjugaison *thi* ou *i*, et *tha*, *the*, *ih*, paroissent être les pères de tous les pronoms personnels dans la plupart des langues. Le premier a engendré *ego*, en grec et en latin; *ich*, en allemand ; *i*, en anglois ; *io*, en italien et en espagnol ; *je*, en françois, et les mots *hic*, *ibi*, *ici*, *ceci*, etc., etc. *I* et après lui *m*, sont la voix naturelle que nous formons, lorsque, plaçant la main sur notre poitrine, nous voulons désigner le lieu le plus près de nous. *I*, *m*, sont devenus en conséquence caractéristiques de la première personne ; με, μοι, εμος, *meí*, *mihi*, *meus*, *moi*, *mon*, *mien*, *meiner*, etc. On peut faire des observations analogues sur *attha*, *tha*, *tu*, *toi*, *deiner*, ὁ, τοῦτο, τῆδε, *da*, etc. [1].

§. IX. Conjugaison.

Aussitôt que l'article eut été trouvé, on s'exerça, pour ainsi dire, à le mettre avant et après le nom, avant et après la préposition, et ce jeu de langage produisit les divers systèmes de déclinaison usités dans toutes les langues. Le pronom, à son tour, travaillé, mécanisé par une imagination capricieuse, devint le principal instrument à l'aide duquel fut opérée la plus admirable découverte de l'esprit humain, l'art de conjuguer.

Dans l'origine, le verbe n'étoit qu'un simple attributif, un nom de qualité ou de modification, auquel on joignoit, suivant le besoin, les divers articles personnels : *atthi dabar*, je parle ; *attha dabar*, tu parles ; ou bien, en transposant le

---

[1] Court de Gébelin fait venir *je* de ε, ιε, il est; parce que, suivant lui, le mot qui marque l'existence propre étoit le plus convenable pour désigner la personalité au premier chef. « *Tha*, au contraire, étoit un terme » d'honneur ; car la consonne *t* est le signe de tout ce qui est grand et so- » nore ; de là les mots *ta*, *atta*, qui signifie père ; *tata*, ce qui est bon à » manger ; *tâter*, goûter de cela ; *testa*, la *tête*, partie supérieure de » l'homme. » Je laisse le lecteur juge de ces étymologies.

pronom et l'attributif, *dabar atthi, dabar attha*; et enfin, par la rapidité de la prononciation, la première syllabe du pronom étant syncopée, *dabarthi, dabartha*. Voilà tout le secret de la conjugaison hébraïque, syriaque, chaldéenne et arabe.

Les Indiens conjuguent de même, excepté qu'ils mettent le pronom avant la racine. *Me he*, je suis; *toe he*, tu es; *whe he*, il est. Transposez le pronom et le verbe, et vous aurez le grec, τι-μι, εἰ-σι, etc.

La conjugaison chinoise est encore la conjugaison grecque et latine renversée.

Quand je traduis *dabarthi, dabartha*, par *je parle, tu parles*, ma version est inexacte : pour être littéral, je devrois dire, *parler moi, parler toi*, et encore ne rendrois-je pas le mot hébreu dans toute sa simplicité. Le radical du verbe, dans cette langue, est un mot indéterminé, qui n'est ni participe, ni infinitif, ni actif, ni passif; il exprime une action ou une qualité, mais sans aucun des accessoires qui font connoître si elle est donnée ou reçue, faite ou à faire; et la conjugaison consiste, comme je viens de le dire, dans l'accouplement du pronom à ce radical. Bergier a suffisamment démontré qu'il n'y avoit réellement point de verbes en hébreu; qu'une langue pouvoit être claire et intelligible sans leur secours : cet endroit de son ouvrage a même été cité avec éloge par Court de Gébelin; je n'insisterai donc pas davantage sur cet article. Je me contenterai d'observer que les verbes grecs, latins, françois, etc., portent encore avec eux les lettres caractéristiques des pronoms : λυομαι, λυεσαι, λυεται; *amem, ames, amet*; *je fais, tu fais, il fait*, etc.

Que sont, dans le langage, les mots *je, tu, il?*

Court de Gébelin répond que ces mots doivent former une classe à part, d'après sa grande raison que le rôle qu'ils jouent est distinct de tout autre; que ce sont des pronoms. Hermès soutient que ce sont des substantifs, ce qui équivaut à une réalisation d'abstraction; car, qu'est-ce que la personne ou la chose que l'on nomme *je* ou *tu?* Vient ensuite Condillac, partisan de la dernière définition, mais qui veut que l'on en excepte le pronom *il, elle*, parce que ce pronom, comme les adjectifs, est indifférent à tous les genres. Je m'empare de l'argument de Condillac, et je dis : en hébreu et dans plusieurs autres langues, le pronom de la seconde personne reçoit les deux genres ; et rien n'empêchoit que par analogie le pronom *je* ne les reçût pareillement : donc tous ces pronoms sont des adjectifs. En effet, puisqu'ils remplissent tous des fonctions parfaitement identiques, il seroit inconséquent de classer à part l'un d'eux, pour un accident qui ne lui est pas toujours particulier à lui seul.

S'il m'est permis, à mon tour, d'émettre une opinion, je dirai sans hésiter : De même que l'article, par essence et par destination, est un accident du substantif, de même le pronom est un accident de l'attributif : considérés seuls, ces deux signes modificateurs sont toujours la même interjection, devenue susceptible de genre, de nombre, de cas, et de personnes, et qui, selon ses diverses fonctions, peut être distinguée en déterminative, démonstrative, conjonctive, personnelle, etc.

§. X. Verbe auxiliaire.

Tel avoit été le premier essai de conjugaison, et tout le système du verbe fut d'abord réduit à un seul temps et à un seul mode, à une espèce d'aoriste ou d'infinitif. Mais s'il est dans le langage un mot qui dut fréquemment recevoir la modification personnelle, ce fut sans contredit l'attributif qui peignoit le mouvement, l'action, la vie. *Je vis*, *je vais*, *je fais*, *je deviens ;* cette idée étoit de tous les instans ; bien plus, elle ne pouvoit manquer d'accompagner ordinairement le nom de la chose que l'on vouloit faire, ou de la qualité que l'on devoit acquérir.

Par exemple, on disoit : *Fies adjutorium mihi*, là où plus tard, après l'invention des conjugaisons, l'on dit, *adjuvabis me* ; *Fies mihi onus*, pour *onerabis me*. Ainsi encore, *Placens eo*, *placitum facio*, pour *placeo* ; comme *bellum gerere*, pour *belligerare* ; la Bible est pleine de phrases semblables.

Or, que nous offrent ces diverses locutions ? précisément les radicaux futurs des verbes grecs et latins servant de complémens à l'attributif *vivre, faire, agir, aller*. Que falloit-il pour que toutes ces phrases devinssent des verbes parfaits ? Ce qu'on avoit fait pour la déclinaison : réunir cet attributif et son complément, comme l'article et la préposition l'avoient été au substantif.

Dans la pauvreté du premier langage, le même mot signifioit *respirer* et *vivre*, parce que le souffle est le signe de la vie ; il signifioit également *agir*, *faire*, *aller*, *se mouvoir*, *devenir*, parce que la vie se manifeste par le mouvement, la crescence, l'action. Ce mot consistoit en une simple aspiration, et les pronoms aussi étoient formés d'une consonne sifflante ou d'une voyelle aspirée. C'est le fréquent usage de ce terme, joint à l'extrême facilité qu'il avoit de se combiner avec les articles personnels, qui produisit l'étonnante révolution que nous allons observer dans le langage, et dont nous avons déjà vu l'analogue dans les déclinaisons. Nous verrons l'attributif *vivre*, *faire*, *se mouvoir*, après avoir reçu les modifications des personnes, donner aux autres attributifs celles des temps, se combiner avec eux et disparoître dans cette union intime ; puis ressusciter tout à coup et se débarrasser de son enveloppe pour venir exprimer l'idée la plus abstraite, la plus générale, la plus vaste, la plus immatérielle, la plus sublime, l'*Être*.

Mais pour opérer cette métamorphose de l'attributif en verbe, il ne faudra rien moins qu'une transformation de la langue elle-même, un peuple neuf, un climat différent, une civilisation plus jeune. Car il est tels progrès et telles réformes dans les langues, aussi bien que dans les sciences et les arts, dans la philosophie et la religion, qui, pour s'opérer, exigent le passage d'un monde vieilli à un monde adolescent, et semblables à un végétal vigoureux, appellent un sol vierge et une terre profonde. La langue hébraïque a été, pendant près de 2000 ans, la langue d'un pays libre, d'une nation qui a eu son aurore, son apogée et son déclin : et, dans cette longue suite de siècles, l'hébreu n'a jamais pu acquérir de véritables verbes ; tandis que le grec, frère cadet de l'hébreu, conjuguoit les siens dans tous leurs temps et dans tous leurs modes, presque dès sa naissance, et lorsque l'âge d'or du peuple d'Israel, le siècle de Salomon et de David, étoit à peine écoulé.

§. 11. Temps. Présent.

On sait que les verbes latins sont composés d'un radical et du verbe de mouvement *eo* : pour s'en convaincre, il suffit de collationner ce verbe dans tous ses temps avec les quatre formes de conjugaisons latines, en commençant par la quatrième et descendant graduellement jusqu'à la première, justement dans un ordre inverse de celui qui est établi dans toutes les grammaires.

Or ce verbe *eo*, *ire*, est absolument le même que le grec ἔω, εἰς, ει, ἐω, etc., lequel est aussi formateur de conjugaison. Mais ces deux verbes sont encore l'hébreu *iah*, *haïah*, *houah*, etc., *vivre*, *devenir*, *être fait*. Tout cela aujourd'hui ne fait plus difficulté.

Le premier effet, le résultat immédiat que produisit l'union de l'auxiliaire à un radical attributif, fut de communiquer à celui-ci le mouvement et la vie. Jusqu'alors il n'avoit été qu'un terme vague, inerte, si l'on peut ainsi dire, insensible et mort ; maintenant il paroissoit doué d'âme et de sentiment. Quelle différence, pour exprimer l'idée d'aimer, de l'ancienne manière φιλ-εγω. *aimer moi*, à la nouvelle, ἐγω φιλ-εω ; *je respire amour, je vis d'amour, je vis pour aimer !* Et combien le *je suis aimant* des philosophes grammairiens est froid auprès de la vérité étymologique !

Le second effet de l'auxiliaire fut d'indiquer le temps, chose inouïe jusqu'alors, et qui, sans l'auxiliaire, ne se fût peut-être jamais introduite dans la conjugaison.

La formation du présent coûta peu ; l'auxiliaire l'exprimoit essentiellement : en peignant la vie, il indiquoit nécessairement l'actualité, le présent. Φιλεω, *doceo*, signifient à la lettre, *j'aime présentement, j'enseigne présentement.*

§. XII. Passé.

« S'il étoit reçu aujourd'hui, comme dans le 17ᵉ siècle,
» de proposer aux savans des problèmes de philosophie
» comme on en proposoit alors de géométrie, on pourroit,
» en supprimant les données, demander comment, en suppo-

» saùt l'invention arbitraire du langage, il se trouve dans les
» langues un passé et un futur. » (M. de Bonald, *Recherches philosophiques.*)

Sans rien préjuger sur la question de l'origine du langage, si je fais voir comment l'homme a acquis les idées de passé et de futur, et comment elles se sont traduites dans le discours, aurai-je satisfait à toutes les conditions du problème?

Avant d'aller plus loin, je remarquerai que M. de Bonald paroît prévenu d'une opinion très-fausse, qui est d'admettre des temps dans les verbes hébreux; et lorsqu'il ajoute : « La
» langue hébraïque, fidèle expression de l'homme, n'a pas
» proprement de présent, et elle le compose avec le passé
» et le futur, » je ne puis m'empêcher de relever cette petite erreur grammaticale, et je demanderois volontiers quel est le maître d'hébreu qui a enseigné à M. de Bonald cette jolie règle de la formation du présent. Pour ma part, je l'avoue, j'aurois eu un plaisir infini à retrouver dans le participe nommé *benoni* par les rabbins, le moindre fondement à la touchante allégorie qu'y a découverte l'illustre écrivain. Un homme tel que M. de Bonald ne doit rien avancer qu'il n'en soit bien sûr, s'il ne le prouve; car il est arrivé trop souvent à maint orateur et à maint philosophe, par préoccupation, par négligence ou à dessein, de sacrifier l'exacte et rigoureuse vérité à la rondeur d'une période ou à l'éclat d'une antithèse.

Tant que l'on s'étoit borné à joindre un pronom au radical, l'époque de l'action demeuroit indéterminée; *dabar-thi*, *parler moi*, pouvoit signifier, j'ai parlé, je parlerai. Mais avec l'auxiliaire *haïah*, εω. *eo*, ce n'étoit plus la même chose; le radical ευ, *dic*, recevoit une modification précise, et ευ-ω, *dic-o*, signifioient *je fais*, *j'exécute parler*. L'idée du présent étoit inhérente à l'auxiliaire.

Mais ce même auxiliaire formoit contre-sens toutes les fois qu'il s'agissoit d'une action passée ou future : et en adoptant une locution qui emportoit nécessairement une modification d'actualité, on s'étoit jeté dans l'embarras d'inventer de nouvelles formes pour les époques autres que le présent, ou bien de n'être plus entendu, de dire sans cesse le contraire de sa pensée, de mentir à soi-même. Pour la première fois, l'homme, qui jusqu'alors avoit gouverné sa langue, se voyoit maîtrisé par ses propres inventions, et nécessité par ses œuvres.

Le passé, c'est ce qui n'est plus, ce qui est évanoui, ce qui est expiré ; cette dernière expression s'emploie même pour désigner un temps fini. La vie active étoit peinte par le souffle ou la respiration ; on représenta la mort, ou la vie qui s'éteint, par la même aspiration suivie d'une expiration. La syllabe du présent fut donc répétée pour former le passé ; ω, εις, ει, *je suis*, *tu es*, *il est* ; ε–ον, ε–ες, ε–ε, *je fus*, *tu fus*, *il fut*.

En conjugaison, l'aspiration fut placée avant le radical, et l'expiration après ; ε–λεγ–ον, ε–λεγ–σα, telle est l'origine de l'augment dans les verbes grecs.

Le latin forma son passé d'après la même analogie, mais d'une manière un peu différente. *Fuit*, *ivit* (autrefois *ifit*), est un sifflement imitatif de l'air qui s'échappe, de l'onde qui fuit, de l'oiseau qui s'envole. Toutes les langues ont une foule de mots semblablement formés pour peindre des idées analogues : *fuite*, *souffle*, *siffle*, *chasse*, *chut*, *leste et prest*, *st! brr !* *Fuit*, *ivit*, exprima donc le passé, et on le retrouve dans tous les verbes latins, dans ceux même qui ont le plus défiguré cette peinture primitive. Le radical *viv* exprime l'idée de vie, d'animation ; joint au passé de l'auxiliaire, il donna *viv-vit*, ou *viv-fit* : mais le sifflement redoublé *vv*, *vf*, trop désagréable à l'oreille, fut changé contre un autre aussi fort, mais moins rude, *vixit*. Telle est la cause de la prétendue irrégularité de tant de prétérits et supins : l'homme, en combinant la dernière syllabe du radical avec la première de l'auxiliaire, ne fit qu'obéir à des lois antérieures à celles de l'étymologie, aux lois de l'euphonie et de la transmutation des lettres équivalentes [1].

[1] Court de Gébelin rend compte de l'origine du passé en latin, de la même manière que je viens de le faire. Quant au passé des Grecs, il n'en dit mot. Puis il ajoute : « Pour peindre le passé qui n'est plus, les Orientaux mirent la racine derrière le pronom ; pour marquer le futur, ils » placèrent la racine en avant du pronom : le premier de ces tableaux » peignoit le temps comme passé, comme étant bien loin derrière nous ; le » second le peignoit comme venant à notre rencontre, comme futur. » Une étymologie si peu philosophique n'a pas besoin de réfutation.

§. XIII. Futur.

La formation du futur peut être regardée comme un trait de génie. Seule elle prouveroit, et le développement successif du langage, et que rien d'arbitraire et de conventionnel ne présida jamais à ses lois. Ici, ce n'est plus une imitation servile, répétant les voix de la nature ; ce n'est plus même l'imagination, comparant deux objets, saisissant entre eux une ressemblance, et guidée par l'analogie représentant une idée par une image : c'est la réflexion elle-même, combinant deux idées pour en extraire une troisième. Il ne s'agit plus de peinture, car comment peindre ce qui n'est pas encore ? C'est par une série de raisonnemens que l'homme parviendra à exprimer sa pensée d'avenir.

L'athlète aux jeux olympiques, debout à l'entrée du stade, mesuroit de l'œil la carrière qui s'étendoit devant lui jusqu'à la borne fixée pour terme de la course : de même l'instant où nous sommes s'étend et se prolonge aux regards de la pensée prévoyante comme la route devant le voyageur, comme la longue espérance devant le prisonnier. Le paysan qui laboure voit venir la moisson, la fleur qui s'épanouit devient fruit ; l'enfance croît et se précipite vers l'âge mûr. La continuité et la prolongation du mouvement, l'action d'un homme en marche, la crescence, sont autant d'images du temps qui vient ; le but du voyage, la maturité, la vieillesse, sont images de la fin de ce temps, de l'avenir. Marcher, aller, tendre à un but, indiquent que l'on n'y est pas encore, mais qu'on s'en approche, et qu'on y arrivera. Ainsi nous disons, *je vais venir, je cours à ma ruine, nous marchons contre l'hiver. Je marche à être* pourroit donc signifier *je serai* : c'est précisément la traduction mot pour mot du futur *ibo*, composé du radical *i*, *eo*, *ire*, et du présent βῶ, de βάω, *je marche*. Notre participe futur *devant être* ou *allant être* n'est que cela. L'allemand forme son futur absolument de même : dans cette langue, le futur n'est pas un temps simple ; elle le compose avec l'auxiliaire *werden*, *fieri*, *devenir*, et l'infinitif du verbe conjugué : *ich werde seyn* je deviens être, je serai.

En grec, toujours même méthode, même analogie, l'attribut qui peint la vie et le mouvement par la respiration replié sur lui-même : ε-σω, c'est *je respire être, j'aspire à être, je veux être*, par conséquent *je serai*. Au passé les deux syllabes sont brèves, εον, ἐες, εε, tandis que la seconde est longue au futur, εσω, εσεις : de là toute la différence de signification entre ces deux temps. La longue aspiration marque le désir et semble appeler l'avenir, tandis que la chute brève de l'aoriste coupe le temps, et tranche brusquement la vie.

Cette formation du futur est applicable aux futurs latins : *ero, audiam, legam*; du reste, elle paroît empruntée de l'hébreu, où l'aoriste qui marque plus ordinairement le futur, prend pour formative une aspiration : אדבור, adbor, *je parlerai* [1].

A présent, rien de plus facile que d'expliquer la composition de tous les autres temps.

L'imparfait latin en *bam, bas bat*, vient du même verbe βάω, aoriste ἔβην, dorien βᾶν, βᾶς, βᾶ. *Ibam* signifie donc *je marchai à être* ou *à faire, quand......* C'est un rapport de simultanéité.

Le plus-que-parfait *iveram* se compose du passé *iv*, et de l'imparfait de *sum, eram*, lequel n'est en dernière analyse que l'aoriste grec εον, contraction ἦν, dorien ᾶν, joint à l'infinitif *ire* ou *ere*, être. *Iveram*, par une double expression du passé, signifie donc *j'eus fini d'être* ou *de faire, quand....*; c'est un rapport d'antériorité.

Le futur passé s'explique d'une manière semblable.

Les Grecs ont une seconde forme de passé, imitée de la seconde conjugaison active des Hébreux, par le redoublement

---

[1] « Le futur s'avance avec rapidité; il n'est pas, mais déjà nous le » touchons. On le peindra donc au moyen du son le plus roulant, le » plus sonore, le plus propre à représenter un objet qui s'avance, et dont » le son augmente à mesure qu'il est plus près. *R* sera donc le nom du » temps futur, puisque c'est le son le plus roulant et qui se renforce à » mesure qu'il roule davantage. De là *ero*, je serai, etc. » (Court de Gébelin, *Grammaire universelle*.)

Si je rapporte cette étymologie, c'est uniquement pour la curiosité du fait et l'amusement du lecteur : je n'ai pas besoin de défendre d'y croire.

d'une lettre du radical : *phakad*, *il a visité* ; *phikked*, *il a visité souvent, diligemment* ; c'est un fréquentatif. En grec λέλυκα, τέτιχα, indiquent aussi que la chose non seulement s'est faite, mais qu'elle continue à se faire ; et tandis que l'hébreu exprime la fréquence, l'accélération, l'empressement, en appuyant sur le radical ; le grec a voulu peindre, par une syllabe renforcée et redoublée, la prolongation et la continuité de l'acte. Ce sont deux idées analogues, rendues par deux procédés aussi analogues.

§. XIV. Modes.

L'impératif ne fut dans le principe que le radical prononcé avec le ton du commandement ; de là vient qu'en hébreu il ne diffère pas de l'infinitif, et qu'en latin il se retrouve encore quelquefois dans sa nudité originelle : *Es, i, da, dic, duc, fac, fer*.

Le subjonctif, en latin, en grec et en françois, est une variation de l'indicatif.

L'optatif, ou conditionnel latin, est formé du présent ou du passé de l'infinitif, unis simplement aux consonnes pronominales : *amare-m, s, t ; amavisse-m, s, t*. C'est donc un infinitif décliné en personnes, et par-là se confirme encore la remarque de Bergier, que l'on pourroit parler sans conjugaisons, et avec les seuls infinitifs. Toutes ces phrases, *prohibuisti ne venire-m ; mandasti ut scribere-m, cum abiisse-s*, traduites mot à mot, signifient : *Tu as défendu de venir-moi ; tu as ordonné d'écrire-moi, lorsque être parti-toi*. La formation de ce mode ne coûta pas de grands efforts de combinaison. En grec, on le forme à l'aide d'un nouvel auxiliaire ; c'est οἴομαι, *je souhaite, je désire, j'espère* : λύοιμι, *je désire délier, puissé-je délier, que je déliasse*.

L'infinitif est le verbe dépouillé des modifications de nombre et de personnes, avec une terminaison de la nature de celle des noms neutres, qualité qu'il a souvent dans le discours.

Le participe est la forme la plus ancienne du verbe, puisqu'il consistoit dans le radical uni à l'article, par conséquent en un attributif décliné. Simple adjectif d'abord, il a ajouté à ses propriétés primitives celles d'indiquer l'action ou la passion, et le temps.

§. XV. Passif.

Court de Gébelin, *Grammaire universelle :*

« Dans toutes nos langues modernes, les verbes passifs ne
» se forment que par le verbe *être*, accompagné du participe
» passif. Il en fut de même chez les Grecs et les Latins, pour
» la plupart des prétérits passifs. Mais tous les autres temps
» se sont formés comme les actifs, par l'addition du verbe
» *être* à la fin de la racine.

» *Ti—omai*,	je suis honoré,	*Doc—eor*,	je suis enseigné,
» *Ti—é*,	tu es honoré,	*Doc—eris*,	tu es enseigné,
» *Ti—etai*,	il est honoré.	*Doc—etur*,	il est enseigné. »

Mais d'où vient que le même radical, uni au même verbe *être*, signifie tantôt *enseignant, honorant;* tantôt *enseigné, honoré?* Voilà ce que M. de Gébelin ne nous dit pas, et ce que plus que personne il étoit obligé de nous apprendre.

La vérité est qu'en grec et en latin, comme en hébreu, le radical n'est pas plus actif que passif; il indique une action, mais c'est l'auxiliaire modificateur qui est chargé d'exprimer si elle est reçue ou produite. Ainsi εω, εις, ει, *eo, is, it,* sont la forme active; εομαι, εσαι, εται, *ior, iris, itur,* sont la forme passive du verbe *être;* et tandis qu'en françois le radical et l'auxiliaire varient, en latin et en grec l'auxiliaire seulement change de forme.

Mais comment concevoir, comment admettre dans le verbe *être* un actif et un passif, tels que nous les voyons dans les autres verbes?

Je pourrois répondre qu'il ne s'agit pas de contester, mais d'accepter un fait ; qu'en grec le verbe *être* a conservé à l'état simple la forme active au présent et au passé, et la passive au futur ; qu'en latin *eo* se trouve pareillement encore à la forme passive, *itur, itum est.*

Mais rappelons-nous que la signification métaphysique d'*être* n'est que secondaire dans le verbe *haïah, eo,* et que dans le principe il étoit synonyme de *vivre, se mouvoir, agir et faire.*

Dès lors on ne sera plus surpris que le prétendu verbe substantif ait eu un actif et un passif ; dès lors on concevra ce que j'ai déjà fait pressentir au §. 10, que ce n'est point du tout comme verbe d'existence qu'il a servi à conjuguer les verbes, mais comme attributif de vie et d'action. Φιλ désigne toute idée relative à l'amour et à l'amitié ; φιλ-εω signifie donc *moveo amorem*, *je fais amour*; φιλ-εομαι, *je suis fait amour, je suis pris pour amour, je reçois amour*. Le radical, incapable par lui-même d'exprimer les rapports d'activité ou de passivité, attendoit cette nouvelle modification d'un secours étranger ; et c'est l'attributif de vie et d'action qui la lui a donnée.

On s'est trop préoccupé de l'*excellence* du verbe substantif *être*, excellence qui n'a jamais existé que dans le cerveau des grammairiens, mais dont les premiers fabricateurs du langage ne se doutoient guères, et qu'ils n'auroient même pas comprise. Leur raison grossière, à l'époque de la combinaison du radical avec un auxiliaire, n'avoit pas encore tiré l'idée d'*être* de celle de *vivre* ; et l'erreur de la plupart des grammairiens, de M. de Gébelin surtout, a été trop souvent d'attribuer aux hommes primitifs des vues profondes, des idées subtiles, des raisonnemens raffinés, tels que les plus habiles philosophes en seroient à peine capables, et que ne comportoient pas assurément des génies encore dans l'enfance, et des esprits si peu exercés.

Mais comment le verbe auxiliaire a-t-il acquis cette forme passive ? quelle est la raison de son mécanisme ?

L'invention du passif seroit un trait de génie, si elle ne trouvoit son explication dans un instinct admirable, et dans un bon sens exquis, quoique simple. Un sujet peut être, d'une même opération, la cause ou le but, l'agent ou le patient, le principe ou le terme : dans le premier cas, l'acte peut être considéré comme partant de lui ; dans le second, comme revenant à lui. C'est cette idée de rétroflexion, de retour de l'acte qui a guidé dans la formation du passif. Le grec a répété deux fois le verbe, en plaçant le pronom entre deux. εο-μ-αι, ε-σ-αι, ε-τ-αι ; εο-μ-ην, ε-σ-ο, ε-τ-ο, comme s'il eût voulu faire retomber l'action sur son auteur. En effet, le pronom est ici tout à la fois sujet et régime. Φιλ-εο-μ-αι est donc *amour suis moi fait, je suis aimé*.

Le latin a rendu la même idée par un procédé analogue : c'est la consonne *r*, signe de retour, de réitération, de répercussion, qui, placée à la queue du verbe actif, a servi à marquer que l'action réagissoit sur elle-même. *Verto*, je tourne, *reverto*, je retourne, *revertor*, je suis retourné. Cette formation du passif est imitée de l'hébreu, où la consonne *n*, placée au commencement du radical, joue le même rôle que *r* en latin : פָעַל (phâl), *il a fait*; נִפְעַל (niphâl), *il a été fait*. Cette consonne *n* a la même force dans le passif des verbes hébreux que dans la préposition grecque ἀνα; ἀναλαμ-6άνω, *je reprends*; ἀναλέγω *je recueille*, ἀναπνέω, *je reprends haleine*, etc., etc.

§. XVI. Verbe impersonnel.

L'existence appartient exclusivement au sujet, et ne peut en être séparée ; mais quoique la modification puisse par abstraction être envisagée hors du sujet, elle ne peut jamais être unie à l'existence, même par la pensée; parce que donner l'existence propre à une modification, ce seroit réaliser une abstraction, comme disent les logiciens.

Je demande donc aux partisans du verbe substantif, comment il se fait que dans le langage l'existence, au lieu d'être unie au sujet, le soit toujours à l'attribut? En d'autres termes, pourquoi ce sont les attributifs qui se conjuguent, et non pas les substantifs ?

Il y a plus d'un grammairien, j'en suis sûr, qui ne s'est jamais fait cette question, et qui, si on la lui proposoit, la traiteroit d'insensée. Mais, pour prouver qu'elle n'a rien que de raisonnable, je vais citer des faits.

On a beaucoup disputé sur la nature du verbe impersonnel, on lui a cherché un sujet partout : les uns ont dit, le véritable sujet de ce verbe est son régime : *il faut agir*, c'est-à-dire, *agir fait besoin;* les autres, dans *pluit, tonat, grandinat,* il faut sous-entendre *cœlum, Jupiter* : j'aimerois autant qu'on me dît, c'est le diable qui s'en mêle.

L'erreur venoit de la manière d'analyser le verbe : *il pleut, il faut,* c'est, disoit-on, *il est pleuvant, il est fallant*, et là dessus on se demandoit, quel est le sujet que représente le pronom *il* ? tandis que tout verbe impersonnel doit ainsi se résoudre : *pluvia-it*, *grando-it*, *tonitru-sonat*, *opera-est*; absolument comme *pœnitet*, *pudet*, etc., s'expliquent, *pœnitentia tenet*, *pudor tenet*, etc. Dans tous ces cas, le radical est un substantif avec lequel l'auxiliaire *eo* a conservé sa force ancienne; il n'y est pas seulement, comme ailleurs, indicateur des temps; il y est verbe de mouvement et d'action. Il y a donc des substantifs qui se conjuguent.

C'est toujours en partant de la signification propre de l'auxiliaire, que nous rencontrerons la solution du problème proposé. D'après le principe que *eo*, en latin, en grec, en hébreu, est synonyme de *vivre*, *faire*, *agir*, nous trouverons que *legit*, c'est *fecit lectionem*; que *creavit*, c'est *creationem operatus est*; *amavit*, *fecit amorem*; ou bien, si l'on aime mieux faire du radical un attributif : *fecit lectum* (*librum*), *creatum fecit* (*mundum*), *amatum fecit* (*patrem*); ou bien enfin, *egit ut creator*, *vixit amans*, *percurrit legens*. Toutes ces façons de décomposer le verbe sont également bonnes, parce qu'elles sont fondées sur des nuances très légères de la même idée; et que le radical ainsi que l'auxiliaire étant, de sa nature, indifférent à chacune et se prêtant à toutes avec une égale facilité, chacune de ces nuances a pu tour à tour exister dans l'esprit. Le radical n'est plus, dans la réalité, le sujet modifié de l'auxiliaire, il en est le complément; le sujet se trouve ailleurs, et comme dans le verbe impersonnel, c'est toujours un substantif, quoique placé en dehors, qui se conjugue.

§. XVII. Verbe substantif [1].

Ce verbe n'existe pas en hébreu; partout où l'on a traduit היה (haïah) *être*, il signifie *devenir*, *vivre*, *agir*, et même *être*

[1] Je ne suis pas le premier qui aie fait le procès au verbe *substantif*, et qui aie cherché à démontrer tout le vide et le creux de nos théories grammaticales en ce qui le concerne. Je lis dans un article du *Journal grammatical*, juillet 1835 : « Si nos grammairiens ne se fussent pas renfermés dans leur croyance, s'ils eussent exploré avant d'enseigner, ils auroient vu que ce verbe n'a pas une origine plus noble que les autres;

fort. St. Jérôme et les Septante l'ont presque toujours ainsi rendu ; je n'ai que l'embarras du choix des preuves.

Du sein des ténèbres, les premières paroles que prononça l'Eternel, au moment de la création, furent אוֹר יְהִי (ihi aour), c'est-à-dire, mot pour mot, *qu'il fasse jour ;* et ces paroles ont été parfaitement rendues par le grec γενηθήτω φῶς, et par le latin, *fiat lux*. Ceux qui ont prétendu que l'hébreu littéral étoit beaucoup plus vif et plus énergique, parce qu'ils le traduisoient comme Santès-Pagnin, *Que la lumière soit, et la lumière fut*, ont fait voir tout uniment qu'ils se trompoient sur le véritable sens du verbe *haïah*. Ajoutons qu'il n'étoit point du tout philosophique d'employer le verbe qui exprime

» que son origine est même d'autant moins noble, qu'elle est équivoque ;
» ils ne seroient pas remontés de la simplicité du verbe *être* à la compo-
» sition des verbes concrets : ils seroient au contraire descendus de cet
» état complet à un état qui n'est plus qu'une fraction ; ils auroient re-
» connu que tous les verbes ont été primitivement égaux, et que l'état
» de simple industrie où le verbe *être* se trouve quelquefois réduit, ne
» provient que de la perte d'un patrimoine, n'est qu'une sorte de dé-
» nuement. »

J'admire que l'auteur, M. Michel, ait été conduit par la seule force de sa raison et de sa logique à reconnoître un fait qui sembloit ne pouvoir être démontré que par l'histoire et la comparaison des langues. Mais je ne puis applaudir à l'anecdote qu'il cite à la même page :

« Dans une séance de la société grammaticale à laquelle j'assistois, où
» se trouvoit une réunion nombreuse, et qui avoit été précédée de plu-
» sieurs discussions préliminaires, on mit aux voix cette étrange ques-
» tion : Le verbe *être* se trouve-t-il dans les autres verbes ? Un seul
» membre fit un mouvement pour se lever, et, voyant que personne ne
» suivoit son exemple, retomba sur son siége : sur quoi M. Lemare fit
» remarquer qu'il y avoit une demi-voix en faveur de la proposition. »

Je ne ferai pas ressortir tout ce qu'il y a de ridicule dans ce vote par assis et levé sur une question scientifique ; c'est une pasquinade d'écoliers. Mais il y a lieu de croire que la société grammaticale, qui posoit si mal la question, ne la comprenoit pas. Les conjugaisons, dans la plupart des langues, sont-elles formées de la juxta-position d'un radical et d'un auxiliaire ? Cet auxiliaire existe-t-il matériellement ou virtuellement dans les verbes françois ? Cet auxiliaire est-il le verbe *être* : et s'il n'est pas le verbe *être*, celui-ci est-il antérieur ou postérieur à l'invention des conjugaisons ? Voilà ce qu'il falloit demander.

l'existence propre, dans un endroit où il s'agit précisément de création, de passage du néant à l'existence.

Quand Saül eut été sacré roi par Samuel, tout le peuple cria יחיה מלך (iahieh melk) *vive le roi !* et non pas *qu'il soit roi !*

Un personnage de l'ancien Testament est nommé IAHIEL, nom formé du verbe *haïah* et de *el*, Dieu ; et St. Jérôme lui-même a interprété ce nom, *vivit Deus.*

Rien de plus fréquent dans la Bible que les mots par lesquels elle commence ou finit un récit ; ויהי (ouihi), *et factum est : et il arriva que...., et il fut fait ainsi.* C'est toujours le verbe *haïah* qui est employé.

Je ne cite plus qu'un exemple ; mais il tranche la question.

Lorsque les Hébreux demandoient à Moïse le nom de celui qui l'envoyoit à leur délivrance, je suppose que pour graver ce nom plus profondément dans leur mémoire, il eût voulu le leur faire deviner : « O Israël, auroit dit ce législateur,
» tu me demandes le nom du Dieu qui va briser tes chaînes,
» de ce maître que tu dois servir, sans l'entendre ni le voir.
» Celui qui a créé le ciel et la terre, qui fait vivre l'homme
» et la brute, l'Auteur et le Conservateur de toutes choses,
» celui-là sans doute est tout-puissant et toujours vivant ; il
» est la vie qui anime tout, la force qui meut et gouverne
» tout. Comment nommes-tu ce qui vit et qui est fort ? —
» *Iahouh, Iah.* — Tu l'as dit toi-même ; *le Vivant et le Fort*,
» c'est le nom propre de ton Dieu. Or, celui qui vit, qui
» a fait tout ce qui n'est pas lui et qui remplit tout, est-il
» deux ou plusieurs ? Réponds-moi. — Il est un. — O Israel,
» souviens-toi que tu n'as qu'un Dieu, et n'en adore jamais
» d'autre. » C'est ainsi que le plus grand des prophètes auroit su mettre à la portée d'esprits grossiers, dans un langage tout charnel, les leçons de la plus pure morale et de la philosophie la plus sublime.

Fiam qui vivam et valebo, tel est le vrai sens des mots que St. Jérôme a traduits dans une acception plus étendue, *sum qui sum.* Le nom de Dieu vivant et fort étoit bien plus accessible à des intelligences bornées et qui alloient être frappées du spectacle de tant de prodiges ; il étoit surtout plus conforme aux vues de Moïse, dont toute la législation peut se résumer en une seule loi, celle qui défend le culte des dieux étrangers, de ces dieux qui ne vivent pas. Cette idée domine dans toute l'Ecriture. *Vivit Dominus* est une formule de serment que l'on rencontre à chaque page, et qui revient à la nôtre, *aussi vrai qu'il est un Dieu*. Partout l'Eternel est nommé le Dieu vivant et fort, et les écrivains sacrés y font de perpétuelles allusions. *Jéhovah vir pugnator*, *Jehovah nomen illi*, s'écrie Moïse dans l'ode sublime qu'il fit chanter au peuple après le passage de la mer Rouge. Ce passage est intraduisible, précisément à cause de la signification de *vivens et valens* que renferme le nom de Jéhovah ; et St. Jérôme l'a si bien sentie, qu'il a rendu le second *Jéhovah* de ce verset par *Omnipotens*. « Le Dieu F*or*t est un héros, aussi a-t-il nom le F*or*t. »

Au chapitre 6 de l'Exode, Dieu dit à Moïse : « Pharaon » refuse de vous laisser aller : eh bien ! puisqu'il ne veut se » rendre qu'à la force, puisqu'il faut une main de fer pour » le soumettre, tu vas voir comment je briserai son orgueil » et le forcerai de vous chasser.... Car, je suis le F*or*t, » יהוה (iahouh). Je me suis fait connoître à Abraham comme » Créateur, שדי (schaddaï), mais il n'a jamais su ce qu'étoit » le F*or*t, יהוה (iahouh)..... J'ai entendu les cris des en- » fans d'Israël.... va de ma part leur dire, c'est le F*or*t » יהוה (iahouh) qui vous délivrera de ces petits tyrans égyp- » tiens..... »

On a donné de ce passage une explication différente, je le sais ; on a dit : Dieu, en prenant le nom de *Jéhovah*, a voulu manifester l'immutabilité de son être, et par-là rendre plus vive la foi en sa parole. Je suis *Jéhovah*, c'est-à-dire, l'*Etre* ; je serai demain ce que je suis aujourd'hui, ce que j'étois hier ; et ma parole est infaillible.

Cette interprétation seroit peut-être bonne, si elle étoit plus convenable au passage que je viens de citer : Mais, outre qu'elle suppose comme démontré ce qui est en question, est-il vrai de dire qu'Abraham ne connoissoit pas la véracité et l'infaillibilité de Jéhovah, lui qui avoit vu l'accomplissement des promesses à la naissance d'Ismael, d'Isaac, de Jacob et d'Esaü ? lui qui étoit venu prendre, en quelque sorte, possession de la Terre promise ? Il connoissoit donc Jéhovah comme fidèle et véridique; mais il connoissoit moins, c'est-à-dire il avoit moins éprouvé la force de son bras.

Je dis plus : c'est que l'interprétation de Jéhovah, *Celui qui est*, ne répond pas à la question des Hébreux. Exode, 3, 13 : « Moïse dit à Dieu : J'irai donc vers les enfans d'Israël, et » je leur dirai, le Dieu de vos pères m'envoie vers vous. S'ils » me demandent : Quel est son nom, que leur répondrai-je ? » Moïse suppose que les Israélites, écrasés sous la servitude des Egyptiens, ayant perdu jusqu'à l'espérance, et ne croyant pas qu'aucune force, même surhumaine, pût briser leurs fers, douteroient peut-être de sa mission et de la puissance du Dieu qui l'envoyoit. *Quel est son nom ?* c'est-à-dire, dans le style de l'Ecriture, quel est-il ce Dieu, assez puissant pour nous délivrer? A quoi le Seigneur répond : Je suis le FORT.

Au reste, veut-on savoir de quelles expressions se sert la Bible elle-même pour nous donner une idée de l'immutabilité et de l'infaillibilité divines? Genèse, 17, 4 : « Dieu dit à » Abraham; je suis MOI, et je fais alliance avec toi; tu seras » père de plusieurs peuples. » Là où nous ne pouvons nous dispenser d'énoncer le verbe affirmatif ou copulatif *je suis*, l'hébreu ne fait aucun usage du verbe היה (haïah); il dit *moi* tout court, אני (ani); et ce *moi* équivaut à un long commentaire. *Moi*, c'est-à-dire : je suis, je ne meurs ni ne mens, je ne change ni n'oublie. C'étoit là qu'il falloit traduire, plutôt selon l'esprit que d'après la lettre, *ego sum qui sum*.

Or, le nom de Dieu en hébreu, *Iahouh*, ou comme on prononce vulgairement *Jéhovah*, est formé du verbe היה היה (haïah haouah), précédé de la lettre formative des noms propres י (i), dont l'énergie n'est bien rendue que par l'article grec ὁ, en françois *le*. Donc, d'après l'étymologie de ce grand nom de l'Eternel et d'après les témoignages formels de la Bible, le verbe regardé ordinairement comme verbe substantif, verbe d'existence, n'est rien qu'un attributif de vie et d'action.

Enfin le verbe *haïah* a une forme passive, et dans ce cas il est toujours traduit par *fieri, confici*; donc il a un actif, et cet actif est synonyme de *facere*.

S'il n'y a pas de verbe substantif en hébreu, comment donc alloit le discours dans cette multitude de circonstances où le grec, le latin, et surtout le françois, ne peuvent se passer de lui? Bergier l'a dit: entre le verbe et l'attribut, on ne mettoit rien. Le verbe *être*, dans les langues où il se rencontre, n'y sert guères que de copule et d'indication du temps : or, puisque les verbes hébreux n'ont point de temps, la langue n'avoit que faire du verbe-copule ou affirmatif.

§. XVIII. Examen de la proposition.

On enseigne en philosophie : « Toute proposition renferme » nécessairement trois termes, le sujet, le verbe, et l'attribut. » Dans cette phrase, *Dieu est grand*, *Dieu* est sujet, *grand* » attribut, *est* verbe. »

Je demande quel rôle joue le verbe *être* dans la proposition. Y est-il mis pour exprimer l'être, l'existence? Non, dit Aristote ; il n'y sert que de copule entre deux termes, de liaison entre deux idées, d'affirmation. Mais une copule, une affirmation, une exclamation, un souffle, n'est point un mot; et je demande encore si ce qui n'a pas de rang dans la grammaire, si ce qui existe à peine dans le langage et qui est insaisissable à la pensée, peut devenir le terme d'une proposition philosophique, parce qu'il se trouvera quelquefois représenté par un débris de verbe? Dans les langues grecque, latine, françoise, l'usage permet rarement, il est vrai, qu'une phrase aille sans verbe : mais il n'en est pas de même en hébreu et dans beaucoup d'autres langues, où l'attribut se joint au sujet sans verbe et sans copule. Quoi donc! y auroit-il des règles de raisonnement et des principes de logique particuliers à tel peuple, nuls chez tel autre?

Alors le verbe *être* est sous-entendu, réplique Aristote.— Il est sous-entendu! la raison est précieuse, et digne du Péripatétique : elle doit pleinement satisfaire des gens qui croiroient manquer d'air, si on les privoit de leur verbe substantif. Cela me rappelle l'ancienne horreur de la nature pour le vide. Et comment voulez-vous qu'on sous-entende ce que l'on ignore? est-ce aussi en vertu du principe que *non datur vacuum in rerum naturâ?* Non ; la substance et l'attribut existent unis sans intermédiaire ; la pensée les voit de même ; le langage, expression de la pensée, les énonce ; et pendant des siècles cette simple énonciation tint lieu de copule, d'affirmation, de verbe ; le discours n'en avoit pas besoin.

Le verbe par excellence n'est donc pas plus nécessaire à la proposition qu'à la construction du verbe.

§. XIX. Définition du verbe.

Εω, *eo*, sert à conjuguer tous les verbes, rien n'est plus vrai ; mais lorsque les grammairiens en ont conclu : « Donc » il n'y a qu'un verbe, et c'est le verbe substantif » ; et que les philosophes ont ajouté : « car pour être susceptible de mo- » dification, il faut premièrement avoir l'existence, » les premiers ont posé un principe aussi faux en grammaire que l'argument des seconds est incontestable. Celui qui diroit : En grec et en latin, il n'y a qu'un seul véritable substantif, et c'est l'article, parce qu'il sert à décliner tous les noms, ne raisonneroit pas moins juste.

L'attributif *haïah*, ἔω, *eo*, ayant revêtu des formes temporelles, on trouva commode de s'en servir dans toutes les occasions où l'on avoit besoin de faire connoître qu'une chose avoit été ou qu'elle seroit ; et malgré sa signification de *vivre* et de *faire*, on commença à lui donner pour sujets des noms de choses insensibles, et qui par elles-mêmes étoient dépourvues d'action et de mouvement. On s'étoit aperçu qu'une foule de substances, quoique inertes et sans vie, avoient néanmoins une manière d'exister qui étoit comme leur vie à elles : on ne pouvoit pas dire d'elles qu'elles fussent vivantes et agissantes, mais on ne pouvoit pas dire non plus qu'elles étoient mortes. Le verbe auxiliaire, par une extension métaphorique, passa donc à l'usage des sujets bruts et inanimés, et par une suite de cet usage devint le verbe métaphysique d'existence *être;* tandis qu'en conjugaison il finit par ne plus marquer que les modifications de personnes, de nombre, de temps et de modes.

Mais les hommes se souvinrent long-temps de ce qu'avoit

été l'auxiliaire à la naissance des conjugaisons, et, ne pouvant lui rendre sa force primitive, cherchèrent du moins à l'imiter. Φιλέω qui d'abord avoit signifié *j'exerce amitié, je fais l'amour, je vis en aimant*, ne signifioit plus que *j'aime* : il falloit un nouveau moyen d'exprimer ce que l'auxiliaire ne disoit plus. Alors, au lieu du verbe ordinaire φιλεῖ, *il aime*, on dit, conformément à l'ancienne valeur du verber ἔω, διατελεῖ φιλῶν, *il vit aimant, il passe sa vie à aimer*. Au lieu de τί σοι δοκεῖ, *que vous semble?* ἐποίησα, *j'ai fait;* on dit πῶς ἔχεις δόξης, *comment vous possédez-vous dans votre opinion;* ποιήσας ἔχω, *je me trouve avoir fait*. Dans la fable de l'*Ane* revêtu d'une peau de lion, Esope raconte que le Renard ἐτύγχανε γὰρ αὐτοῦ προακηκουία, *se trouvoit l'avoir entendu braire;* au lieu de dire simplement προηκηκόει αὐτοῦ, *l'avoit entendu*. Ces locutions sont familières en grec.

Dans le même but, le latin redoubloit le terme de l'action, et donnoit pour régime au verbe son propre radical : *vivere vitam, dormire sommum, decernere decretum,* etc. Toutes ces façons de parler sont des imitations, je dirois presque des réminiscences de l'énergie qu'avoit l'auxiliaire, lorsqu'il devint facteur de conjugaisons. En françois, *vivre en bête, parler en sage, se conduire en jeune homme,* sont encore autant de phrases construites sur l'ancien modèle, et qui représentent chacune un verbe, qui manque à notre langue.

Cependant l'énergie de l'auxiliaire n'a pas tellement disparu des verbes, qu'il n'en reste vestige. Qui ne sent, par exemple, la différence qu'il y a entre *sapiens sum*, et *sapio*, le premier n'exprimant que l'existence d'une qualité, le second une manière d'agir? *Posséder* ne dit-il pas plus que *être propriétaire; appartenir,* qu'*être le bien* ou *le sujet?* Qu'on demande à une femme si *j'ai de l'amour pour vous* est la même chose que *je vous aime*. Il n'y a pas jusqu'aux verbes destinés à exprimer le repos, le silence, l'insensibilité, la mort, par conséquent l'absence de vie et d'action, qui n'aient conservé dans leur physionomie quelque chose de cette force singulière avec laquelle l'auxiliaire peignoit la pensée. *Quiesco* et *quietus esse* diffèrent autant que *rien faire* et *ne rien faire*, dans ces vers de La Fontaine et de Boileau :

La nuit à bien dormir, le jour à ne rien faire. LAF.
Passer la nuit à boire, et le jour à rien faire. BOIL.

On sait que l'académie ayant été prise pour juge de ces deux expressions, décida que la dernière étoit la meilleure, parce que *rien faire* étoit envisagé par le poète comme une espèce d'occupation. *Taceo*, *faire silence*, renferme l'idée de vie et d'action, puisqu'on ne peut dire sans figure d'une statue, d'un rocher, d'un monument, qu'ils se taisent ; au lieu que l'on dit sans métaphore, *un désert silencieux*. *Sto* a été fait actif dans *Jupiter Stator*, et il est presque synonyme d'*agir* dans cette phrase, *ad ostium sto et pulso*. *Jaceo* enfin, *jaceo* lui-même emporte l'idée d'agir, puisqu'il signifie mot à mot *faire le mort*. יִק (iac) en hébreu, c'est *lancer*, *frapper*, *tuer* ; de là viennent *jacio*, jeter, lancer ; et *jaceo*, être jeté de son long, comme un homme mort.

On doit comprendre à présent, que lorsque j'envisage l'action dans le verbe, ce n'est pas dans la partie appelée radical ; c'est dans la terminaison ou l'auxiliaire. C'est cette terminaison seule qui forme la ligne de démarcation entre le verbe et l'adjectif ; c'est par elle que *quiesco*, *sto*, *jaceo*, etc. expriment l'idée d'agir aussi bien que *laboro* et *curro*, tandis que *vivus*, *operosus*, n'emportent pas plus, par la forme, l'idée de vie et d'action, que *exanimis*, *piger*, *somnolentus*, etc.

Qu'est-ce donc que le verbe, ou attributif conjugué, par opposition à l'adjectif, ou attributif simple ?

Le verbe est *attributif d'action* ; l'adjectif est *attributif d'état*.

Le verbe *être* est attributif de temps et quelquefois d'existence, engendré des conjugaisons.

Demander si une langue a ou n'a pas de conjugaisons, c'est demander si dans cette langue les pronoms se placent après ou avant le radical.

Demander si une langue a des temps dans ses verbes, c'est demander si elle a ou n'a pas d'auxiliaire.

§. XX. Digression sur le participe et le verbe pronominal.

Le grec est riche en participes ; au passif comme à l'actif il en a pour tous les temps : le latin manque du passé à l'actif, et du présent au passif.

Le françois est encore plus pauvre que le latin : il n'a qu'un présent, *aimant*; et qu'un passé, *aimé*; et ce dernier sert de participe passif dans les verbes qui ont un passif.

Rien de plus opposé que les divers systèmes que l'on a imaginés pour expliquer cette dernière forme de participe, et pour rendre raison des différentes règles de concordance qui le régissent. MM. de Port-Royal, l'abbé Girard, Dumarsais, Duclos, Beauzée, Court de Gébelin, etc., sont tous divisés d'opinion; tous ils ont appuyé leur sentiment particulier sur des argumens plus ou moins plausibles ; mais personne encore n'a eu la gloire de réunir tous les suffrages, et la question est aujourd'hui aussi chaudement controversée que jamais.

Si *aimé* est participe passif, pourquoi dans cette phrase, *j'ai aimé cette personne*, ne le fait-on pas accorder avec le nom qu'il est censé modifier, *personne*? S'il est actif, pourquoi dans cette autre phrase, *la personne que j'ai aimée*, le met-on au féminin? Pourquoi cet accord monstrueux d'un sujet avec son régime? Et pourquoi suffit-il au participe d'être précédé ou suivi de son régime, pour en prendre ou non les modifications?

Tout adjectif, verbe, ou participe doit s'accorder avec son sujet : pourquoi *aimé* n'est-il pas au féminin dans cette phrase, *elle a aimé*, comme dans cette autre *elle est tombée*. *Tombée* est-il adjectif passif ? On n'oseroit le soutenir, car alors je demanderois quel est l'actif. Pourquoi le changement d'auxiliaire met-il une si grande différence entre des termes parfaitement identiques ?

A tout cela, on n'a rien répondu de satisfaisant [1]. Quelque

---

[1] Ecoutons ce que dit à ce sujet l'abbé d'Olivet : « Si l'on demande
» pourquoi le participe se décline lorsqu'il vient après son régime, et
» qu'au contraire, lorsqu'il le précède, il ne se décline pas, je m'imagine
» qu'en cela nos François, sans y entendre finesse, n'ont songé qu'à leur
» plus grande commodité. On commence une phrase, ne sachant pas bien
» quel substantif viendra ensuite; il est donc plus commode, pour ne pas
» s'enferrer par trop de précipitation, de laisser indéclinable un participe
» dont le substantif n'est point énoncé, et peut-être n'est point prévu. »
Voilà tout ce que l'abbé d'Olivet, grammairien de renom, a imaginé de mieux pour expliquer l'énigme. *Credat Judæus, non ego.* Il faut

parti que l'on prenne, en effet, on s'abuse soi-même : ou l'on est conduit à soutenir quelque absurdité, ou l'on tombe dans des contradictions palpables. Je ne discuterai pas toutes les explications qui ont été données ; cela me mèneroit trop loin. Il me suffit que des hommes tels que ceux dont je viens de citer les noms n'aient pu parvenir à s'entendre ; c'est pour moi une preuve qu'ils ont suivi une fausse route, et un avertissement de diriger autre part mes investigations.

Après que l'empire romain eut été envahi par les Barbares, et qu'à la domination des Césars eut succédé celle des Goths en Italie, des Francs dans les Gaules, des Wisigoths en Es-

être bien grammatiste, en vérité, pour se contenter d'une pareille explication. Quoi ! lorsque les grossiers conquérans des Gaules disoient, *j'ai aimé la guerre, accueilli votre damande, cultivé ma vigne, bâti ma maison*, ils ne prévoyoient pas ce qu'ils alloient dire ! et c'étoit par la crainte de *s'enferrer* qu'ils laissoient le participe indéclinable ! Au contraire, ces gens qui n'y *entendoient pas finesse*, y mettoient cependant plus de façons, quand le régime précédoit le verbe. Ah ! sans doute ils se soucioient peu des finesses du langage, les vainqueurs des Romains et d'Attila, les héros de Tolbiac ; de même que ceux d'Arcole et de Marengo ne se piquoient pas assurément de parler l'italien comme Pétrarque et Métastase. Mais si *nos François* furent si peu raffinés, leurs descendans devoient être plus habiles.

M. Bescher, aujourd'hui notre plus grande autorité en fait de participes, trouve si concluantes les raisons de l'abbé d'Olivet, qu'il les appuie de toute sa métaphysique. « Il est mille circonstances où nous com-
» mençons une phrase, sans que nos idées soient exactes. Dans ce cas
» nous employons des mots dont la signification, en quelque sorte banale, peut s'adapter à toute espèce de discours ; et, tandis que nous
» prononçons ces mots, nos idées se fixent, et la phrase s'achève. »

Cela signifie que si M. Bescher savoit ce qu'il veut dire, il feroit accorder le participe ; mais que n'en étant pas bien sûr, il trouve plus commode et plus sage de le laisser en repos. Nous voilà bien instruits.

« Mais cette incertitude n'existe plus, » ajoute après ces deux Messieurs Girault-Duvivier, « si le régime direct précède le participe. Le nom est
» exprimé, le genre et le nombre de ce nom sont connus, et alors plus de
» prétexte qui vienne empêcher l'accord du participe devenu adjectif. »

Quare opium facit dormire ?—quia habet vim dormitivam. On demande ce qui fait que le participe devient adjectif : c'est qu'il est devenu adjectif, répond M. Girault-Duvivier.

pagne, il y eut une fusion des nations conquérantes et des peuples indigènes : la puissance civile changea de mains, mais avec la religion et les lois de l'empire, la langue de Rome fut adoptée par les vainqueurs. Cette conversion des hordes étrangères aux mœurs polies et civilisées des Romains, ne fut cependant pas tellement complète, que les Barbares ne mélassent beaucoup de leurs usages, de leurs croyances, de leurs idiotismes, aux habitudes nouvelles qu'ils s'étoient formées, aux sciences et à la langue qu'ils avoient apprises.

Ainsi, pour ne parler que de ce qui regarde la grammaire, ces nouveaux maîtres du monde avoient l'habitude de se servir d'article avant le nom, et d'accompagner toujours le verbe d'un pronom personnel. Ne pouvant concevoir des noms sans articles et des verbes sans pronoms, du démonstratif latin *ille*, *illa*, ils se fabriquèrent du mieux qu'ils purent les articles *le*, *la*, *il*, *el*, *lo*, etc., et n'eurent garde d'oublier jamais, en conjugaison latine, le pronom avant le verbe.

Ainsi encore, dans leur langue maternelle ils formoient le futur à l'aide de l'auxiliaire *werden*, *devenir*, et qui signifie aussi *être*, joint à l'infinitif du verbe : *ich werde seyn*, *je serai*. Pour traduire en latin leur futur, ils ne se seroient pas avisés d'employer les formes si simples et si commodes, *amabo*, *audiam*, *ero*; non, prenant le futur de *sum* pour l'auxiliaire latin correspondant à celui de leur idiome, ils l'accollèrent au radical des verbes, et se créèrent les figures grotesques : *ego ess-ero*, *ego hab-ero*, *ego intend-ero*, je serai, j'aurai, j'entendrai. On ne pouvoit être plus littéral ni plus conséquent. Tous nos temps et nos modes furent bâtis sur ces principes : le subjonctif s'alongea de deux mots, *quod ego sim*, comme *dass ich sey*, *que je sois*. *Habuero*, *amavero*, *fuero*, furent abandonnés pour *ego hab-ero habitum*, quatre mots, comme *ich werde gehabt haben*, *j'aurai eu*.

Toute la capacité de ces terribles écoliers consistoit à échanger lettre à lettre leurs locutions germaniques contre des expressions qui, prises séparément, étoient latines, mais ne formoient pas des phrases latines; ils continuoient à penser en franc, en teuton, en goth, et parloient barbare en latin. Ce dut être d'abord un plaisant jargon à entendre que ces germanismes latinisés; telle est pourtant la noble origine de nos langues françoise, espagnole et italienne.

Les langues ou dialectes de la Germanie composoient leur prétérit de l'auxiliaire *haben*, joint au participe passé : *ich habe gehabt, ich habe gelobt*; *j'ai eu*, *j'ai loué*. Les Barbares suivirent la même méthode en latin ; au lieu de *habui*, ils dirent: *ego habeo habitum*. Cette phrase, *j'ai aimé cette personne*, ils la traduisoient donc, *ego habeo amatum hanc personam*. Mais les habiles de la nation, ceux qui se mêloient un peu de grammatiser, ayant remarqué que les Latins trouvoient plus élégant de dire avec le participe futur, *habeo scribendam epistolam*, au lieu de *scribendum*, crurent qu'ils feroient aussi plus élégamment de suivre cette règle avec le participe passé, et devenus puristes et amateurs de beau langage, ils disoient avec grâce, *habeo amatam hanc personam, illa persona quam habeo amatam*, quoique ces phrases en latin eussent un sens tout différent.

Les Espagnols et les Italiens font accorder à volonté, le participe avec son régime, quelle que soit la position de ce dernier : c'est que la règle latine n'étoit pas de rigueur. Le françois, au contraire, ne décline le participe que lorsque le régime le précède, et dans ce cas il exige toujours l'accord : mais cette exigence est le fait des grammairiens ; le bas peuple, qui n'entend rien aux théories de la grammaire, et qui ne suit d'autre règle que le bon sens, ne décline jamais l'adjectif passif.

Le passif des verbes, dans le système des langues du Nord, se formoit du participe passé joint à l'auxiliaire *werden*; et l'on conjugua de même le passif latin : *ego sum amatus, ego habeo statum amatus*; *je suis aimé*, *j'ai été aimé*.

Le passé de certains verbes neutres en allemand se conjugue à l'aide de l'auxiliaire *seyn*, *être*, dont la valeur est très différente de celle de *werden*, formateur du passif. Les Barbares, après avoir rendu leur *seyn* par le latin *sum*, ne trouvant point de participe passé ou passif aux verbes neutres, en forgèrent avec les supins, et *veni, ivi, accurri* furent remplacés par *ego sum venitus, ego sum itus, ego sum accursus*, façonnés sur le modèle de *ich bin gegangen*, *je suis allé*. Et comme d'un autre côté les participes conjugués avec *être* s'accordoient avec leurs sujets, il en fut de même pour les participes neutres, malgré la différence.

Certaines actions que le latin exprime par un verbe neutre ou passif, se rendent en allemand par un verbe à pronom redoublé ; c'est ce qu'on appelle verbe *pronominal* ou *réfléchi; sich freuen*, *gaudere; sich irren*, *falli*, etc. Que firent nos apprentis latinistes ? Ils s'en alloient demandant aux Romains : Comment dites-vous *réjouir*, *asseoir*, *apercevoir*, *évanouir ? Gaudere*, *sedere*, *percipere*, *evanescere*, répondoit-on. Et là-dessus, sans autre information, ils construisoient le plus logiquement du monde les phrases gotho-latines, *ego me regaudeo*, *ego me assideo*, *ego me evanesco*. C'est comme si un soldat romain, ressuscitant parmi nous et se mettant à l'étude du françois, disoit, dans les analogies de sa langue, *j'assieds*, *je tais*, *j'évanouis*.

Mihi subvenit est une expression latine dont le sens est, *il me vient dans l'esprit, il me souvient*. Puisqu'on avoit choisi ce verbe de préférence à *recordari* et *meminisse*, rien n'étoit plus aisé que de lui conserver du moins sa forme impersonnelle, forme de conjugaison que l'on trouve dans toutes les langues, et qui ne devoit pas paroître trop civilisée, même à des Barbares. Mais ces massacreurs de noms et de verbes ne l'entendoient pas ainsi : il leur falloit un verbe pronominal ; *subvenit* l'impersonnel s'étant présenté, on fit sur lui main-basse, et puis après l'on vit paroître les énormes caricatures, *ego me subvenio*, *ego me resubvenio*.

Quelle désolation ce dut être parmi les grammairiens et les rhéteurs, d'être chaque jour témoins des outrages que recevoit, au sein de Rome même, la langue des Cicéron et des Virgile, que dis-je ? la langue des Marius et des Jules-César, des Trajan et des Marc-Aurèle ! Quelle patriotique indignation devoit s'allumer dans leurs cœurs, lorsqu'ils s'entendoient dire, dans un style macaronique et avec un accent effroyable, *a illa hora quod ego me inde essero resubvenitus* (alors que je m'en serai ressouvenu) ! Le génie de Rome étoit vaincu : mais il falloit que des races jeunes et vigoureuses vinssent rendre le cœur et l'énergie aux nations énervées par la tyrannie corruptrice et abrutissante des enfans de Romulus ; il falloit un baptême de sang aux âmes infectées et amollies ; le salut et la liberté du monde étoient à ce prix.

Mais d'où venoient aux peuples germaniques ces formes pronominales si extraordinaires en latin, si rebelles aujourd'hui même à l'analyse? Doit-on les attribuer au laisser-aller de la conversation, et ne seroient-elles qu'une dégénérescence du langage ; ou ne faudroit-il pas plutôt y voir des traductions maladroites de locutions antiques, dans l'origine très bien fondées en raison, mais dont les progrès et les révolutions du langage auront peu à peu fait perdre de vue la formation et la trace ? Je n'ose affirmer que la langue allemande ne puisse absolument, par ses propres racines, rendre raison de ses verbes pronominaux ; mais quand elle ne le pourroit pas, ce qui me paroît probable, quand les verbes pronominaux allemands seroient aussi peu raisonnables que les pronominaux françois, qu'importe? alors il en sera des idiômes teutoniques comme de la langue françoise : ils ne seront eux-mêmes qu'une vieille dégradation de langues encore plus anciennes, bizarrement travesties et ridiculement métamorphosées.

Voyons donc s'il ne seroit pas possible d'expliquer le verbe pronominal par quelque procédé grec ou hébreu. Qu'on me pardonne cette excursion sur un sujet encore si peu débrouillé, et qui d'ailleurs tient de si près à nos règles de participes.

Qu'entend-on, que doit-on entendre par *verbe pronominal*? Je me sers de cette désignation, en attendant que nous en ayons découvert une meilleure.

« Le verbe *pronominal* est celui qui se conjugue avec deux » pronoms de la même personne, » dit Girault-Duvivier, d'accord avec tous les grammairiens ; j'ajouterai : avec cette circonstance particulière, que le premier pronom demeurant toujours sujet, le deuxième, quoique mis à un cas indirect, ne puisse être considéré comme régime.

Ainsi *je me repens, je me souviens, je m'évanouis*, sont verbes pronominaux, parce que *me*, bien qu'en apparence indiquant un datif ou un accusatif, n'est pourtant pas régime ; car, qu'est-ce que *repentir* quelqu'un, *souvenir*, *évanouir*, *enfuir* quelqu'un ou quelque chose? Au contraire, *me*, dans les exemples suivans, *je m'admire, je m'écoute, je me parle*, *je me nuis*, étant régime, tout comme dans *on m'admire*, *on m'écoute*, *tu me parles*, *il me nuit*, et toutes ces phrases étant parfaitement identiques, les verbes *s'admirer*, *s'écouter*, *se nuire*, et autres semblables, ne sont pas pronominaux ; et c'est contrairement à toute idée d'analogie, en dépit de la critique et de l'analyse, que les grammairiens ont confondu des choses si différentes.

D'après le même principe, *s'abstenir*, *s'arroger* ne seront plus réputés *pronominaux*, puisque ces verbes sont évidemment actifs, et que leur 2ᵉ pronom est non moins évidemment régime. De ce que l'action marquée par un verbe se réfléchit sur son sujet, de ce que même elle ne peut avoir d'autre terme que ce sujet ; il ne s'ensuit pas que ce verbe soit pronominal ; il faut, comme j'ai dit, que le 2ᵉ pronom ne puisse être pris pour régime du verbe.

C'est donc ce pronom qu'il s'agit d'analyser ; c'est le rôle qu'il joue que nous devons tâcher d'apprécier. Comment et pourquoi s'est-il glissé dans les conjugaisons ? voilà ce qu'il faut savoir.

La plupart des verbes hébreux sont susceptibles d'une forme de conjugaison, dont l'effet est de marquer une action tantôt spontanée, tantôt réfléchie ; c'est la conjugaison *hithphaël*. On la forme en ajoutant la syllabe הת (hith) en tête de la conjugaison active : מסר (masar) *il a livré* ; התמסר (hithmaser), *il s'est livré*. Cette syllabe *hith* a été prise par Bergier et Court de Gébelin pour le verbe *être* ; j'ose n'être pas de leur avis. Ces illustres savans étoient trop préoccupés de l'idée que le verbe substantif doit se retrouver partout, pour que leur sagacité ne se soit pas trouvée une fois en défaut. הת *hith*, formatif de *hithphaël*, n'est pas le verbe *être*, et l'on auroit peine à citer un seul exemple où il en ait la signification. *Hith* est une espèce de pronom réfléchi, l'analogue, sinon l'équivalent de *se*, *soi*, que les grammairiens disent manquer en hébreu, parce qu'ils ne savent pas l'y reconnoître. C'est une forme adverbiale de l'article ou pronom הוא, היא (hou, hia), *il*, *elle*.

En hébreu, les adverbes se forment au moyen de la terminaison ית, *ith*, ajoutée au radical : or, pour faire du pronom de la 3ᵉ personne un pronom indéfini, étoit-il un expédient plus logique que de lui donner cette terminaison, dont le propre est de rendre tout adjectif indéfini et indéterminé? On convient d'ailleurs que la signification de *hithphaël* est souvent réfléchie ; c'est ce qui ne s'expliquera jamais par le verbe substantif. Tout au contraire, la signification passive que l'on donne quelquefois à *hithphaël* lui vient de sa comparaison avec la langue latine, dans laquelle on est forcé de rendre par le passif toutes les phrases que le françois exprimeroit comme l'hébreu, par un verbe réfléchi ; *cela se fait, se vend ; hoc agitur, venditur ; cet homme se trouble, homo turbatur.* Ici, j'ai l'avantage de combattre Bergier avec ses propres armes.

Mais, objectera-t-on, si la syllabe *hith* est le pronom réfléchi *se, soi,* comment se fait-il qu'on l'emploie avec des sujets de 1ʳᵉ et de 2ᵉ personne? qu'on dise, par exemple, אנו התמסר (ani hithmaser), *je me livre,* ce qui, selon moi, devroit être traduit, *je se livre?*

C'est que, comme je viens de le dire, *hith* n'est pas exactement notre pronom réfléchi *se, soi,* et qu'il répond mieux au mot *même* en françois, *selbst* en allemand, *ipse* ou *met* en latin. Le grec, en lui donnant une nouvelle terminaison et des cas, l'a conservé dans αὐτος. On disoit donc, *je livre* MÊME, *tu livres* MÊME, pour *je* ME *livre, tu* TE *livres. Même,* c'étoit comme le nom d'un personnage fantastique, qui étoit tout le monde, parlant de soi, agissant sur soi, ou de son propre mouvement. L'emploi de ce pronom vague et incertain, en guise de *me* et *te,* est une nouvelle preuve de ce que j'ai avancé au §. 9, que les pronoms de 1ʳᵉ et de 2ᵉ personne s'étoient formés, par extension, de l'article démonstratif.

Maintenant, quel est le rapport exprimé par le pronom *hith,* apposé au radical?

Je réponds que sa fonction est d'indiquer une action, tantôt réfléchie sur le sujet, et qu'alors *hith* est régime du verbe, je viens d'en donner un exemple ; tantôt spontanée, et qu'alors il modifie le sujet, c'est surtout ce que je dois prouver.

הלך (halak) en hébreu signifie *ivit, incessit, ambulavit.* Or, comme une action de cette espèce ne peut jamais avoir de patient direct, qu'on ne peut pas dire *ire, ambulare seipsum,* les grammairiens ne manquent pas de dire de ce verbe, comme de beaucoup d'autres, que le sens, à la conjugaison *hithphaël*, est le même qu'à la conjugaison *kal* ou active. C'est qu'ils ne comprennent pas l'énergie du pronom. Mais, en supposant ce pronom au nominatif, nous concevrons qu'il indique une action qui se fait d'elle-même et naturellement, et nous sentirons la force de ce passage de l'Exode, 21, 19 : אם יקום והתהלך (im iqoum, ou hithhallek), *si le malade se lève, et marche de lui-même*, c'est-à-dire sans appui ni soutien, sans le secours de personne. Le terme hébreu seroit très bien rendu par le grec αὐτόπους, *qui marche sur ses propres jambes, qui va tout seul.*

הודה (hodah), *louer, chanter, publier, célébrer*, d'où vient le grec ᾄδω, *chanter*, ᾠδή, *chanson*, signifie à la conjugaison *hithphaël*, non pas *se louer soi-même*, mais *avouer, confesser* : ומתודה חטאתי, (ou mithodah chatathi), *et confitebar peccatum meum*. Comment cela? si ce n'est que *hith* équivaut à *libens, ultroneus*, et qu'il donne au verbe la signification de *publier de soi-même, faire connoître volontairement*?

מכר (makar), c'est *vendre*; pourquoi התמכר (hithmakker) signifie-t-il *venumdatus est*, et non pas *vendidit seipsum*? C'est, encore une fois, que le pronom *hith* indique une action qui se fait d'elle-même, coutumièrement.

Au livre des Nombres, 7, 89, on lit : « Lorsque Moïse entroit dans le sanctuaire pour consulter l'oracle, il entendoit » la voix qui lui adressoit la parole. » Il y a dans l'hébreu, את קול מדבר אליו (eth qoul middebar aliou), *vocem ultroloquentem ad eum*. Le verbe דבר (dabar), *parler*, n'est pas mis ici à la conjugaison *hithphaël* pour dire que l'Éternel se parloit à lui-même, puisque c'étoit à Moïse que Dieu s'adressoit, et que ce régime est exprimé. Il ne signifie pas davantage *loqui seipsum*, comme l'explique un hébraïsant; car que signifieroit une phrase comme celle-ci : *loquebatur seipsum ad Moysen?* Mais le terme hébreu, dans son énergie propre, marque que Dieu donnoit ses ordres à son prophète, de sa propre bouche et de son propre mouvement, sans attendre même que Moïse lui exposât sa requête; et ce terme, que j'ai tâché de rendre par *ultroloquentem*, le seroit encore mieux par le grec αὐτόφωνον, *qui parle par son propre organe*. En Grèce, on appeloit αυτοφώνους χρησμούς, les oracles rendus par la divinité elle-même.

La langue grecque a conservé plus d'un souvenir de cette énergie particulière de la conjugaison hébraïque *hithphaël*. Αὐτός, qui, comme j'ai dit, est le même que l'hébreu *hith*, signifie en grec *qui agit seul, de soi-même, sans avoir besoin d'être excité*; et cet article a servi à former environ une centaine de mots composés, auxquels il a communiqué sa valeur. Ainsi αὐτοδικέω, *juger par soi-même*, αὐτουργέω, *travailler de ses propres mains*; αὐτοπτέω, *voir de ses propres yeux*; αὐτομαχέω, *combattre par soi-même*; αὐτοδαής, αὐτόχροος, αὐτοτεχνος, *qui s'est instruit tout seul, de couleur naturelle, naturellement industrieux*, etc. [1] Qu'on essaye d'analyser tous ces mots et d'en séparer le pronom, et l'on verra qu'on est toujours forcé de le mettre au nominatif. Αὐτὸς rend donc parfaitement l'hébreu *hith*. Or, supposez que tous les verbes grecs soient susceptibles de recevoir à toutes leurs conjugaisons le pronom αὐτός, comme les verbes hébreux prenoient le mot *hith*, avec la faculté d'indiquer une action, tantôt réfléchie, comme seroit αὐτοφένω, *se tuer soi-même*; tantôt spontanée, comme αὐτοδιδάσκω, *apprendre de soi-même (s'instruire)*, et vous aurez une idée plus claire et plus juste de la 7ᵉ conjugaison hébraïque, que vous ne pourriez l'acquérir avec toutes les grammaires.

En hébreu, l'article préposé au verbe est donc tantôt modi-

---

[1] Le commentateur de Lactance, qui s'avisa de trouver peu conforme à l'exactitude théologique ce passage de l'auteur latin : *Deus ante omnia ex seipso est procreatus, ideòque ab Apolline* αὐτοφυής *nominatur*, et qui crut devoir prémunir le lecteur par cet avertissement : « Cautè lege ista, » nam vehementer abhorrent à more loquendi theologorum : neque enim » Deus à se ipso genitus est aut procreatus, cum nihil magis impossi- » bile sit quam aliquid se ipsum generare : » ce commentateur, dis-je, ne comprenoit pas la force de l'épithète grecque, que Lactance, au même endroit, s'efforce d'expliquer en latin par toutes les périphrases imaginables. Apollon, et Lactance après lui, n'eurent garde de dire jamais que Dieu s'étoit engendré lui-même, mais qu'il étoit existant par lui-même, de sa nature; c'est ce que signifient *ex seipso procreatus* et αὐτοφυής.

ficateur tantôt régime : je crois l'avoir démontré. En grec, le même article n'est jamais que modificateur : pour exprimer l'action du sujet sur lui-même, dans cette langue, on s'y prenoit d'une autre manière.

Ce qui me reste à faire à présent, c'est de montrer comment l'article *hith*, primitivement commun aux trois personnes, fut restreint dans ses fonctions et métamorphosé en pronom réfléchi ; comment la conjugaison tout orientale *hithphaël* fut imitée dans les langues du nord de l'Europe ; comment enfin elle a donné le jour à notre conjugaison pronominale.

Qu'arriva-t-il, lorsqu'après les migrations des peuples, la langue primitive reçut toutes les modifications dont elle étoit susceptible ? Les uns, comme les Chaldéens et les Hébreux, conservèrent en conjugaison l'usage du pronom indéfini, *hith*; son énergie étoit trop évidente, et son emploi trop précieux, pour qu'il fût en même temps abandonné de tous. Les autres, comme les Latins et les Grecs, aimèrent mieux répéter les mêmes pronoms personnels, lorsqu'ils avoient à exprimer une action réfléchie : ainsi ils préféroient dire *ego me diligo, je m'aime moi-même*, plutôt que התאהב (hithahab) ou αὐτοφιλέω (inusité); *tu te diligis, tu t'aimes*. *Hith* fut de la sorte suppléé aux deux premières personnes ; mais comme il indiquoit le sujet d'une manière indirecte, on le réserva pour la 3e, dont il devint le correspondant spécial ; *ille se amat, sibi arrogat*. On n'arriva pas de plain-saut à l'idée suffisamment abstraite du pronom réfléchi *se, soi* : ce ne fut que par une restriction de son emploi primitif qu'il se trouva exister tout à coup dans le langage, au moment où l'on y pensoit le moins.

L'origine hébraïque et articulaire du réfléchi *se, soi*, se décèle : *sui, sibi, se*, en latin, n'a fait que changer en lettre sifflante, l'aspiration du grec ἑ, οὑ, οἱ, *hé, hou, hoi*; or, celui-ci est encore le même que l'article ὁ, ἡ, et le relatif ὅς, ἥ, ὅ, qui reviennent à l'hébreu *ha, he, ho, hou*; et nous avons vu au §. 6 la naissance et l'homogénéité de ces particules.

Ce ne fut pas tout : ceux qui plus tard arrivoient sans cesse de l'Orient par le Nord, rencontrant des peuples dont les idiômes étoient déjà tout façonnés aux habitudes européennes, et forcés de traduire en langues Japhétiques leurs idées orientales, vinrent tout bouleverser et tout confondre. Dans leurs patois maternels, ils exprimoient les articles avant les noms, les pronoms avant les verbes, comme font encore les Chinois, les Indiens et autres, mais n'avoient ni cas, ni conjugaisons : sans renoncer à leurs anciens usages, ils adoptèrent ou imitèrent en partie la mode de décliner et conjuguer; et de là vient qu'en allemand on trouve, et toujours l'éternel article et l'indispensable pronom comme en françois, et les variétés de terminaisons comme en grec. Tout, dans l'allemand, trahit une naissance équivoque et adultérine ; nous en verrons encore d'autres preuves.

Cette forme araméenne du verbe, que j'appellerois volontiers *spontanéo-réfléchie*, trouvoit dans le plus grand nombre de cas son équipollent en grec et en latin, lorsque le même pronom répété devenoit régime : on traduisoit donc התמסר (hithmaser), *ego me trado*; התחשף (hithchaschaph), *ego me nudo* ; c'étoit bien jusque-là. Mais on ne réfléchit pas que התחדה (hithchadah, *sponte lætor*), התהלך (hithallek, *ultro-incessit*), et *ego me gaudeo*, *ego me ambulo*, n'étoient plus la même chose : et comment des Barbares, des Scythes, se seroient-ils avisés de faire une distinction, au fond très importante et bien nuancée, mais en apparence assez subtile, quand depuis trois siècles nos grammairiens, hommes du métier, n'ont pu en venir à bout? L'usage du pronom redoublé fut donc adopté sans méthode et sans choix; et voilà comment les idiômes germaniques se chargèrent peu à peu de ces singulières locutions : *je m'en vais*, *je me promène*, etc.

Si donc il est vrai, comme je le soutiens, que les anciens colons du Nord, trompés par l'équivoque acception de la conjugaison *hithphaël*, aient fabriqué les verbes pronominaux par suite de traductions mal-entendues, on conçoit qu'il n'étoit point nécessaire que le verbe fût susceptible d'un régime direct ou indirect, pour devenir passible de deux pronoms. On conçoit en même temps, que s'il ne s'agit point alors d'exprimer une action réfléchie sur le sujet, mais une opération intérieure, spontanée, *automatique*, nous ne devons pas aujourd'hui chercher la raison du pronom répété à la conjugaison pronominale, dans aucune signification transitive du verbe.

Et il devient évident, enfin, que ce pronom répété, faisant fonction de *hith* en hébreu, αὐτός en grec, signifie littéralement *sponte suâ*, *motu proprio*, *ipsissimâ naturâ*; qu'il n'est pas régit par le verbe, mais qu'il en est le sujet, le sujet redoublé.

Le verbe *pronominal*, quelque bizarre que soit sa forme, est une acquisition précieuse pour nos langues modernes; avec lui, on exprime d'une manière énergique et rapide certaines nuances d'idées que le latin ne peut rendre, si ce n'est par des périphrases ou d'autres équivalens. *S'asseoir* n'est bien traduit que par *considere*; *s'écrouler*, *se répandre*, que par *corruere*, *diffluere*. On trouve cependant *nil conscire sibi*, n'avoir rien à se reprocher; mais cette phrase et quelques autres de même nature sont plutôt des analogues du verbe pronominal, que de vraies traductions. En effet, *nil conscius sum mihi* signifie mot à mot, *je ne sais à moi aucun crime*. Je ne connois qu'un seul exemple de verbe employé pronominalement en latin, et c'est un barbarisme calqué sur le syriaque; Matth. 3, 17: *Hic est filius meus dilectus, in quo mihi complacui. Complacere sibi in aliquo* est plus hébreu que latin, ou plutôt c'est de très bon françois. Cicéron auroit dit, *in quo me oblecto, qui est mihi in amore et deliciis*, ou toute autre chose semblable. Ce *pronominal* latin fut forgé par l'auteur syrien de l'Evangile, de même que les pronominaux allemands l'avoient été par des Asiatiques émigrés.

Certaines idées semblent encore attendre, pour être exprimées dans toute leur vérité, quelque verbe pronominal dont nous avons besoin. Par exemple, *rouler dans sa pensée*, *rougir en soi-même*, seroient beaucoup mieux rendus par des verbes analogues à ceux-ci, *se douter*, *s'apercevoir*, *s'instruire*, *se lamenter*, qui traduisent si bien les circonlocutions *concevoir le soupçon*, *recevoir la perception*, *acquérir la connoissance*, *pleurer de toutes ses forces*. Je connois un patois dans lequel la phrase, *j'en ai le pressentiment*, se rend par un seul mot d'une admirable énergie; et c'est un verbe pronominal.

Quelle est la vraie définition du verbe *pronominal?* Si j'ai réussi à me faire comprendre, le mot doit être sur la langue, verbe de *spontanéité*. Appelons maintenant, si on le désire, verbe *réfléchi*, ou plutôt *réflecteur*, celui dont le deuxième pronom est régi par le verbe, quoiqu'au fond cette distinction soit assez inutile.

Tandis que les Espagnols et les Allemands conjuguent leurs verbes pronominaux avec *avoir*, les François les conjuguent avec *être* : d'un autre côté, beaucoup de verbes pronominaux en françois ne le sont pas en allemand et en espagnol, et réciproquement. Ces variétés viennent de ce que le dialecte des Francs différoit à cet égard de celui des Goths, des Allemanni, des Saxons, etc. ; preuve nouvelle que le système de langage qui régnoit des bords du Rhin aux rives de la mer Noire reçut à divers intervalles des modifications profondes, et qu'il n'y a pas eu pour lui unité et simultanéité d'origine.

La préférence accordée au verbe *être* sur le verbe *avoir* pour la conjugaison du verbe pronominal, au fond étoit chose assez indifférente ; mais dès le principe elle avoit fait tomber les Francs dans une méprise. Si cette race guerrière, plus amoureuse des armes et des combats que du savoir et de l'éloquence, avoit été capable de la moindre réflexion, de la plus petite distinction grammaticale, elle auroit vu que tout verbe conjugué avec deux pronoms de même personne, dont l'un est sujet et l'autre régime, n'est pas pour cela verbe de spontanéité ; que *je me suis aimé* ne différant pas, quant au sens, de *j'ai aimé moi-même*, il falloit conserver dans le premier cas le même auxiliaire que dans le second. Pareillement elle auroit compris que *je me suis fait un manteau*, c'est la même chose que *j'ai fait à moi un manteau* ; et que la transposition du pronom n'étoit pas une raison suffisante de changer l'auxiliaire. Mais une première erreur devoit en entraîner une seconde : le *hith* oriental ayant été rendu toujours par la répétition du même pronom, partout où l'on avoit aperçu cette répétition l'on n'avoit plus rien conçu qu'une conjugaison pronominale, partout on avoit fourré le verbe *être* ; et sans s'en douter, la nation Franque, dès son origine, tailloit de la besogne aux grammairiens futurs. Ceux-ci, en effet, travaillant sur des matériaux mal assortis et ne voulant jamais remonter à l'origine du mal, ne sont jamais parvenus à donner une parfaite régularité à cette œuvre d'ignorance et de barbarie ; heureux, quand leurs élucubrations n'ont pas rendu plus épaisses les ténèbres qu'ils s'efforçoient de dissiper.

Les grammairiens se sont aperçus de bonne heure que dans ces phrases, *elles se sont donné la main*, *elle s'est fait une robe*, *être* est mis pour *avoir;* et ne pouvant par un décret académique changer cet usage, du moins ont-ils su en neutraliser l'effet. Ainsi, tandis que dans tout autre cas le participe conjugué avec *être* s'accorde avec son sujet, ici, il reste invariable, à moins qu'il ne soit précédé de son régime direct, et alors il rentre dans la règle du participe conjugué avec *avoir*. En ceci les grammairiens ont rendu service à la langue.

Mais pourquoi font-ils accorder les participes des verbes pronominaux *essentiels*, comme *elle s'est repentie, elle s'est écriée, elle s'en est allée,* etc? Les raisons qu'ils en donnent sont incroyables.

M. Bescher, auteur de plusieurs ouvrages de grammaire, paroît avoir surtout médité et approfondi le sujet qui nous occupe. Consulté sur un cas difficile, *cette dame s'est plue*, ou *plu, dans cet appartement,* il a répondu:

« *Se plaire* signifie, selon l'Académie, *prendre plaisir à*
» *quelque chose, y trouver du contentement, y mettre sa sa-*
» *tisfaction.*

» Donc la phrase, *cette dame s'est plu dans cet apparte-*
» *ment*, signifie qu'elle y a trouvé du contentement, qu'elle
» y a mis sa satisfaction. Aussi l'Académie n'hésite pas à donner
» pour règle que le participe *plu* doit, en toute circonstance,
» rester invariable. »

La décision de l'Académie, ainsi motivée, est sage et juste : pourquoi que M. Bescher ne l'a-t-il pas jugée suffisante ?

« De ce qu'on dit : *parler à quelqu'un*, j'écrirai : nous nous
» sommes *parlé*.

» De ce qu'on dit : *convenir à quelqu'un*, j'écrirai : nous
» nous sommes *convenu*.

» De ce qu'on dit : *ressembler à quelqu'un*, j'écrirai : vous
» ne vous êtes jamais *ressemblé*.

» Et j'en conclus que puisqu'on dit aussi : *plaire à quel-*
» *qu'un*, on doit dire : ils se sont *plu* à la campagne. »

Halte sur la conclusion ! M. Bescher, vous sortez des termes de l'académie, et votre témérité ne vous porte pas bonheur.

Dans les trois premiers exemples le pronom est régime ; prouvez qu'il le soit dans le quatrième.

Mais M. Bescher a trop de sens pour soutenir une telle absurdité : pourquoi donc s'efforce-t-il d'établir une règle sur des analogies fausses, et qui n'ont aucune parité entr'elles ? Faut-il des yeux de lynx pour voir que *se plaire à soi-même* et *se plaire à la campagne* sont deux phrases totalement dissemblables ; que *se plaire*, là verbe transitif indirect, ici exprime un sentiment spontané, occasionné seulement par la vue de la campagne ?

N'importe : M. Bescher trouve des régimes partout.

« On ne dit pas *repentir à soi*, *écrier à soi*, *moquer à soi*, etc.
» Cela suffit pour que le pronom *se*, précédant *repentir*, *écrier*,
» *moquer*, soit aux yeux de tous les grammairiens construit
» dans le sens direct. » Donc cela suffit pour qu'on dise *repentir soi*, *écrier soi*, *moquer soi*; et voilà pourquoi l'on écrit, *elle s'est repentie, moquée, jouée*. Est-ce là ce que M. Bescher veut dire ?

Si je retournois l'argument : On ne dit pas *repentir soi*, *écrier soi*, et cela suffit pour que le pronom soit à mes yeux construit dans le sens indirect ; en conséquence, j'écrirai, *elle s'est repenti*, *elle s'est écrié*, etc., je raisonnerois aussi bien que M. Bescher ; et pourquoi ne me donneroit-on pas raison comme à lui ?

Je ne dissimulerai pas cependant que M. Bescher ne paroisse quelquefois se douter du peu de solidité de son système : il lui échappe des aveux remarquables. « Il est assez rare que les
» participes dérivant de verbes pronominaux puissent subir une
» analyse qui satisfasse pleinement l'esprit et la raison. » Il falloit la chercher cette analyse ; d'après le principe que rien ne se fait de rien, qu'il n'est point d'effet sans cause, le verbe pronominal doit trouver son explication quelque part.

« Quand on dit qu'une personne s'est *souvenue*, s'est *en-*
» *fuie*, s'est *tue*, etc. etc., comment décomposer de pareilles
» locutions, et mettre le régime en présence du verbe ? » Eh ! c'est pourtant ce que vous faites : qui donc vous oblige de tenter l'impossible, et d'être absurde ?

« Les grammairiens se sont donc vus obligés de faire une

» large part au sens métaphorique, et de justifier, à l'aide de
» figures, des décompositions qui ne semblent pas françoises.»
Voilà de grands mots qui semblent dire quelque chose, mais
qui ne signifient rien du tout.

Qu'est-ce que la métaphore?

La métaphore est une figure par laquelle on attribue à un
objet une qualité qui ne peut naturellement lui appartenir,
au moyen d'une comparaison qui est dans l'esprit. Ainsi l'on
dit, *âme de bronze*, *tempérament de glace*, *esprit de travers*.
Mais comment apercevoir rien de pareil dans un verbe pronominal? Je vous donne *se taire*, *s'enfuir*, *se mourir*: essayez
d'en dégager la métaphore.

L'erreur de M. Bescher et de ceux qu'il a suivis, vient de
ce qu'un grand nombre de verbes transitifs sont susceptibles de
devenir verbes de spontanéité, et de ce que le pronom répété, pouvant être quelquefois régime, on a cru qu'il l'étoit
toujours. Quand on dit *s'irriter soi-même par ses réflexions*,
ce journaliste s'est vendu au ministère, il est évident que l'action est opérée par le sujet sur lui-même, et que le pronom
est régime du verbe. Mais quand on dit : *s'irriter de l'obstacle*,
le blé se vend cinq francs, ce n'est plus la même chose, et il
est impossible en bonne logique de regarder le pronom comme
régi par le verbe. Pour s'en convaincre, il suffit d'essayer la
traduction en latin de toutes ces phrases : dans le premier cas,
on dira comme en françois, *seipsum irritare*, *seipsum vendere*;
mais dans le second il faut tourner par le passif, *obstaculo iras-
citur*, *venditur triticum*. Cela est si vrai, et la raison publique
l'a si bien senti, que toutes les fois qu'on donne à un verbe ordinairement pronominal la signification réfléchie, on a soin d'y
ajouter un complément qui avertisse de la véritable acception et prévienne l'équivoque. Nous l'avons vu dans les deux
premiers exemples.

S'irriter, *se vendre*, verbes de spontanéité, en grec αὐτοχολοομαι, αὐτοπωλεομαι (inusités), signifient donc, être irrité spontanément, de soi-même; être vendu publiquement et selon
la coutume foraine; de même que *se plaire*, αὐταρεσκομαι
(inusité), signifie trouver son plaisir, sa satisfaction, comme
l'entend l'Académie, et non pas se plaire à soi-même, comme

l'entend M. Bescher. Le rapport des verbes françois aux mots grecs est si frappant, qu'il est étonnant qu'on ne l'ait pas aperçu, lorsqu'il pouvoit seul dévoiler tout le mystère.

Se n'est donc pas régime dans *se plaire*, *se vendre*, *s'irriter*, pas plus que αυτος dans les composés αὐταρεσκομαι, αὐτοπωλεομαι, αὐτοχολοομαι ; et si le verbe françois est employé à la forme active, c'est que les vieux Germains n'en eurent jamais d'autre.

Que conclure de cette discussion ? que l'on doit cesser d'écrire *elle s'est écriée*, *elle s'est évanouie*, *elle s'est extasiée* ? Nullement : ce qui est fait, est fait ; la langue ne sauroit désormais subir la plus petite modification sans courir la chance d'une ruine totale. Contentons-nous de recueillir cet enseignement : que toutes les règles imaginées pour expliquer l'accord du participe et surtout du participe pronominal, sont fausses et ridicules ; et que c'est rendre à la grammaire un vrai service, que de la déblayer des vaines théories qui l'encombrent.

Je me hâte d'en finir avec les participes.

Le jargon des Francs, comme l'allemand moderne, comme peut-être aussi la langue celtique, n'avoit que deux formes de participes : *habend*, ayant, *gehabt*, eu. Accoutumés à rendre le participe futur par une périphrase, les Barbares traitèrent sur le même pied la langue latine; et les formes simples *habiturus*, *habendus*, furent perdues pour nous.

Qu'est ce que ce participe allemand, teuton, goth, ou franc, *gelobet*, *gehabt* ? C'est un participe passé, tout le monde en convient. Il se forme de l'infinitif en changeant l'*n* finale en *t*, et en le faisant précéder de la syllabe *ge* : *haben*, avoir, *gehabt*, eu.

Ce *t* final seroit-il par hasard un plagiat fait aux supins de la langue latine, *itum*, *auditum*, *amatum* ? La syllabe *ge* ne seroit-elle rien une pâle copie du redoublement des Grecs ; λελύκως, πεποιήκως ? Et le prétérit allemand, *ich habe gehabt*, j'ai eu, ne seroit-il pas enfin la traduction grammaticale, le calque fidèle du grec ἔχω πεποιηκως, *j'ai fait* ?

Je ne prétends pas dire que les peuples de la Germanie aient envoyé des députés à Athènes et à Rome pour y apprendre l'art de fabriquer des participes, et de monter la machine du verbe : je ne veux que rappeler un fait simple et dont chacun peut acquérir l'expérience ; c'est que les variations du langage, fortement tranchées dans les livres, sont presque insaisissables de canton à canton, de village à village, et que la ligne de démarcation entre les langues de deux peuples voisins, n'est bien marquée qu'au sein de leurs capitales respectives. Or, qu'y auroit-il d'étonnant que les tribus germaniques, confinant à l'Italie par le Tyrol, et à la Grèce par la Thrace et la Macédoine, eussent fait, que bien, que mal, divers emprunts à la langue de chaque pays, pour en décorer leurs radicaux déshabillés et nus ?

Au reste, je ne donne cette conjecture que pour ce qu'elle vaut : mais je déclare que je regarde comme impossible d'expliquer naturellement le participe et le verbe allemands, ainsi que je l'ai fait pour le grec et le latin ; que le choix de *haben* pour auxiliaire me paroît sortir de la marche ordinaire et progressive de la pensée ; que le participe passé *gehabt* est trop artificiellement composé pour pouvoir rendre par lui-même raison de sa valeur ; enfin, qu'en tout ceci je ne puis voir autre chose que le mélange mal assorti d'idiômes incompatibles, ou les débris d'une langue ruinée et d'une civilisation éteinte.

Quoi qu'il en soit, les passés *gelobt*, *gehabt*, sont-ils actifs ou passifs ? Un grammairien répondroit qu'ils sont tantôt l'un tantôt l'autre : effectivement, ils se construisent dans le sens actif comme dans le sens passif. Pour moi, il me semble qu'ils ne sont ni l'un ni l'autre : car, de même que nous avons vu les radicaux des verbes grecs et latins indifférens à toute acception active ou passive, et ne recevoir cette modification que des métamorphoses de l'auxiliaire ; de même le passé allemand *gehabt* exprime une action passée, mais sans indiquer si elle est produite ou soufferte ; et c'est l'auxiliaire *werden*, *fieri*, formateur du passif, qui communique au participe passé la signification passive.

D'après cette donnée, il ne seroit pas difficile de caractériser nos participes françois. Sont-ils gérondifs, supins, participes ou adjectifs ? Rien de tout cela : ils se sont formés des supins de la langue latine, et le génie franc en a fait des passés, actifs, passifs, à la mode allemande ; variables, invariables, suivant que le goût, le caprice, l'usage, la comparaison avec le latin, et l'autorité des grammairiens par-dessus tout, en ont ordonné [1].

§. XXI. Syntaxe.

Les êtres ne peuvent être considérés que sous deux rapports ; ou seuls et avec leurs modifications, ou comme agissant les uns sur les autres.

Les mots qui composent le discours ou les tableaux des choses seront donc entr'eux, tantôt sujets et modificateurs, tantôt agens et passifs : dans le premier cas ils sont dits en concordance, dans le second en dépendance.

Accord et régime, c'est toute la syntaxe.

§. XXII. Accord.

L'attribut n'existe que par le sujet qu'il modifie, et en subit ous les accidens : de même l'attributif subira toutes les variations du substantif, et en portera la livrée.

Indépendamment de cette première raison, prise dans la nature des choses, il y en a une autre d'utilité accidentelle ; c'est d'éviter les équivoques. Donc,

Tout attributif s'accorde avec son substantif, en genre, en nombre, en cas, et en personne.

§. XXIII. Adverbe.

La qualité existe dans la substance à divers degrés, ou de diverses manières : dans le langage, l'attributif pourra donc aussi être modifié, et les mots chargés de cette fonction seront des *attributifs d'attribut*.

« Or, » dit Dumarsais cité par Girault-Duvivier, « comme » les mots modifiés n'ont par eux-mêmes ni genre ni nombre,

---

[1] Je suis loin de croire que le latin et les Barbares soient les seuls auteurs du françois, et je ne doute pas que l'ancienne langue des Gaules, la langue autochthone, dont les patois nous ont conservé de précieux restes, n'y ait aussi beaucoup contribué. C'étoit le sentiment de Bergier et de l'abbé Bullet. Mais comme je ne connois pas de grammaire *gauloise*, je n'ai pu comparer notre système moderne de déclinaison et de conjugaison avec celui de nos aïeux, et mes recherches à cet égard ont été forcément restreintes.

» il en résulte que cette partie d'oraison reste toujours inva-
» riable. »

Au premier abord, rien de plus naturel et de plus simple
que cette remarque de Dumarsais : voyons si elle soutiendra
l'épreuve de l'observation et de l'analyse.

1° En françois, en italien, en espagnol, aussi bien qu'en
grec et très souvent en latin, l'adverbe est un composé, une
contraction de deux mots, dont le dernier signifie *comme*, ou
manière. Par exemple, *saintement*, *grandement*, mot à mot
signifient *d'une manière sainte*, *d'une manière grande;* la terminaison *ment* est un nom surajouté à l'adjectif, et dont le
sens est *mode*, *façon*, *manière*, *apparence*, *air*, etc. Ainsi l'ont
expliqué Bergier et Court de Gébelin, et nul n'a jamais songé
à contredire cette étymologie. Les adverbes *saintement*, *grandement*, et tous leurs pareils, sont donc proprement la contraction d'une phrase subordonnée, dans laquelle l'adjectif
se rapporte, non pas à l'adjectif ou au verbe qu'il est censé
modifier, mais bien au substantif avec lequel il est combiné,
manière. Donc, si l'adverbe reste invariable, ce n'est pas parce
que les mots qu'il modifie *n'ont par eux-mêmes ni genre ni
nombre*, comme dit Dumarsais.

2° *Plus*, *très*, *fort*, sont des adverbes qui, joints à un adjectif, marquent les degrés de comparaison, *plus beau*, *très
beau* ; *plus saint*, *très saint*. Or, il est arrivé que dans certaines
langues où le goût de l'inversion domine, ces adverbes, au
lieu d'être mis avant l'adjectif qu'ils modifient, ont été placés
après ; puis, qu'ils en ont pris l'article, le genre et le nombre :
pulchr-ior, *pulcher-rimus* ; *sanct-ior*, *sancti-ssimus*. Les
syllabes *ior*, *rim*, *sim*, sont des attributifs apposés à l'adjectif,
lesquels signifient *supérieur*, *excellent*, et que l'on a couronnés
de l'article *us, a, um*. Et ne doutons pas un instant que l'on
n'ait décliné dans l'origine les deux parties du comparatif et
du superlatif : *pulcher-rimus*, *pulchra-rima*, *pulchram-rimam* :
sanctus-ior, *sancti-ioris*, *sanctum-iorem*, absolument comme
respublica, *reipublicæ*, *rempublicam*. Ceux qui ont examiné les
langues d'un peu près, savent que la polysyllabie est de formation tout-à-fait secondaire, et qu'elle est née de l'amalgame
des racines monosyllabiques.

Voilà donc des adverbes déclinés.

En françois nous avons quelque chose de semblable. *Tout*, servant à modifier un adjectif et signifiant *combien*, étant par conséquent adverbe, prend le genre et le nombre : *toute belle que vous soyez.* On dira que c'est une exception consacrée par l'usage : d'accord; mais cela n'explique pas comment un adverbe est tantôt masculin et tantôt féminin, singulier ou pluriel.

3° On trouve dans beaucoup de langues des exemples de verbes et d'adjectifs modifiant d'autres verbes et d'autres adjectifs, par conséquent faisant fonction d'attributifs d'attribut.

Tandis que nous disons : *Il prit derechef une femme; il fit le mal sans cesse; il écouta dédaigneusement; il bâtit de nouveau; il revint;* l'hébreu, par une tournure à lui familière, dit : *il ajouta, et il prit femme; il ajouta, et il fit le mal; il écouta, et il méprisa; il réitéra, et bâtit; il se retourna, et vint.* Or le sens est parfaitement le même dans les deux langues, et la phrase ne diffère que par la forme et le procédé syntaxique : *ajouta, méprisa, réitéra, se retourna*, modifient certainement les verbes *fit le mal, prit femme, écouta, bâtit, vint*; et comme ils sont mis au même genre, au même nombre, à la même personne que ces derniers, j'en conclus encore qu'un attributif d'attribut peut suivre la règle *Deus sanctus*.

En latin il est souvent plus élégant d'employer, au lieu d'adverbe, l'adjectif dont il dérive, le sens demeurant toujours le même. Virgile, Enéide, V :

> At non tardatus casu neque territus heros
> Acrior ad pugnam redit, ac vim suscitat irâ;
> Præcipitemque Daren ardens agit æquore toto;
> Nunc dextrâ ingeminans ictus, nunc ille sinistrâ.
> Nec mora, nec requies : quàm multâ grandine nimbi
> Culminibus crepitant, sic densis ictibus heros
> Creber utrâque manu pulsat versatque Dareta.

Acrior, ardens, creber, remplacent les adverbes *acriùs, ardenter, crebrò*, et modifient les verbes *redit, agit, pulsat versat.* Ce n'est pas l'athlète qui est *creber*, c'est l'action renfermée dans le verbe *pulsat* : il frappe à coups redoublés. De même c'est la poursuite qui est *ardente*, c'est le renouvellement du combat qui est *plus terrible* que le commencement. *Acrior redit*, *ardens agit*, *creber pulsat*, sont autant d'idées complexes exprimées par deux attributifs modifiés l'un par l'autre, et dont le dernier est attributif d'attribut.

De tout ce que je viens de dire, je tire cette triple conséquence : 1° qu'un adjectif ou un verbe n'a pas besoin, pour devenir attributif d'attribut, d'être alongé d'aucun appendice *adverbiforme*; 2° que cet attributif d'attribut pourroit toujours suivre les variations de son sujet verbe ou adjectif ; 3° qu'alors le sujet de toute la phrase seroit réellement qualifié par deux attributifs, dont l'un auroit pour effet de modifier, de restreindre, ou d'augmenter la signification de l'autre. [Et c'est ainsi que l'idée exprimée par l'adverbe est ordinairement rendue en hébreu ; j'en pourrois citer des milliers d'exemples.

Remarque. En allemand, chose singulière, c'est l'adverbe qui est le simple, et l'adjectif qui est le composé : *gut*, *benè*; *gutter*, *bonus*. Cela vient de ce que, dans la langue antique qui a servi de fonds à l'allemand, les radicaux ne reçurent d'abord aucune marque de genre et de nombre, ces modifications étant exprimées avant les noms ; mais les races germaniques ayant jugé à propos d'avoir des terminaisons variées à la manière des Grecs et des Latins, l'adjectif devint, par l'addition d'un article, masculin ou féminin, singulier ou pluriel, et la racine, c'est-à-dire le mot primitif, fut réservée pour exprimer la qualité d'une manière vague et abstraite, et surtout pour servir d'adverbe. Par-là se confirme tout ce que j'ai dit aux §. 6, 7 et 20 ; que toute la différence des langues, quant aux noms, consiste dans la pré-position ou la post-position de l'article ; et que l'allemand a dû, à diverses époques, subir des changemens et des modifications considérables.

§. XXIV. Régime.

Toute action, tout mouvement se passe entre deux extrêmes opposés : la cause, et l'effet ; l'auteur, et le terme de l'action ; le point de départ, et le but.

La manière la plus simple d'exprimer ce rapport est d'énoncer successivement les différens termes de la proposition : 1° le sujet, *Dieu;* 2° l'action, *créa;* 3° l'objet, *le monde.* L'ordre des mots correspondant exactement à l'ordre des idées, suffit pour l'intelligence du discours.

§. XXV. Préposition.

La seconde manière d'exprimer le rapport du régime au sujet a lieu par l'intermédiaire d'une *préposition.* J'en ai donné des exemples au §. 7, où j'ai fait voir que les cas étoient engendrés des prépositions mises après le régime.

Quant aux prépositions en elles-mêmes, elles se ramènent toutes à un nom, substantif, adjectif, participe ou verbe. Elles n'existent pas autrement dans la langue chinoise, où le même mot signifie *dans* et *entrer; sur* et *supérieur; hors* et *sortir; sous* et *inférieur*, etc. Ainsi en latin *versus* signifie *vers* et *tourné; secundum, selon, auprès* et *deuxième;* ainsi en françois *suivant, touchant, environ*, etc. sont tantôt prépositions, tantôt participes ou substantifs.

§. XXVI. Conjonction.

La conjonction est destinée à marquer les rapports entre les phrases, groupes d'idées, ou propositions, comme la préposition entre les mots. Comme cette dernière, elle consiste souvent en un nom, même en une phrase, et peut toujours y être ramenée par l'étymologie et l'analyse. *Et* est signe d'addition, et pourroit être suppléé au besoin par le participe *étant, cela étant. Si*, abrégé de *sit*, pourroit aussi être remplacé par *soit*, c'est-à-dire *soit cela.* De même, *ou* rencontre un synonyme dans le même subjonctif *soit; soit que.* Or ces trois conjonctions sont les plus simples de toutes.

§. XXVII. Résumé de toute la grammaire.

Tel je conçois le système du langage, considéré soit dans sa plus simple expression, soit dans son plus grand développement: toujours des signes ou peintures de substances, et des peintures ou signes de modifications.

La pluralité fut exprimée par un nom, le sexe par un autre:

et deux termes modificateurs devinrent, selon la place qu'ils occupoient, les terminaisons désignatives du genre et du nombre.

Un cri d'appel, d'avertissement ou d'indication, accompagnoit le nom de l'objet sur lequel on vouloit fixer l'attention : ce cri, qui évidemment n'étoit par lui-même ni substantif ni attributif, se détache du nom, en revêt, pour le mieux représenter, les modifications de genre et de nombre, et l'article est trouvé.

A lui se joignent deux adverbes de lieu opposés l'un à l'autre ; et voilà l'article de simple dénominateur devenu démonstratif, et enfin personnel.

Ainsi constitué sur son double élément, le nom substantif et le nom attributif modifiés en genre, en nombre et en personnes, le langage, à l'aide de ces matériaux si simples, pouvoit tout peindre, tout exprimer, tout dire. Ce qui lui restoit à acquérir n'étoit plus qu'objet de luxe et de fantaisie; il avoit le nécessaire, et ce nécessaire suffisoit à tous les besoins de la pensée.

C'est ici que commence la division des langues ; c'est de ce point qu'elles se ramifient et se séparent, comme autrefois des plaines de Sennaar les peuples se dispersèrent dans tout l'univers. Et c'est dans l'infinie variété des combinaisons de l'article, du pronom et de l'auxiliaire; c'est dans l'inversion et la manière d'exprimer les rapports des mots entr'eux et des phrases entr'elles, qu'il faudra surtout chercher la différence des idiômes. On a quelquefois trop superficiellement conclu l'homogénéité de deux langues de la conformité de leurs racines. On a dit, par exemple, que le grec et le latin tenoient de l'hébreu. Cela est vrai d'une vérité étymologique et pour ce qui regarde les radicaux ; ou plutôt l'hébreu, le grec et le latin doivent tous trois leurs racines à une mère commune, à un langage plus ancien et primitif. Mais l'hébreu ressemble aussi peu du reste au latin et au grec, qu'un Israélite ressembloit à un Athénien, Cincinnatus à Pompée, ou le paysan du Danube à Cicéron.

Dans l'origine, l'article précédoit ou suivoit indifféremment le nom : quelques peuplades préférant la dernière méthode, et peu satisfaites d'une première inversion, y en ajoutèrent une seconde, en mettant après le nom et l'article la préposition qui les régissoit tous deux; et sans préméditation ni calcul, la déclinaison naquit, pour ainsi dire, d'elle-même.

Par un autre effet de ce goût pour l'inversion, les mêmes hommes aimoient à exprimer le pronom après l'attributif; puis, quand ils eurent trouvé un auxiliaire, ils mirent le tout ensemble, auxiliaire et pronom, à la queue du radical : et la conjugaison ne fut pas plus l'œuvre de l'esprit et du génie que n'avoit été la déclinaison.

Mais l'auxiliaire renfermoit le germe des temps ; aussi toute langue qui n'a point de temps n'a point non plus d'auxiliaire, et *vice versa*. Ici, l'homme fut comme malgré lui nécessité à peindre son action passée, et à faire connoître son action future ; et nous avons vu avec quelle intelligence il étoit sorti victorieux de cette épreuve.

Et comme il avoit jadis séparé l'article du nom, la modification de la substance, pour s'en faire des adjectifs démonstratifs et personnels; cette fois encore nous l'avons vu s'emparer de la terminaison temporelle des verbes pour exprimer en toute occasion les temps de ses volontés et de ses actes, et de l'idée physique de *vivre*, extraire l'idée métaphysique d'*être*.

Enfin quelques noms, quelques phrases elliptiques fort courtes, servoient à marquer les rapports entre les idées et les jugemens, entre les mots et les phrases, ou bien encore à modifier les attributifs : ces noms et ces phrases, altérés, abrégés par l'usage, défigurés par le temps, devinrent à la longue des prépositions, des conjonctions et des adverbes.

§. XXVIII. Résultats de l'étude comparée des langues, ou conséquences de la grammaire générale.

1. Toutes les langues se ressemblent dans leurs racines ; toutes sont construites sur un fonds commun de monosyllabes dont le sens et la forme ont peu varié ; toutes ne diffèrent, en dernière analyse, que par l'inversion et la composition des mots. Rien de plus aisé que de s'assurer de la vérité de ce fait : il suffiroit d'écrire en regard et sur des colonnes parallèles les

racines de toutes les langues, avec les variations propres à chaque idiôme. Le travail seroit long, mais facile, et la démonstration sans réplique.

On verroit, 1° que dans toutes leurs variations les racines n'ont fait qu'obéir à des lois aujourd'hui bien connues, déterminées par la science étymologique, et qui donnent un moyen sûr de reconnoître l'élément primordial, à travers ses déguisemens les plus impénétrables.

On verroit, 2° qu'entre deux langues dont la divergence seroit telle qu'elle sembleroit ôter tout moyen de rapprochement, il est toujours possible, à l'aide d'idiômes, de jargons, de patois intermédiaires, de renouer la chaîne des traditions communes, en sorte qu'aucune langue sur terre ne reste seule et isolée.

Or ces deux faits, bien constatés, ne s'expliqueroient ni par l'uniformité de la nature humaine, en tous temps et en tous lieux imitatrice; ni par la ressemblance des organes de la voix. La faculté d'imiter a fait imaginer les signes, la voix articulée les a produits; mais l'homme a toujours conservé son libre arbitre dans le choix des noms. Ainsi les monosyllabes *gur* et *rond* expriment la même idée de circonférence, et ne se ressemblent pas; ainsi le bruit de la foudre a reçu quatre noms différens, quoique tous imitatifs, en hébreu, en grec, en latin et en françois. Le même objet a été, à diverses reprises, diversement nommé; preuve que la nécessité n'est entrée pour rien dans la formation du langage. Plus souvent encore la même racine a retenu la même signification dans toutes les langues; preuve qu'elles sont toutes parties d'une source commune: le hasard ne produit pas de ces rencontres.

Donc il y a eu une langue primitive de laquelle sont descendues toutes les autres; et ce principe, généralement admis par les plus savans linguistes, peut être rigoureusement démontré.

II. Qu'entends-je par *langue primitive?* Je me hâte de le dire: ce n'est autre chose que l'état primitif, la période d'enfance du langage; c'est le premier âge de la parole.

Quels sont les caractères de la langue primitive? L'histoire et l'anatomie du langage nous l'apprennent: elle doit renfermer en elle-même toutes ses racines ; ses mots, en très petit nombre, tous monosyllabes et invariables, doivent former autant d'images ; elle doit être au plus haut degré métaphorique, exprimer par des noms physiques toutes les idées morales, avoir plus de brièveté que de précision, etc. etc. A ces traits on reconnoîtra la langue primitive ; et, à son défaut, on jugera de la plus ou moins haute antiquité d'une langue secondaire, par la réunion du plus ou moins grand nombre de ces caractères.

III. Après nous avoir dévoilé ce que fut le langage à sa naissance, l'histoire et la comparaison des langues nous enseignent encore, que toute langue secondaire n'est autre chose que la conséquence d'un premier pas, fait, à droite ou à gauche, en dehors de la langue primitive ; c'est-à-dire que toute langue secondaire se réduit à la combinaison, soit directe, soit inverse, des mêmes élémens.

D'où il résulte : 1° Que l'arbre généalogique des langues se bifurque en deux branches principales, que l'on pourroit nommer, des contrées où elles s'étendent, la première, branche des langues sémitiques, la seconde, branche des langues japhétiennes.

2° Que toute langue dérivée rentre dans l'une ou dans l'autre de ces divisions, ou dans toutes deux à la fois : soit qu'elle n'ait fait que se développer progressivement suivant l'un ou l'autre de ces systèmes ; soit qu'elle se soit formée du mélange et de la combinaison de tous deux, auquel cas on pourroit la nommer langue mixte.

IV. Sur ces principes, si nous examinons les langues, nous verrons que dans leurs progrès, leurs changemens, leurs altérations même, elles n'ont fait que parcourir une série de conséquences amenées nécessairement, mais d'une nécessité de logique et de raison ; nous verrons que toute langue secondaire, tertiaire, mixte, quel que soit enfin son degré de dérivation, forme un système spécial et distinct, ayant ses lois, ses règles, ses constructions, ses idiotismes à lui, en un mot sa constitution et sa physionomie particulière.

Par exemple, les races qui s'établirent en Grèce et en Italie aimoient à placer l'article, le pronom, la préposition, l'auxiliaire, à la suite des substantifs et attributifs. De cette habitude, que l'on auroit pu regarder d'abord comme indifférente en elle-même et sans conséquence pour l'avenir, naquirent toutes les déclinaisons, conjugaisons, degrés de comparaison, adverbes, etc., du grec et du latin ; de là toutes ces inversions latines si extraordinaires pour nous autres François ; de là encore, une certaine concision, une rapidité, une énergie, une allure franche et libre dans le style, qu'avec notre bagage d'articles, de pronoms, d'auxiliaires séparés, nous ne pouvons imiter que foiblement.

Ceux d'Asie ne savoient ordinairement que joindre le substantif à l'attributif ; ils disoient : *Dieu créer; Dieu dire, lumière se fasse ! et lumière se faire.* Ceux de Grèce et d'Europe, au contraire, avec leur endémique babil, ne manquoient jamais de joindre au nom attributif le mot qui exprimoit l'idée de *faire*, d'*aller*, d'*agir*, ou de *vivre* ; et cette continuelle battologie leur avoit donné les temps et les modes, qui manquèrent toujours aux langues sémitiques.

Pendant que les Orientaux demeuroient réduits à l'usage des adjectifs employés substantivement, et disoient *le bon, le vrai, le saint*, pour *la bonté, la vérité, la sainteté* ; les Grecs et les Latins, au moyen de leur auxiliaire, avoient trouvé le secret de forger les noms abstraits, comme *veritas, sanctitas, fortitudo, benevolentia*, etc.

Ce penchant à tout dire et ne rien sous-entendre, à exprimer au-delà même de la pensée; cette manie de développer une idée sous toutes les faces et d'en représenter les nuances les plus légères, devoit donner à la langue grecque l'abondance et l'art. Aussi, tandis que l'Hébreu, pressé d'avoir dit, ne changeant rien, ajoutant peu au vieux langage, va droit au fait, sans se soucier d'enchaînement de phrases, de variété ou de richesse de style ; on voit le Grec, plus occupé des sons que des idées, du tableau que du modèle, s'écouter lui-même, disposer savamment la marche, ménager habilement la chute de sa période, et goûter d'avance le plaisir que doit causer à l'oreille sa longue et harmonieuse tirade.

V. Si un philosophe, plein de sagacité et de discernement, disposoit de tous les travaux qui ont été exécutés sur les langues, et qu'à l'aide de cette immense quantité de matériaux il dressât des tableaux synoptiques, contenant les racines, terminaisons, compositions de mots, inversions, idiotismes, singularités de prononciation, etc., etc., de toutes les langues, d'un coup d'œil il pourroit juger de leurs ressemblances et de leurs contrastes; fixer ce qui appartient à l'une plus qu'à l'autre ; déterminer les emprunts qu'elles se sont faits mutuellement; préciser enfin, avec toute l'exactitude dont la science est susceptible, les traits de leurs diverses physionomies.

Et comme le naturaliste, à l'inspection d'un os, d'une fleur, d'une feuille ou d'une racine, sait reconnoître à quelle famille d'animaux ou de plantes appartient le fragment qui lui est présenté; de même notre philosophe linguiste pourroit, à vue d'un idiotisme, d'un auxiliaire, d'une simple terminaison, abstraction faite du matériel du mot et ne tenant compte que du procédé logique ou grammatical, pourroit, dis-je, sans se tromper, retrouver le système de langage auquel auroit appartenu l'échantillon soumis à son infaillible analyse.

VI. Mais là ne se borneroit pas le fruit de son étude, et sa science, toute merveilleuse qu'elle seroit, mériteroit peu l'estime des hommes sages, s'il ne la faisoit servir à des considérations plus élevées, et plus dignes d'une philosophie grave et profonde. Portant le flambeau de la linguistique sur les problèmes les plus intéressans de notre destinée passée et future; éclairant des lumières que lui fourniroit la comparaison des langues, l'histoire oubliée des premiers âges du monde; retrouvant dans les monumens du langage le fil rompu des vieilles traditions, il se diroit :

« S'il est vrai, comme il n'est guère possible d'en douter, que toutes les langues remontent par une filiation authentique à une langue commune et première, il faut de nécessité absolue qu'il y ait eu un temps où le genre humain tout entier parloit le même langage, un temps où, par conséquent, l'universalité de notre espèce se réduisoit à quelques milliers, à quelques centaines d'individus, formant tous ensemble une seule nation, une même famille. Donc il y aura unité d'origine pour toutes les races humaines comme il y a unité dans leur langage ; et contre des témoignages subsistans, contre des monumens immortels, aucune probabilité contraire, tirée de quelques variétés équivoques dans la couleur, la chevelure, le plus ou le moins d'ouverture de l'angle facial, ne sauroit être admise. La parenté des langues prouve la fraternité universelle.

VII. » Si l'humanité, comme le langage, est une dans son origine, elle n'est pas née en même temps sur tous les points du globe ; en Grèce et à la Chine, en Afrique et au Canada : elle a dû apparoître d'abord dans une seule contrée, d'où elle se sera ensuite et de proche en proche répandue sur toute la face de la terre. Quel pays a donc été habité le premier ? quelle est la patrie du genre humain ?

» L'étude comparée des langues me fournira peut-être des lumières sur ce curieux problème.

» 1° Un phénomène singulier attire mes regards, et fixe mon attention. Toutes les langues autrefois parlées en Syrie, en Arabie, en Chaldée, même au pied du Taurus et du Caucase, portent, autant que nous pouvons en juger par les monumens qui nous sont parvenus, les caractères d'une commune physionomie, dont le type originel paroît devoir être fixé au centre même des contrées que nous venons de parcourir, sur les bords de l'Euphrate et de Babylone. En effet, à mesure que les langues, par leur position géographique, se rapprochent de la Chaldée, leurs traits de ressemblance semblent augmenter et devenir plus frappans ; ils s'altèrent au contraire et diminuent, à mesure qu'elles s'en éloignent.

» Sortons du cercle des langues araméennes, du côté de l'occident : nous trouvons que le dialecte Ionien conserve beaucoup du génie oriental ; que l'Attique s'en éloigne davantage, mais moins encore que le Dorien et le Crétois ; qu'enfin le latin, presque tout entier formé du Dorien, semble avoir oublié la plupart des traits de la famille. Il faut croire que la même dégradation de langage auroit pu être observée, mais dans un sens inverse, du côté de la Perse et des Indes.

» 2° Imaginons une langue, dans laquelle les radicaux substantifs et attributifs restent toujours invariables ; qui exprime par des monosyllabes placés avant les noms, toutes les modifications de genre, de nombre, d'article, de personne et de régime; une langue où l'auxiliaire temporel, invariable comme le verbe lui-même, se place entre le pronom et l'attributif verbal ; une langue enfin toute monosyllabique, et qui soit le renversement, l'extrême opposé des idiômes grec et latin : tel est le chinois, si ce que j'en ai lu dans les livres de quelques savans ne m'induit pas en erreur. Le latin et le chinois, voilà donc les représentans des deux systèmes principaux, auxquels j'ai fait voir que se ramènent toutes les langues.

» Or, il se trouve que la langue des pays situés à une distance à peu près égale de la Chine et de l'Italie, avec tous les caractères de la plus haute antiquité, participe de l'un et de l'autre de ces deux systèmes ; c'est-à-dire, que cette langue mitoyenne semble hésiter et flotter entre deux extrêmes, également susceptible de se transformer dans l'un ou dans l'autre. Par exemple, l'hébreu a des articles avant et après ses noms, des pronoms avant et après ses verbes ; il a peu de mots composés, point d'auxiliaire, point de cas. S'il évitoit avec plus de soin toute inversion, toute agglomération de racines, il seroit du chinois. Si au contraire il prenoit plus souvent la peine d'unir ses monosyllabes et d'exprimer son verbe *haïah;* s'il apportoit plus d'attention et d'uniformité dans la post-position de l'article, du pronom, et de quelques particules, il deviendroit infailliblement du grec et du latin [1].

» Dans nos langues modernes, comme le françois et l'allemand, le mélange bâtard des procédés antipodes de syntaxe et de grammaire prouve invinciblement une ancienne mixtion de deux races étrangères l'une à l'autre ; mais dans l'hébreu, dans une langue de seconde formation, cette incertitude, cet état d'indécision n'est pas un moindre argument de son droit de primogéniture. Il faut que le chaldéen, l'hébreu et leurs dialectes soient fils immédiats de la langue primitive ; il faut qu'ils lui aient succédé dans les lieux mêmes qu'elle avoit habités ;

---

[1] Pourquoi le chinois, depuis sa naissance, n'a-t-il pu faire un pas ? La raison en est simple : c'est qu'il n'a jamais su transposer et souder deux de ses monosyllabes, et fabriquer un mot complexe.

Que faut-il pour donner l'impulsion à cette langue immobile, et la mettre en marche? Presque rien : lui enseigner le secret de retourner noms et verbes, et lui donner un alphabet.

pour avoir conservé d'une manière si peu équivoque l'aptitude qu'elle eut à recevoir toutes les combinaisons possibles.

» Toutes les langues, et il ne peut être ici question de celles d'Amérique, dont l'informe et incommensurable polysyllabie atteste une nouveauté déjà surannée; toutes les langues, dis-je, la face tournée vers Babel, semblent regarder leur mère patrie; et comme autant de rayons diversement colorés, converger et se réunir en un seul point lumineux. Que j'essaie de déplacer ce centre de langage, de le transporter, par exemple, au Kamschatka ou en Islande: je ne conçois plus rien à la ressemblance plus ou moins prononcée de toutes ces figures; je n'entends plus qu'une mêlée confuse de sons discordans, là où j'avois cru reconnoître une progression harmonieuse. Mais le phénomène existe tel que je viens de le décrire, et brille avec éclat : or, il ne sauroit avoir qu'une cause, c'est que le berceau du genre humain fut situé entre la mer Caspienne et le golfe Persique, près de l'Euphrate et du Tigre.

VIII. » Lorsque j'examine les langues françoise, italienne, espagnole, je découvre que la plupart de leurs mots sont latins; qu'ils ont conservé le sens, la charpente, souvent l'orthographe et jusqu'à la prononciation latine, à tel point que je serois tenté de ne voir dans ces trois langues qu'un latin vieilli et dégénéré. Mais lorsque je viens à me demander compte de ces perpétuels pronoms et articles, de ces auxiliaires *être* et *avoir* dont le latin savoit si énergiquement se passer ; quand j'observe, dans nos trois langues modernes, cette marche timide et uniforme dans la syntaxe, ces rimes dans la poésie, etc., etc.; je dis que tout cela n'est pas du latin, qu'une langue peut se corrompre, s'altérer, varier dans la prononciation, l'orthographe et l'acception des mots; mais qu'elle ne peut changer brusquement sa constitution propre, son essence intime; je dis qu'il y a ici d'autres causes de modification de la langue, que l'usage et le temps.

» Ma curiosité s'éveille, et je pousse avec ardeur mon travail d'investigation. Tout à coup j'aperçois dans une vaste contrée un système de langage parlé par cent peuples divers, dans lequel je retrouve tous les caractères étrangers au latin, caractères qu'il ne pouvoit naturellement revêtir, et qu'il avoit reçus pourtant, lorsqu'il étoit devenu du françois, de l'italien et de l'espagnol. Alors je conclus qu'une immense émigration a dû, à une époque déjà éloignée, déborder du Nord sur les contrées où fut autrefois parlée la langue romaine ; qu'une fusion des peuples s'est opérée ; que chacun apportant son contingent de mots et de règles grammaticales, de ces matériaux hétérogènes s'est élevé l'édifice bigarré des langues nouvelles. Et l'histoire vient confirmer pleinement mes conjectures.

» Or, un événement qui date presque de notre âge, et dont les résultats vivent encore, a dû arriver plus d'une fois. Si donc il m'étoit possible de retrouver tant de langues perdues, et de les comparer avec les autres que nous avons conservées et avec les modernes, ne pourrois-je pas, sur ces ruines de la pensée, lire les témoignages ineffaçables des commotions qui à diverses époques ont bouleversé les sociétés humaines; refaire l'histoire oubliée des nations éteintes, et, d'après les variations de la parole, raconter les révolutions des empires?..........

IX. » Le géologue calcule l'ancienneté du globe sur les époques probables des différentes superpositions de terrains : ne pourrois-je pas encore, d'après la marche des langues observée pendant une ou deux périodes certaines, d'après la date bien connue de telle invention dans l'art de la parole, estimer approximativement la date de naissance du langage, et conséquemment l'âge du genre humain ?

» Je suppose qu'un second déluge vienne changer la face du globe, que la tradition soit interrompue, que les monumens historiques disparoissent, qu'on ne sache plus rien dans quelques milliers d'années de ce qui s'est passé avant nous, et que le jour qui suivroit cette fin du monde actuel devienne pour notre postérité la plus reculée l'ère de la création ; je suppose encore que la langue de ceux qui deviendroient alors les réparateurs du genre humain fût la françoise : les philosophes à venir, qui se mettroient à approfondir et à analyser cette langue, pour eux la primitive, ne manqueroient pas d'y reconnoître tous les caractères d'une langue dérivée, formée des débris et de la corruption de langues antérieures. Cette langue, diroient-ils, est tout-à-fait comme nos langues modernes; elle réunit la variété, l'élégance, la richesse et le luxe; elle exprime toutes sortes d'idées, même les plus délicates et les plus subtiles ; elle suppose une foule de connoissances, que nous-mêmes n'avons pas encore acquises. D'autre part, elle ne renferme pas en elle-même ses propres racines; elle ne rend pas raison de l'origine ni du choix de ses termes ; rien de plus arbitraire, de moins analogue à leur signification que leur forme matérielle, enfin elle ne répond nullement à l'idée que nous devons nous former d'une langue primitive. Donc le françois est dérivé d'idiômes plus anciens que lui ; donc le peuple qui le parloit descendoit de nations antérieures; donc, etc., etc.

» Ce raisonnement seroit juste et concluant; mais appliqué à nos langues savantes, il va nous conduire à un résultat tout opposé. Je me borne à l'examen du grec.

» Le grec nous montre à lui seul tout ce qu'on a fait, et presque tout ce qu'on pouvoit faire des élémens primitifs ; à telle enseigne, que l'analyse de cette unique langue seroit une histoire complète de la parole. Conjugaisons et déclinaisons ne datent que de la naissance du grec. On ne peut douter de la vérité de cette assertion, quand on songe que les déclinaisons et conjugaisons grecques ne sont que la juxta-position de la préposition à l'article et de l'article au nom, du pronom à l'auxiliaire et de l'auxiliaire au verbe ; quand on réfléchit que cet article et cet auxiliaire sont deux onomatopées, représentatives, l'une de l'idée d'appel ou d'indication, l'autre de l'idée de vivre, de se mouvoir, d'agir ; quand on voit, enfin, ces deux peintures être communes à l'hébreu, au chaldéen, à l'indien, etc., et sans doute aussi à la langue primitive, s'il est vrai qu'elle dut toujours adopter de préférence les sons les plus simples et les plus en rapport avec les perceptions de l'esprit. Le grec a su le premier, par une heureuse inversion, exprimer dans le même mot les temps et les rapports des choses ; à lui surtout appartient l'honneur de la découverte.

» Or la formation des premières sociétés pélagiennes ne peut être reculée beaucoup au-delà du siècle de Moïse, ou de la fondation de la nationalité hébraïque. En effet, l'arrivée en Grèce de Cadmus, de Danaüs, d'Inachus lui-même, en d'autres termes le débordement de la civilisation asiatique sur la barbarie européenne, est postérieure à ce législateur, qui vivoit environ 500 ans avant la guerre de Troie. Mais avant les établissemens formés par ces colons venus d'Egypte et de Phénicie, en Grèce il n'y a rien : quelques hordes sauvages, quelques tribus égarées, sans arts, sans lois, sans culte, ne connoissant pas même l'agriculture, et vivant de chasse, de pêche ou de gland. C'étoient des hommes qui, dans leur longue promenade hors du pays de leurs ayeux, uniquement occupés du soin de leurs vies, et ne pouvant dès lors étendre leurs connoissances ni acquérir de nouvelles idées, avoient perdu peu à peu l'habitude des usages antiques ; et qui n'en transmettant à leurs fils que des traditions obscures et d'inconsistans souvenirs, avoient laissé leur postérité dans une barbarie toujours croissante. Déjà ils retomboient dans l'enfance originelle, et se montroient tels que nous apparoissent aujourd'hui les sauvages de l'Amérique et de l'Océanie. Tant il est vrai que l'homme tend à se rapprocher de la brute dès qu'il n'apprend plus rien, dès qu'une intelligence supérieure a cessé d'exciter la sienne.

» Que pouvoit être la langue de pareils hommes, quand plus de mille ans après Moïse la Grèce ne savoit encore que s'exprimer en vers, et que l'apparition d'un ouvrage écrit en prose sembloit une nouveauté inouïe ? Sans doute, le jargon grossier des premiers Pélasges, encore tout hérissé des rudes aspirations de l'Orient, renfermoit le germe de la plus belle des langues : mais, privé des conditions nécessaires à son développement, il étoit demeuré inculte, et ne différoit du langage primitif que par l'affectation de certains tours de phrase, de certains tics d'élocution et de syntaxe. Le moule étoit prêt ; mais il attendoit l'ouvrier. Nous touchons au moment où les radicaux anciens s'unirent, s'arrangèrent, prirent une forme particulière pour devenir des mots grecs ; un peu plus tôt nous les retrouverions encore intacts, et le grec se confondroit avec les idiômes de l'Orient.

« J'ai dit que la Grèce avoit dû sa civilisation, et partant le développement de sa langue, à des hommes venus d'outremer ; mais qu'on n'aille pas s'imaginer que dans leur pays le langage fût beaucoup plus avancé. Un seul fait va nous apprendre ce qu'à cette époque il pouvoit être en Egypte.

» Moïse avoit reçu l'éducation sacerdotale dans le palais d'un Pharaon ; il étoit instruit à fond de toute la philosophie égyptienne. Il avoit appris des prêtres de Memphis, autant que de ses pères, le grand nom de Jehovah, que n'avoient pas ignoré les patriarches, que connurent plusieurs peuples idolâtres, et que plus tard Dieu se consacra à lui-même sur le sommet du mont Horeb. Ce nom, que les Septante et St. Jérôme, grâce à la riche précision de leurs langues, ont traduit d'une manière si sublime et si profonde, *l'Être, Celui qui est*, signifie littéralement dans l'original, *le Vivant et le Fort*; et le terme hébreu n'est certes pas autre chose que la traduction du nom égyptien [1]. Or, une langue qui ne pouvoit exprimer les idées de substance et d'être ; qui pour cela étoit obligée de recourir à l'idée plus restreinte de vie et d'action ou de force, qui étoit si fort en arrière des connoissances acquises ; une telle langue étoit pauvre ; une telle langue ne faisoit que de naître, et avoit à peine ajouté à ses premiers élémens.

» Les Egyptiens n'avoient pas, comme nous autres François, la faculté d'emprunter à une langue étrangère, ou, comme les Grecs, celle de forger un mot nouveau pour une idée nouvel-

---

[1] Les Égyptiens de nos jours appellent encore Dieu *le Fort*.
Au moment de livrer cette feuille à l'impression, je découvre avec surprise que Milton, dans son *Paradis perdu*, a interprété le nom de Jéhovah comme je le fais dans cet essai. « Pour ces divinités, les enfans » d'Israël abandonnèrent souvent leur Force Vivante (leur Jéhovah), » et laissèrent infréquenté son autel légitime. » (*Traduction littérale de M. de Chateaubriand.*) L'Homère anglois étoit très savant dans les langues, et son poème n'offre souvent qu'un commentaire fort bien raisonné, et aussi judicieux que poétique, des passages les plus difficiles de la Bible. Tel est celui-ci, *Et Spiritus Dei ferebatur super aquas*, que Milton, d'accord avec la Vulgate, les Septante, le texte hébreu et les SS. Pères, a entendu de l'Esprit divin se préparant à la création et fécondant le chaos. Les hébraïsans d'aujourd'hui sont bien plus fins : dans ces paroles, qui pour le poète, et je dirois presque pour le philosophe, sont une révélation, ils ne voient qu'*une grande tempête sur l'eau*.

lement aperçue. D'un côté, le génie de leur langue s'opposoit à toute dérivation, à tout amalgame : de l'autre, aux temps reculés dont je parle, il n'y avoit rien de plus éclairé, de plus savant que l'Egypte; ce n'étoit pas chez ses voisins qu'elle seroit allée chercher des lumières. Les sages du pays, réduits à leurs propres ressources, étoient forcés d'employer le langage vulgaire; et malheureusement ce langage ne se prêtoit pas du tout aux conceptions sublimes de la philosophie. Il falloit user de métaphores pour toute idée abstraite et intellectuelle, et l'éternité, représentée dans les hiéroglyphes par l'image d'un serpent qui se mord la queue, l'étoit dans le langage par celle d'une vie qui recommence toujours.

» Deux ou trois siècles avant Moïse, il n'y avoit point de nations hellénniennes, il n'y avoit point de langue grecque, on ne savoit ce que c'étoit que décliner ou conjuguer, et le langage, réduit à ses élémens les plus simples, le même à peu près pour tous les peuples, n'avoit pas encore été élaboré par le travail de l'imagination et de la pensée.

» Reportons, si on le veut, les premiers essais de déclinaison et de conjugaison jusqu'aux siècles des patriarches; plus loin encore, au temps de la dispersion des peuples (je caractérise ces époques d'après la Bible, puisque les autres histoires ne m'apprennent rien); accordons plus qu'on n'auroit droit d'exiger : toujours sera-t-on forcé de reconnoître qu'au-delà de quarante siècles en arrière de nous, on rencontre la langue primitive.

» Quelle durée assigner à la langue, ou ce qui est la même chose, à la société primitive ? le temps qu'il falloit à une première famille pour se multiplier à un point tel, que les hommes, toujours portés à se resserrer dans un étroit espace, à vivre et mourir sur le même sol qui les a vus naître, fussent enfin obligés de se disjoindre et de prendre le large. Or, le calcul et l'expérience nous apprennent que mille ans seroient plus que suffisans à un seul couple, pour produire une postérité innombrable, et former une grande nation.

» Cinq mille ans se seroient donc à peine écoulés depuis que l'homme a pris possession de cet univers! Si *le monde est bien vieux*, notre espèce au moins est de fraîche date.

X. » Puisque la terre est ronde, il doit y avoir dans l'autre hémisphère un continent opposé à l'ancien, qui lui fasse contre-poids. Ainsi raisonnoit Colomb. Disons comme lui : Puisque les mots sont les signes des idées, l'histoire du langage doit renfermer l'histoire de toute philosophie ; et l'origine de la parole, une fois expliquée, doit donner le principe des connoissances humaines......... »

Je m'arrête : les bornes que je me suis prescrites ne me permettent pas d'étendre davantage mes réflexions, ni d'empiéter ici sur le terrain de la métaphysique. D'ailleurs, je ne puis pas toujours réduire à un exposé sommaire des aperçus quelquefois assez neufs pour exiger un certain cortége de raisonnemens et de preuves. Peut-être même se plaindra-t-on que mon excessive sobriété de citations et de développemens, bien loin de produire la conviction, n'ait fait que répandre le doute : mais j'ai voulu seulement éveiller l'attention publique en lui offrant cet essai comme le *prospectus* d'un autre ouvrage, sur lequel je désire connoître d'avance le jugement des experts. Ce que j'ai dit doit suffire à tout esprit pénétrant et non prévenu, pour qu'il lui soit démontré que la science du langage tout entière est encore à créer, et que la philosophie linguistique nous est à peu près inconnue. Nous avons des vocabulaires et des dictionnaires, mais point de corps de doctrine : nous avons des hellénistes, des orientalistes, des sinologues, des linguistes de toute espèce ; mais on peut dire d'eux que la lettre est morte entre leurs mains, et que l'esprit ne leur a pas été révélé.

De tout temps les philosophes ont été à la recherche d'un premier principe, qui servît à leurs déductions et à leurs raisonnemens d'aphorisme et de base, ou comme ils disent, de *criterium*. On a vu leur ardeur, de nos jours se réveillant plus vive, s'épuiser encore en efforts inutiles.

Qui sait si nous ne vivons pas environnés de quelque fait vulgaire, d'une expérience journalière, d'un examen facile, qui tôt ou tard deviendra l'inébranlable fondement de toute vérité philosophique ? Qui sait si un trait de lumière, traversant le cerveau de quelque penseur obscur et plus doué de bon sens que d'imagination et de génie, ne luira pas tout à coup aux yeux émerveillés de nos sages, qui dans leurs méditations profondes n'aperçoivent pas l'air qu'ils respirent? Ne désespérons pas de la vérité ; l'homme est fait pour elle : cette soif ardente de connoître ne lui a pas été donnée pour l'abuser d'une perpétuelle illusion. Soutenir le contraire, c'est méconnoître notre nature, c'est blasphémer la véracité divine.

J'ose le dire : c'est la science de la parole qui nous conduira à une découverte si long-temps pressentie, et à bon droit espérée. Peut-être entroit-il dans l'ordre éternel de la Providence que la première des révélations ne fût retrouvée qu'à son jour et à son heure : mais, quand nous ne devrions jamais assister à une seconde aurore de l'indéfectible vérité, quand le Hasard et la Nécessité seroient les seuls dieux que dût reconnoître notre intelligence, il seroit beau de témoigner que nous avons conscience de notre nuit, et par le cri de notre pensée de protester contre le destin.

Interrogeons les langues, et elles nous répondront; faisons parler le langage, et il nous instruira. Pour sortir des ténèbres, il ne suffit pas de marcher à tâtons ; il faut chercher le fil d'Ariane.

FIN.

TABLE.

PREMIÈRE DISSERTATION.

SUR LES ÉLÉMENS OU RACINES DES LANGUES EN GÉNÉRAL... *Page* 1
§. I.   Raisons qui engagent à rechercher les racines ou les termes primitifs des langues................. *ibid.*
§. II.   Les vraies racines sont monosyllabes.......... 2
§. III. Les vraies racines sont ordinairement des images... 5
§. IV. Les racines des langues sont en petit nombre..... 8
§. V.   Les dictions radicales sont les mêmes dans toutes les langues........................ 12
§. VI. On peut encore reconnoître les racines hébraïques dans les autres langues.................. 16
§. VII. Projet d'un nouvel ouvrage sur les langues; son utilité. 18
§. VIII. Difficulté de cet ouvrage................ 20
§. IX. Objections et réponses.................. 23

SECONDE DISSERTATION.

SUR LES DIFFÉRENTES MANIÈRES DONT LES TERMES PRIMITIFS ONT ÉTÉ PRONONCÉS, OU SUR LE CHANGEMENT DES LETTRES DANS LA PRONONCIATION.......................... 30
§. I.   Des voyelles et des points qui les marquent en hébreu. 31
§. II.   Des aspirations...................... 35
§. III. Des consonnes...................... 40

TROISIÈME DISSERTATION.

SUR LES ADDITIONS QUE L'ON A FAITES AUX RACINES PRIMITIVES, OU SUR LA COMPOSITION DES MOTS................ 46
§. I.   Des aspirations ajoutées au commencement...... *ibid.*
§. II.   Des aspirations au milieu des mots, et des voyelles doubles......................... 53
§. III. Des aspirations à la fin des mots............ 54
§. IV. Des consonnes répétées.................. 55
§. V.   Des lettres serviles.................... 56
§. VI. Des autres consonnes.................. 61
§. VII. Des muettes et des liquides.............. 62

§. VIII. Des racines répétées.................. 64
§. IX. Réunion de deux racines du même sens........ 65
§. X. Diverses racines réunies................ 67
§. XI. Des terminaisons.................... 69

QUATRIÈME DISSERTATION.

SUR LE VERBE SUBSTANTIF, SUR LES VERBES HÉBREUX ET LEURS CONJUGAISONS.................................. 70
§. I. Origine du verbe substantif.............. 71
§. II. Source du verbe substantif, signifiant l'existence... 72
§. III. Source du verbe substantif servant de liaison.... 82
§. IV. Usage du verbe substantif et des verbes auxiliaires.. 85
§. V. Des verbes hébreux................. 89
§. VI. Des conjugaisons hébraïques............. 92
§. VII. La racine du verbe est l'impératif. Autres défauts des conjugaisons hébraïques................. 95

CINQUIÈME DISSERTATION.

SUR LES DIFFÉRENTES PARTIES DU DISCOURS; SUR LES NOMS ET LEURS PROPRIÉTÉS; SUR LES ADVERBES, LES CONJONCTIONS, ETC..... 98
§. I. Des noms...................... *ibid.*
§. II. Des genres et des diminutifs............. 102
§. III. Des nombres.................... 104
§. IV. Des adjectifs et des degrés de comparaison...... 107
§. V. Des adverbes.................... 112
§. VI. Des particules ou liaisons du discours........ 114
§. VII. Du relatif...................... 117
§. VIII. Pourquoi l'on admet plusieurs dialectes en grec, non en latin et en françois................. 120

SIXIÈME DISSERTATION.

SUR LA SYNTAXE OU L'ARRANGEMENT DES MOTS DANS LE DISCOURS; SUR LES RÈGLES DE LA GRAMMAIRE ET LES IDIOTISMES DE L'HÉBREU... 125
§. I. Sur les idiotismes................... *ibid.*
§. II. Première source des hébraïsmes; trop d'attention à la langue latine..................... 127
§. III. Seconde source des hébraïsmes, plusieurs termes dont on n'a pas pris le sens................ 138
§. IV. Troisième source des hébraïsmes, les fausses étymologies......................... 142

§. V.	Nouvelle source d'hébraïsmes, la ponctuation des Massorètes; ce qu'on doit en penser.	152
§. VI.	Quels sont les vrais hébraïsmes.	154

SEPTIÈME DISSERTATION.

SUR LE MÉLANGE ET LA DÉRIVATION DES LANGUES... 156

§. I.	Opinion des savans.	ibid.
§. II.	Affinité des langues orientales entre elles, et avec le grec.	161
§. III.	Origine du latin; son affinité avec le grec, par conséquent avec l'hébreu.	163
§. IV.	Origine du françois; s'il est emprunté du latin.	167
§. V.	De la différence des langues.	172

HUITIÈME DISSERTATION.

SUR L'USAGE QU'ON PEUT FAIRE DES RACINES DES LANGUES, ET DE LEUR COMPARAISON POUR EXPLIQUER L'ANCIENNE GÉOGRAPHIE, LA MYTHOLOGIE ET LE TEXTE HÉBREU DE L'ÉCRITURE SAINTE. 176

§. I.	On ne peut découvrir les vraies étymologies des noms propres que par comparaison.	ibid.
§. II.	Application de cette méthode à la géographie.	179
	Europe.	181
	Asie.	182
	Afrique.	183
	Égypte.	185
	La mer Rouge.	186
	Chananéens, Phéniciens.	187
§. III.	Application des mêmes principes à la mythologie.	189
	Bacchus.	204
	Cérès et ses mystères.	205
	Apollon, Pan et les Lupercales.	210
	Vulcain.	214
§. IV.	Usage de la même méthode pour expliquer le texte hébreu de l'Écriture.	216
	Noms des lettres de l'alphabet.	226

PROSPECTUS DU DICTIONNAIRE DES RACINES, OU MOTS PRIMITIFS DES LANGUES. 230

Première syllabe de l'alphabet. 239

TABLE.

ESSAI DE GRAMMAIRE GÉNÉRALE
D'APRÈS LES PRINCIPES ÉTABLIS PAR BERGIER.. 257

§. I.	Langage.	263
§. II.	Grammaire.	ibid.
§. III.	Racines.	264
§. IV.	Genre.	265
§. V.	Nombre.	266
§. VI.	Article.	267
§. VII.	Déclinaison.	271
§. VIII.	Pronom.	276
§. IX.	Conjugaison.	278
§. X.	Verbe auxiliaire.	280
§. XI.	Temps. Présent.	282
§. XII.	— Passé.	ibid.
§. XIII.	— Futur.	285
§. XIV.	Modes.	287
§. XV.	Passif.	288
§. XVI.	Verbe impersonnel.	290
§. XVII.	Verbe substantif.	294
§. XVIII.	Examen de la proposition.	296
§. XIX.	Définition du verbe.	297
§. XX.	Digression sur le participe et le verbe pronominal.	299
§. XXI.	Syntaxe.	340
§. XXII.	Accord.	ibid.
§. XXIII.	Adverbe.	320
§. XXIV.	Régime.	322
§. XXV.	Préposition.	323
§. XXVI.	Conjonction.	ibid.
§. XXVII.	Résumé de toute la grammaire.	ibid.
§. XXVIII.	Résultats de l'étude comparée des langues, ou conséquences de la grammaire générale.	325

FIN DE LA TABLE.

LES
ÉLÉMENS PRIMITIFS
DES LANGUES,

DÉCOUVERTS PAR LA COMPARAISON DES RACINES DE L'HÉBREU
AVEC CELLES DU GREC, DU LATIN ET DU FRANÇAIS;

OUVRAGE

DANS LEQUEL ON EXAMINE LA MANIÈRE DONT LES LANGUES ONT PU SE FORMER,
ET CE QU'ELLES PEUVENT AVOIR DE COMMUN ;

PAR BERGIER,

Auteur du Traité de la vraie religion, etc.

NOUVELLE ÉDITION,

AUGMENTÉE

D'UN ESSAI DE GRAMMAIRE GÉNÉRALE,

Par P.-J. PROUDHON.

BESANÇON,

BINTOT, IMPRIMEUR-LIBRAIRE, PLACE ST.-PIERRE.

PARIS,

LEBLANC, RUE DES BEAUX-ARTS, 17.

Cartons pour la nouvelle édition. 1850.

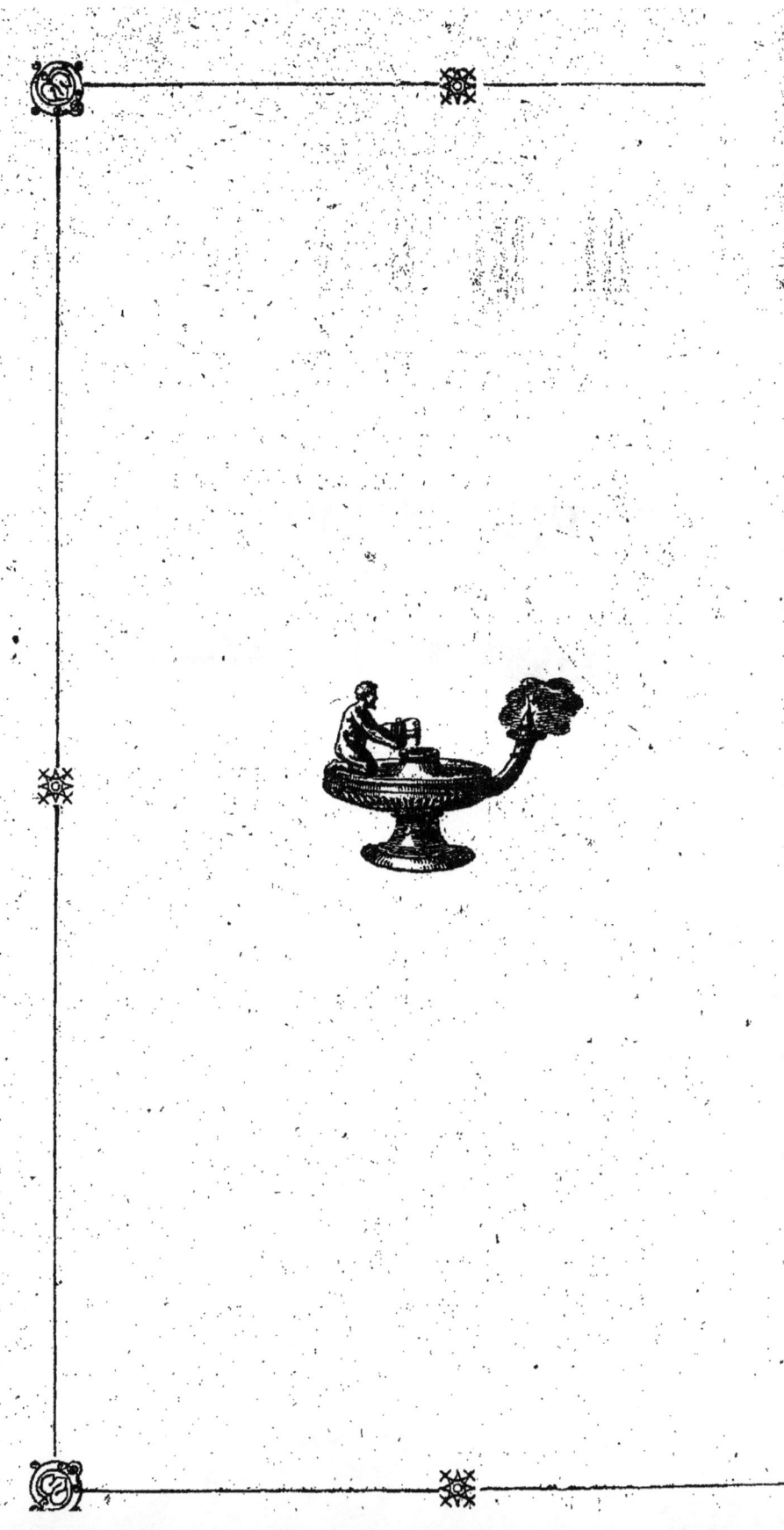

LES

ÉLÉMENS PRIMITIFS

DES LANGUES.

Besançon.—Imprimerie de Bintot.

LES
ÉLÉMENS PRIMITIFS
DES LANGUES,

DÉCOUVERTS PAR LA COMPARAISON DES RACINES DE L'HÉBREU
AVEC CELLES DU GREC, DU LATIN ET DU FRANÇAIS;

OUVRAGE

DANS LEQUEL ON EXAMINE LA MANIÈRE DONT LES LANGUES ONT PU SE FORMER
ET CE QU'ELLES PEUVENT AVOIR DE COMMUN;

PAR BERGIER,

Auteur du Traité de la vraie religion, etc.

NOUVELLE ÉDITION,

AUGMENTÉE

D'UN ESSAI DE GRAMMAIRE GÉNÉRALE,

Par P.-J. PROUDHON.

BESANÇON,

BINTOT, IMPRIMEUR-LIBRAIRE, PLACE ST.-PIERRE.

PARIS,

LEBLANC, RUE DES BEAUX-ARTS, 17.

1850.

AVERTISSEMENT

DES ÉDITEURS.

Malgré toute la curiosité et l'intérêt qui depuis plusieurs années se rattachent à l'étude des langues, la Linguistique, immobile au point où l'avoient portée les savans du dernier siècle, ne paroît pas avoir fait le moindre progrès parmi nous. Parcourez les publications les plus récentes : les auteurs en sont encore à rêver sur ces deux vérités déjà vieilles et devenues banales, que toutes les langues se ramènent à une seule, et que leurs racines, vocables primitifs, ont été dans l'origine des onomatopées, des peintures par analogie et par métaphore.

Il y a tantôt un siècle que la démonstration en est faite.

Mais, si toutes les langues ont au fond les mêmes racines, si toutes sont construites sur un fonds commun de monosyllabes dont le sens et la forme ont peu varié (principe dont les philologues conviennent généralement aujourd'hui, et qui peut acquérir toute l'évidence d'un fait matériel) ; si le même génie d'imitation a présidé à l'imposition de tous les noms, qu'est-ce donc qui fait que les langues ne se ressemblent pas? Comment, sorties de la même source, ont-elles suivi des routes si opposées dans leurs développemens? Quel est le principe générateur de leur différence, et jusqu'où peut-elle aller?

La réponse à toutes ces questions constitue l'ensemble de la grammaire générale.

Le vrai système des langues n'a jamais été donné. L'unique but de Bergier ayant été de dissiper les ténèbres répandues sur l'histoire des anciens peuples et sur l'origine de la mythologie, le plan d'une grammaire universelle n'entroit pas dans ses vues ; et si quelquefois il soulève les plus hautes questions de grammaire, il le fait toujours incidemment, afin de répandre plus de jour sur l'objet qu'il se propose d'éclaircir.

Nous avons essayé de coordonner les principes épars dans les Élémens primitifs, et les confirmant ou les éclairant de nos propres recherches, nous en avons formé une théorie du langage que nous publions à la suite de Bergier, sous le titre d'Essai de Grammaire générale.

Quels fruits pouvons-nous recueillir de l'étude et de la comparaison des langues pour l'histoire, la littérature, la métaphysique et la morale, en un mot pour tout ce qui regarde la science de Dieu et de l'Homme ?

Nous avons encore essayé de présenter nos idées à cet égard, et si nos premiers aperçus sont trouvés intéressans et fondés, nous poursuivrons avec ardeur nos investigations sur une matière qu'on est loin d'avoir épuisée, et nous ferons tous nos efforts pour mériter de plus en plus, par nos études autant que par les soins que nous apporterons à notre exécution typographique, la bienveillance dont le public nous honorera.

PRÉFACE.

Il y a peut-être de l'imprudence à proposer de nouvelles idées sur les principes et la formation des langues, après que tant de savans se sont exercés sur cette matière. Oseroit-on se flatter de découvrir ce qu'ils n'ont pas apecçu, et de trouver un système plus satisfaisant et plus complet que ceux qu'ils ont suivis? Sans être aussi habile qu'eux, on peut être plus heureux. Dans toutes les sciences, on ne parvient ordinairement à la vérité qu'après des tentatives réitérées; les travaux de ceux qui nous ont précédés sont autant de pas qui nous en approchent : plus nos maîtres ont fait de chemin, moins il nous en reste à faire ; et si nous trouvons enfin le vrai, c'est qu'ils ne nous ont laissé qu'un court intervalle à franchir. Déjà plusieurs grands génies ont soupçonné que les racines des langues anciennes pourroient bien être les mêmes que celles des langues modernes ; mais personne n'avoit encore entrepris de le vérifier par un parallèle exact et suivi : il étoit temps d'oser le tenter. Les dissertations que l'on donne au Public ne sont que les préliminaires d'un ouvrage plus considérable dont elles développent les fondemens et la méthode. Si elles sont accueillies favorablement, ce sera le plus puissant attrait pour encourager l'auteur à surmonter les dégoûts d'un travail ingrat et pénible; si elles sont rebutées, il doit abandonner entièrement son dessein. L'on auroit pu grossir aisément cet ouvrage par une apparence d'érudition capable d'en imposer au commun des lecteurs ; mais on cherche à mériter des suffrages et non pas à les surprendre : dans un essai que l'on propose avec timidité, il convenoit de se borner au pur nécessaire. L'Auteur pourra donner de plus amples éclaircissements à la tête du Dictionnaire des Racines, et il recevra avec reconnoissance et docilité toutes les observations que l'on voudra bien lui adresser par la voie des Libraires.

lement aperçue. D'un côté, le génie de leur langue s'opposoit à toute dérivation, à tout amalgame : de l'autre, aux temps reculés dont je parle, il n'y avoit rien de plus éclairé, de plus savant que l'Egypte ; ce n'étoit pas chez ses voisins qu'elle seroit allée chercher des lumières. Les sages du pays, réduits à leurs propres ressources, étoient forcés d'employer le langage vulgaire ; et malheureusement ce langage ne se prêtoit pas du tout aux conceptions sublimes de la philosophie. Il falloit user de métaphores pour toute idée abstraite et intellectuelle, et l'éternité, représentée dans les hiéroglyphes par l'image d'un serpent qui se mord la queue, l'étoit dans le langage par celle d'une vie qui recommence toujours.

» Deux ou trois siècles avant Moïse, il n'y avoit point de nations helléniennes, il n'y avoit point de langue grecque, on ne savoit ce que c'étoit que décliner ou conjuguer, et le langage, réduit à ses élémens les plus simples, le même à peu près pour tous les peuples, n'avoit pas encore été élaboré par le travail de l'imagination et de la pensée.

» Reportons, si on veut, les premiers essais de déclinaison et de conjugaison jusqu'aux siècles des patriarches ; plus loin encore, au temps de la dispersion des peuples (je caractérise ces époques d'après la Bible, puisque les autres histoires ne m'apprennent rien) ; accordons plus qu'on n'auroit droit d'exiger : toujours sera-t-on forcé de reconnoître qu'audelà de quarante siècles en arrière de nous, on rencontre la langue primitive.

» Quelle durée assigner à la langue, ou ce qui est la même chose, à la société primitive ? le temps qu'il falloit à une première famille pour se multiplier à un point tel, que les hommes, toujours portés à se resserrer dans un étroit espace, à vivre et mourir sur le même sol qui les a vus naître, fussent enfin obligés de se disjoindre et de prendre le large. Or, le calcul et l'expérience nous apprennent que mille ans seroient plus que suffisans à un seul couple, pour produire une postérité innombrable, et former une grande nation.

» Cinq mille ans se seroient donc à peine écoulés depuis que l'homme a pris possession de cet univers ! Si *le monde est bien vieux*, notre espèce au moins est de fraîche date.

X. » Puisque la terre est ronde, il doit y avoir dans l'autre hémisphère un continent opposé à l'ancien, qui lui fasse contre-poids. Ainsi raisonnoit Colomb. Disons comme lui : Puisque les mots sont les signes des idées, l'histoire du langage doit renfermer l'histoire de toute philosophie ; et l'origine de la parole, une fois expliquée, doit donner le principe des connoissances humaines....... »

Je m'arrête : les bornes que je me suis prescrites ne me permettent pas d'étendre davantage mes réflexions, ni d'empiéter ici sur le terrain de la métaphysique. D'ailleurs, je ne puis pas toujours réduire à un exposé sommaire des aperçus quelquefois assez neufs pour exiger un certain cortége de raisonnemens et de preuves. Peut-être même se plaindra-t-on que mon excessive sobriété de citations et de développemens, bien loin de produire la conviction, n'ait fait que répandre le doute : mais j'ai voulu seulement éveiller l'attention publique en lui offrant cet essai comme le *prospectus* d'un autre ouvrage, sur lequel je désire connoître d'avance le jugement des experts. Ce que j'ai dit doit suffire à tout esprit pénétrant et non prévenu, pour qu'il lui soit démontré que la science du langage tout entière est encore à créer, et que la philosophie linguistique nous est à peu près inconnue. Nous avons des vocabulaires et des dictionnaires, mais point de corps de doctrine : nous avons des hellénistes, des orientalistes, des sinologues, des linguistes de toute espèce ; mais on peut dire d'eux que la lettre est morte entre leurs mains, et que l'esprit ne leur a pas été révélé.

De tout temps les philosophes ont été à la recherche d'un premier principe, qui servît à leurs déductions et à leurs raisonnemens d'aphorisme et de base, ou comme ils disent, de *criterium*. On a vu leur ardeur, de nos jours se réveillant plus vive, s'épuiser encore en efforts inutiles.

Qui sait si nous ne vivons pas environnés de quelque fait vulgaire, d'une expérience journalière, d'un examen facile, qui tôt ou tard deviendra l'inébranlable fondement de toute vérité philosophique? Qui sait si un trait de lumière, traversant le cerveau de quelque penseur obscur et plus doué de bon sens que d'imagination et de génie, ne luira pas tout à coup aux yeux émerveillés de nos sages, qui dans leurs méditations profondes n'aperçoivent pas l'air qu'ils respirent? Ne désespérons pas de la vérité ; l'homme est fait pour elle : cette soif ardente de connoître ne lui a pas été donnée pour l'abuser d'une perpétuelle illusion. Soutenir le contraire, c'est méconnoître notre nature, c'est blasphémer la véracité divine.

J'ose le dire : c'est la science de la parole qui nous conduira à une découverte si long-temps pressentie, et à bon droit espérée. Peut-être entroit-il dans l'ordre éternel de la Providence que la première des révélations ne fût retrouvée qu'à son jour et à son heure : mais, quand nous ne devrions jamais assister à une seconde aurore de l'indéfectible vérité, quand le Hasard et la Nécessité seroient les seuls dieux que dût reconnoître notre intelligence, il seroit beau de témoigner que nous avons conscience de notre nuit, et par le cri de notre pensée de protester contre le destin.

Interrogeons les langues, et elles nous répondront ; faisons parler le langage, et il nous instruira. Pour sortir des ténèbres, il ne suffit pas de marcher à tâtons, il faut chercher le fil d'Ariane.

FIN.

TABLE.

PREMIÈRE DISSERTATION.

SUR LES ÉLÉMENS OU RACINES DES LANGUES EN GÉNÉRAL. Page 1

§. I. Raisons qui engagent à rechercher les racines ou les termes primitifs des langues. IBID.
— II. Les vraies racines sont monosyllabes. 2
— III. Les vraies racines sont ordinairement des images. 5
— IV. Les racines des langues sont en petit nombre. 8
— V. Les dictions radicales sont les mêmes dans toutes les langues. 12
— VI. On peut encore reconnoître les racines hébraïques dans les autres langues. 16
— VII. Projet d'un nouvel ouvrage sur les langues ; son utilité. 18
— VIII. Difficulté de cet ouvrage. 20
— IX. Objections et réponses. 23

SECONDE DISSERTATION.

SUR LES DIFFÉRENTES MANIÈRES DONT LES TERMES PRIMITIFS ONT ÉTÉ PRONONCÉS, OU SUR LE CHANGEMENT DES LETTRES DANS LA PRONONCIATION. 30

§. I. Des voyelles et des points qui les marquent en hébreux. 51
— II. Des aspirations. 35
— III. Des consonnes. 40

TROISIÈME DISSERTATION.

SUR LES ADDITIONS QUE L'ON A FAITES AUX RACINES PRIMITIVES, OU SUR LA COMPOSITION DES MOTS. 46

§. I. Des aspirations ajoutées au commencement. IBID.
— II. Des aspirations au milieu des mots, et des voyelles doubles. 53
— III. Des aspirations à la fin des mots. 54
— IV. Des consonnes répétées. 55
— V. Des lettres serviles. 56
— VI. Des autres consonnes. 61
— VII. Des muettes et des liquides. 62

§. VIII. Des racines répétées. 64
— IX. Réunion de deux racines du même sens. 65
— X. Diverses racines réunies. 67
— XI. Des terminaisons. 69

QUATRIÈME DISSERTATION.

SUR LE VERBE SUBSTANTIF, SUR LES VERBES HÉBREUX ET LEURS CONJUGAISONS. 70

§. I. Origine du verbe substantif. 71
— II. Source du verbe substantif, signifiant l'existence. 72
— III. Source du verbe substantif servant de liaison. 82
— IV. Usage du verbe substantif et des verbes auxiliaires. 85
— V. Des verbes hébreux. 89
— VI. Des conjugaisons hébraïques. 92
— VII. La racine du verbe est l'impératif. Autres défauts des conjugaisons hébraïques. 95

CINQUIÈME DISSERTATION.

SUR LES DIFFÉRENTES PARTIES DU DISCOURS ; SUR LES NOMS ET LEURS PROPRIÉTÉS ; SUR LES ADVERBES, LES CONJONCTIONS, ETC. 98

§. I. Des noms. IBID.
— II. Des genres et des diminutifs. 102
— III. Des nombres. 104
— IV. Des adjectifs et des degrés de comparaison. 107
— V. Des adverbes. 112
— VI. Des particules ou liaisons du discours. 114
— VII. Du relatif. 117
— VIII. Pourquoi l'on admet plusieurs dialectes en grec, non en latin et en françois. 120

SIXIÈME DISSERTATION.

SUR LA SYNTAXE OU L'ARRANGEMENT DES MOTS DANS LE DISCOURS ; SUR LES RÈGLES DE LA GRAMMAIRE ET LES IDIOTISMES DE L'HÉBREU. 125

§. I. Sur les idiotismes. IBID.
— II. Première source des hébraïsmes, trop d'attention à la langue latine. 127
— III. Seconde source des hébraïsmes ; plusieurs termes dont on n'a pas pris le sens. 138
— IV. Troisième source des hébraïsmes, les fausses étymologies. 142

§. V. Nouvelle source d'hébraïsmes, la ponctuation des Massorètes ; ce qu'on doit en penser. 152
— VI. Quels sont les vrais hébraïsmes. 154

SEPTIÈME DISSERTATION.

SUR LE MÉLANGE ET LA DÉRIVATION DES LANGUES. 156
§. I. Opinion des savans. IBID.
— II. Affinité des langues orientales entre elles, et avec le grec. 161
— III. Origine du latin ; son affinité avec le grec, par conséquent avec l'hébreu. 163
— IV. Origine du françois ; s'il est emprunté du latin. 167
— V. De la différence des langues. 172

HUITIÈME DISSERTATION.

SUR L'USAGE QU'ON PEUT FAIRE DES RACINES DES LANGUES, ET DE LEUR COMPARAISON POUR EXPLIQUER L'ANCIENNE GÉOGRAPHIE, LA MYTHOLOGIE ET LE TEXTE HÉBREU DE L'ÉCRITURE SAINTE. 176
§. I. On ne peut découvrir les vraies étymologies des noms propres que par comparaison. IBID.
— II. Application de cette méthode à la géographie. 179
    Europe. 181
    Asie. 182
    Afrique. 183
    Egypte. 185
    La mer Rouge. 186
    Chananéens, Phéniciens. 187
— III. Application des mêmes principes à la mythologie. 189
    Bacchus. 201
    Cérès et ses mystères. 205
    Apollon, Pan et les Lupercales. 210
    Vulcain. 214
— IV. Usage de la même méthode pour expliquer le texte hébreu de l'Ecriture. 216
    Noms des lettres de l'alphabet. 226
PROSPECTUS DU DICTIONNAIRE DES RACINES, OU MOTS PRIMITIFS DES LANGUES. 230
    Première syllabe de l'alphabet. 239

ESSAI DE GRAMMAIRE GÉNÉRALE

D'APRÈS LES PRINCIPES ÉTABLIS PAR BERGIER. 257

§. I.	Langage.	263
— II.	Grammaire.	IBID.
— III.	Racines.	264
— IV.	Genre.	265
— V.	Nombre.	266
— VI.	Article.	367
— VII.	Déclinaison.	271
— VIII.	Pronom.	276
— IX.	Conjugaison.	278
— X.	Verbe auxiliaire.	280
— XI.	Temps. Présent.	282
— XII.	— Passé.	IBID.
— XIII.	— Futur.	285
— XIV.	Modes.	287
— XV.	Passif.	288
— XVI.	Verbe impersonnel.	290
— XVII.	Verbe substantif.	291
— XVIII.	Examen de la proposition.	296
— XIX.	Définition du verbe.	297
— XX.	Digression sur le participe et le verbe pronominal.	299
— XXI.	Syntaxe.	310
— XXII.	Accord.	IBID.
— XXIII.	Adverbe.	320
— XXIV.	Régime.	322
— XXV.	Proposition.	325
— XXVI.	Conjonction.	IBID.
— XXVII.	Résumé de toute la grammaire.	IBID.
— XXVIII.	Résultats de l'étude comparée des langues, ou conséquences de la grammaire générale.	325

FIN DE LA TABLE.